原书第二版

R 统计编程入门

〔加〕W. John Braun　〔加〕Duncan J. Murdoch　著

齐　光　原作强　译

本译著相关研究工作受国家自然科学基金（项目编号：41601057、41771036、41671050、31670632）资助

科 学 出 版 社

北　京

图字：01-2019-0979 号

内 容 简 介

本书为计算机辅助统计编程的入门书，由浅入深地介绍实用统计中 R 的学习和使用方法，使读者能够深切领会数据科学和 R 的魅力。本书共 7 章，第 1 章为入门，简单介绍本书特点以及 R 软件和 RStudio 平台的特性；第 2 章为 R 语言简介，介绍了 R 语言基本特征、数据操作和程序包等内容；第 3 章为统计绘图，涉及低级和高级绘图函数以及图形系统的基础知识；第 4 章为 R 编程；第 5～7 章为 R 统计编程核心内容，包括模拟、计算线性代数和数值优化等内容。本书附录对各种随机变量和分布类型进行了概述，读者可以随时翻阅附录以帮助理解正文内容。

本书适用于统计学、生态学、生物学、地理学、数学、经济学、计算机等相关学科的本科生、研究生及科研教学人员进行数据分析研究和教学工作。

图书在版编目(CIP)数据

R 统计编程入门：原书第二版 /（加）W.约翰・布劳恩（W. John Braun），（加）邓肯・J.默多克（Duncan J. Murdoch）著；齐光，原作强译. —北京：科学出版社，2020.6

书名原文：A First Course in Statistical Programming with R

ISBN 978-7-03-062611-0

Ⅰ. ①R… Ⅱ. ①W… ②邓… ③齐… ④原… Ⅲ. ①统计分析－统计程序－基本知识 Ⅳ. ①C819

中国版本图书馆 CIP 数据核字（2019）第 227140 号

责任编辑：孟莹莹 范慧敏 / 责任校对：樊雅琼
责任印制：吴兆东 / 封面设计：无极书装

科学出版社 出版
北京东黄城根北街 16 号
邮政编码：100717
http://www.sciencep.com

北京中石油彩色印刷有限责任公司 印刷
科学出版社发行 各地新华书店经销
*
2020 年 6 月第 一 版 开本：720×1000 1/16
2023 年 1 月第三次印刷 印张：15 1/4
字数：302 000

定价：99.00 元

（如有印装质量问题，我社负责调换）

***A First Course in Statistical Programming with R*, SECOND EDITION (978-1-107-57646-9)** by W. John Braun and Duncan J. Murdoch first published by Cambridge University Press 2016

This **simplified Chinese** edition for the People's Republic of China is published by arrangement with the Press Syndicate of the University of Cambridge, Cambridge, United Kingdom.

R 统计编程入门

Braun 和 Murdoch 这本新的彩图版畅销书整合了 RStudio 平台内容，增加了对最新图形系统的讨论，对马尔可夫链-蒙特卡罗模拟也进行了深入探讨。而且书中对 R 中常见的错误信息提供了专业见解，介绍了以矩阵分解为动机的应用情况，补充和完善了大量新的教学实例和练习题。

本书将是您开启 R 语言编程以及数据分析计算学习的不二之选。本书的两位作者，一位来自 R 核心开发团队，另一位则是颇有建树的 R 编程专家，从而保证了书中的 R 代码符合 R 语言编程规范。本书与市面上其他 R 语言入门书不同的地方在于更加注重编程，强调大多数计算机语言都适用的编程规范，以及那些用于开发复杂程序项目的编程技术。

Braun 是加拿大统计科学研究所副主任，同时也是英属哥伦比亚大学奥卡诺根分校（University of British Columbia Okanagan）计算机科学、物理学、数学和统计学系的教授及系主任。Braun 教授的研究兴趣是模拟自然环境现象（如野火），而且他对统计教学，尤其是与 R 语言编程相关的教学内容充满浓厚兴趣。

Murdoch 是 R 核心开发团队的成员，也是 R 基金会的联合主席。他是三维可视化程序包“rgl”的开发人员之一，还开发了许多功能各异的 R 程序包。他还在西安大略大学（University of Western Ontario）统计与精算学系担任教授职务。

第二版序言

自从我们开始撰写本书第一版至今，R 社区发生了很多事情。数以百万计的新用户已经开始使用 R，R 也成为数据分析的首要平台。(事实上，当我们撰写第一版时，“数据分析”这个词几乎还没有出现。)

RStudio 是一个跨平台的 R 集成开发环境，对 R 的普及有很大影响。本版中我们推荐 RStudio 作为大多数新用户的工作平台，并且本书整合了 RStudio 简介。事实上，本书的书稿就是借助 RStudio 和 knitr 程序包整理完成的。

本书还增加了更多的实例和练习题，同时删除了一些容易引起混淆的实例和练习题。本书对于至关重要的第 2 章（R 语言简介）进行了大量修订和改编；第 3 章（统计绘图）增加了新图形系统的简单讨论；第 4 章（R 编程）添加了一些常见错误信息的参考资料；第 5 章（模拟）新增了一系列伪随机数生成器的内容，并深入探讨了马尔可夫链-蒙特卡罗模拟；第 6 章（计算线性代数）增加了一些案例，以使读者明白某些矩阵分解的重要性。

我们要感谢的人有很多，很多学生使用了第一版，感谢他们反馈的评论和批评意见。一些匿名评论员也提供了一些有用的建议和观点，促使我们对第一版进行改进。我们希望读者能同我们一样，感到本书既有趣味性又有教育性。

W. John Braun

Duncan J. Murdoch

2015 年 11 月

第一版序言

本书最初是西安大略大学统计与精算学系大二学生统计计算课的课堂讲义。我们都对统计计算抱有浓厚兴趣，这一方面是为了支持我们的某一项研究，另一方面是因为统计计算本身的趣味性。然而，我们发现学生们在上我们的课之前没有学到正确的编程基础知识，无论本科生还是博士生都无法设计出简单可靠的程序，他们对数值计算的理解不够，无法理解舍入误差如何影响他们的结果，也不知道如何开始一个困难的计算项目。

我们调查了其他院系提供的相关课程，但发现这些课程的主要内容强调的是那些学生们不再使用的语言和概念。我们的学生需要学会轻松应对简单编程，以便能够整合简单编程对随机模型进行模拟；他们还需要对数值分析有足够了解，以便能够进行可靠的数值计算。我们发现现有课程中并没有融合这些知识，所以我们自己设计了这些课程。

我们选择了 R 作为文本工具。R 是一个开源的计算包，过去几年中 R 的普及度有了很大提高。由于 R 是开源的，所以学生可以很容易地获得，并且我们的计算实验室安装起来也很经济。我们中一个（Murdoch）是 R 核心开发团队的成员，另一个（Braun）是一本使用 R 进行数据分析的书的合著者。这些原因促使我们选择了 R。但我们都坚信编程有某些共性，在本书中我们试图强调：这不是一本关于 R 编程的手册，而是一门使用 R 的统计编程教程。

开始学习本教程的学生无须具备任何编程经验或高级统计知识。但学生们应熟悉大学微积分，并且应该具备概率论入门知识，当然，学生们可以同时学习微积分和概率论的知识：本书第 5 章开始介绍概率相关概念（本书附录简要回顾了概率论的相关知识）。本书还涵盖一些有关模拟、线性代数、优化等内容的高级主题，这些都是在学校提供的一学期课程中老师们可能会选择跳过的主题。

感谢那些在成书过程中为我们提供帮助的人们。统计科学 259b 的学生们为本书提供了动力和反馈，本书中一些图形是由 Lutong Zhou 绘制的，Kristy Alexander、Yiwen Diao、Qiang Fu 和 Yu Han 整理了课后练习并给出详细答案。剑桥大学出版社的 Diana Gillooly、牛津大学的 Brian Ripley 教授，以及一些匿名评论员都提供了有用的建议。当然，如果没有 R，这本书也就不可能存在；而且如果没有全世界 R 社区的贡献，R 远没有这么有价值。

W. John Braun

Duncan J. Murdoch

2007 年 2 月

译 者 序

2016 年我受国家留学基金管理委员会资助，在加拿大英属哥伦比亚大学（University of British Columbia, UBC）进行博士后研究工作时，无意间看到了小师妹 Abby 手里的 *A First Course in Statistical Programming with R*（Second Edition）（剑桥大学出版社），立刻被其中深入浅出的讲解和鲜活的编码实例所吸引。当时我正好在旁听 UBC 开设的几门数学和统计学课程，其中就包括该书作者之一 W. John Braun 教授与 Jirasek Andrew 教授共同执教的 STAT 547B 001 课程。难能可贵的是，该书源自作者教学过程中的教案内容，经过多年教学实践不断完善而成。第一版成书于 2007 年，一经刊出就成了当时欧美热门的 R 语言学习入门书之一；该书第二版（2016 年）更新了近 10 年间新出现的 R 语言术语，对书中内容也进行了大量优化和完善。在 UBC 旁听数学和统计学课的经历，让我深深地感受到 R 统计编程对各学科数据分析的重要性。在看到该书英文版（第二版）近 500 元人民币的售价后，我立刻萌生了把这本书翻译成中文的想法，因为翻译成中文后，将利于更多英语水平有限的国人学习书中内容，而且中文版的售价也是大多数人都能负担得起的。我想一本价格合理、内容丰富、编排严谨的 R 统计编程入门书，或许能够开启国内更多学生和同仁对“数据科学与大数据技术”的兴趣之门。

2017 年回国后，在中国科学院沈阳应用生态研究所原作强副研究员的帮助下，我开始着手对原著进行编译。经过一年多的努力，我们终于合作完成了 *A First Course in Statistical Programming with R*（Second Edition）的中文翻译和代码调试工作，并将其定名为《R 统计编程入门》。我这位优秀的搭档在编译过程中对统计学也有了更深入的认识，他的新成果已发表在 *Ecology* 上。

很多读者问我们的第一个问题往往是“R 是什么？”，我们总是回答：“R 是一门计算机编程语言、一个计算机软件，同时也是一种思考和解决问题的平台。”如果没有特殊说明，本书的“R”指代的就是这种融合了 R 语言、R 软件和计算思路的环境平台。原书为彩页版，其代码全部来自 RStudio 截图并带有高亮显示效果，有些用 R 生成的图形也是彩色的。个人觉得中文版没有太大必要采用彩页版，毕竟 R 的魅力还需要 R 学习者通过亲自运行代码来感受。不过我依然建议读者朋友们安装 RStudio，在 RStudio 中感受原版的彩色代码和彩图效果。原著中有些代码赋值时采用了随机赋值并且没有设置随机种子，这就引起本译著代码某些对象的值与原著有差异，但这并不会对代码运行结果造成实质性影响。本译著的

RStudio 软件版本与原著不同，RStudio 软件界面也略与原著不同，但这不影响大家的使用和理解。翻译完成后，我惊喜地发现自己对 R 软件的理解进一步加深，R 编程水平也大大提高，由衷地希望读者朋友们也能感受到这种喜悦。

本书在成书过程中得到了很多单位和朋友的帮助，感谢国家自然科学基金项目［生物和非生物因子对宝天曼落叶阔叶林植被碳库分布格局的影响（项目编号：41601057），黄土塬区深剖面土壤水分平衡和地下水补给对土地利用/覆被变化的响应（项目编号：41771036），生物多样性对温带森林生态系统多重功能的作用机制（项目编号：41671050），光质和土传病原菌对水曲柳和紫椴幼苗更新的耦合作用（项目编号：31670632）］提供的出版资助，感谢平顶山学院和中国科学院沈阳应用生态研究所各级领导的鼓励和帮助，感谢香港嘉道理农场暨植物园张金龙博士对书中 R 代码的调试和反馈，感谢菲律宾女子大学闫璐老师对书中涉及的 R 语言辅助音乐谱曲实例的释疑，感谢平顶山学院数学与统计学院王鸿章副教授、张水利副教授、杨锦伟博士对书中涉及的数学专业名词、数理统计原理及计算过程的校对，感谢平顶山学院河南省中原古陶瓷研究重点实验室刘光甫老师对书中数据绘图视知觉传达方面的启发，感谢平顶山学院化学与环境工程学院程立平副教授的热心帮助，感谢本科生毛成豪、蒋晓兰、崔洁冰、魏双艳、孙钰珂、赵慧琳、何家梁、蔡鹏森、李安萍、王静宜、王冰、吴迪、李尚、周宇轩、冯怡琳、宋小龙、史珂欣、李瑜瑶、王文亮、戴诗濛、王璐瑶等在统稿过程中提供的无私帮助，感谢岳母对我的支持以及对我在翻译过程中变得“生活不能自理”的理解。还有很多提供过帮助的朋友们不再一一枚举，在此一并表示感谢！

鉴于译者水平有限，书中难免存在不足之处，恳请读者批评指正。

齐　光
2019 年 10 月 28 日
平顶山学院

目　　录

第1章　入　　门

欢迎来到统计编程的世界。对于每个主题，本书将会针对“怎样做？”和“为什么这样做？”提供一些具体建议。本章首先介绍统计编程的概念，然后介绍读者从本书余下内容中会学到什么，最后介绍 R 软件下载和安装、我们的编程实例所基于的程序包和语言，以及 RStudio——一种 R 的集成开发环境。

1.1　什么是统计编程？

计算机编程涉及计算机控制：告诉计算机计算什么、显示什么，等等。我们很难给“统计编程”下定义，一种可能的定义是“统计学家所做的一种计算机编程工作”，但统计学家所做的编程却是多种多样的。另一种可能的定义是“一种统计时做的编程”，但统计涉及的计算任务也是多种多样的。

例如，统计学家关心的是数据的收集和分析，一些统计学家会建立计算机和实验室仪器之间的连接，但我们并不称之为统计编程。统计学家往往会监督问卷调查数据的录入，而且可能设置程序来辅助检测数据录入的错误，这的确“是”统计编程，但这太过专业化，并且超出了本书的范围。

统计编程包括通过计算以辅助统计分析。例如，必须对数据进行汇总和显示；模型必须适合于数据，并且显示其结果。这些任务可以通过许多不同的计算机应用程序来完成：Microsoft Excel、SAS、SPSS、S-PLUS、R、Stata 等。这些程序的应用都是计算机统计，通常也会涉及统计编程，但这不是本书的重点。在本书中，我们的目标是为理解这些应用程序的工作原理提供基础：它们进行了怎样的计算，以及如何自己做这些计算。

由于图形在统计分析中起着重要的作用，所以绘制一维、二维或高维的数据图形成为统计编程的一个重要内容。

统计编程的另一个重要组成部分是随机模拟。数字计算机自然非常擅长精确、可复写的计算，但现实世界充满了随机性。随机模拟过程中，我们通过给计算机编程，使它表现得好像是在随机地产生结果。尽管如此，如果我们知道得足够多，会发现这些模拟产生的“随机”结果也是可以被准确预测的。

统计编程与其他形式的数字编程相似，都涉及数学函数的优化和逼近，其中计算线性代数起着核心作用。与物理或应用数学不同，数学函数的优化和逼近较少强调微分方程（尽管这种情况正在慢慢改变）。本书倾向于把更多的关注点放在结果，而不是像计算机科学一样过多地关注算法分析。

1.2 本书概要

本书是统计编程的入门篇，将从编程基础开始：怎样告诉计算机我们想让它做的事情。这点可以通过开源的 R 统计程序包来实现，因此本书着力教授 R 语言的应用。但我们会努力避免“仅仅”教授 R 语言，而是会着重强调那些各类计算平台上共通的编程知识。

统计学家需要展示数据，本书将介绍如何绘制统计图形以展示数据。在这个过程中，大家将了解一些关于人类视觉的知识，以及它是如何驱动我们对图形展示进行选择的。

本书编程入门部分将讨论如何控制程序的执行流程。例如，只要当前输入值是正整数，某运算就重复运行；而当输入值是 0 时，运算中止。计算机编程需要基本的逻辑性，本书将为大家介绍布尔代数，这是一种处理逻辑语句的正式方法。最好的程序在运行前都要经过仔细推敲，本书将讨论如何将复杂的问题分解成几个简单的部分。本书在讨论编程问题时，会用大量篇幅讨论如何“使之正确”：如何确保计算机程序计算的正是你想要它计算的。

统计编程的一个明显特征是它对随机性的关注：数据的随机误差和模型的随机组分。本书将讨论具有特定性质的随机值模拟方法，并展示随机模拟在解决诸多问题中的用途。

很多统计过程都是基于线性模型的，不过对线性拟合和其他线性模型的讨论已经超出了本书的范畴。本书将讨论一些线性代数背景知识，以及它们所涉及的计算是如何进行的。本书还将讨论数值优化的一般性问题：寻找使某个函数尽可能大或小的数值。

本书各章节都有不同难度的练习题，练习题答案请参考 www.statprogr.science.

1.3 R 程序包

本书使用的 R，本身就是一个用于统计计算的开源程序包。“开源”（open source）有许多不同的含义，这里着重强调一点——R 是可以免费获得的，R 的用户可以自由地看到它的编写过程，并对其加以改进。R 脱胎于 S 语言，S 语言是

1976 年由贝尔实验室的 John Chambers 等人开发的。1993 年奥克兰大学的 Robert Gentleman 和 Ross Ihaka 想在自己的运算中采用 S 语言，所以他们开发出一个 S 语言的应用，并把它命名为 R。1995 年他们开放了 R 源代码，从此世界各地成千上万的人都为 R 的发展贡献了自己的力量。

1.4 为什么使用命令行？

R 系统基本上是命令驱动的，也就是用户输入文本命令并要求 R 执行该命令。现在大多数程序都在使用交互式图形用户界面（菜单、触摸屏等），而不是命令行界面。那么，为什么我们要选择文本命令这样一种老式的方法呢？

当应用于一组有限（几个到一两百个）的命令时，基于菜单的界面是非常方便的。但是，基于命令行的界面可以运行的命令却是无限的。正如我们在本书中所展示的那样，如果你想让一台计算机做一些前人没有做过的事情，你可以很容易地把任务分解成几个部分，然后建立一个程序来执行它。某些菜单驱动的界面也可能实现这一点，但命令驱动的界面实现起来更容易。

此外，学习如何使用一种命令行界面将有助于读者与同行之间进行技能交流，乃至了解菜单驱动的界面运作原理。作为统计学家，我们相信大家的目标应该是对知识的理解，而学习如何在命令行编程则可让大家从基础水平上去理解知识。学习使用基于菜单的程序，有助于熟悉该程序的特定结构。

毫无疑问，命令行界面要求用户具备更多的知识——用户需要记住键入什么样的代码才能实现特定的结果。幸运的是，目前有很多 R 语言辅助工具。我们推荐使用 RStudio 集成开发环境（integrated development environment, IDE）。IDE 最初是在 20 世纪 70 年代开发出的一些程序员辅助工具：它们允许用户编辑程序、搜索帮助并运行程序；当用户的第一次尝试不起作用时，它们还会为程序诊断和错误修复提供支持。RStudio 是一个用于 R 编程的 IDE，于 2011 年首次发布，是波士顿一家名为 RStudio 公司的产品，可免费使用。

1.5 字 体 规 则

本书描述了如何在 R 中进行计算。正如下章所述，R 运算要求用户键入输入项，然后 R 以文本或图形作为输出项。为了显示区别，我们在本书的排版中将用户输入项和 R 输出项置于灰色框中，且输出项以##作为前缀。例如：

```
This was typed by the user
```

```
## This is a response from R
```

除了这一项和某些练习之外，在大多数情况下，我们都会列出 R 与前面输入相对应的实际响应项①。在某些情况下，有些代码（这些代码有些是无法执行的 R 伪码，有些是 R 语法的一般性说明）纯粹是说明性的，我们并不打算让它们被 R 运行。这时我们采用等宽字体对这些示例性代码进行排版，例如：

```
f(一些参数)
```

1.6 R 软件和 RStudio 的安装

R 软件可以很方便地从 http://cloud.r-project.org 下载。大多数用户应该下载并安装 R 软件的二进制版本，这一版本已经（通过编译器）被翻译成机器语言，可在安装了某一类型特定操作系统的计算机上执行。R 被设计得非常轻便：可以在 Microsoft Windows、Linux、Solaris、Mac OSX 等操作系统上运行，不同的操作系统都有其对应的二进制版本 R。本书所述的大部分 R 语言内容在任何系统上都是一样的，但在编写一些具有操作系统专一性的指令时，我们假定读者使用的操作系统是 Microsoft Windows 系列。

在 Microsoft Windows 系列操作系统上安装 R 软件是非常简单的，大家可从网页 http://cloud.r-project.org/bin/windows/base 获得 Windows Vista 或更高版本操作系统适用的二进制版本 R。下载一个名为 R-3.2.5-win.exe 的“安装程序”（setup program）文件，单击此文件将启动近乎全自动的 R 软件安装过程。尽管 R 软件允许自定义安装，但大多数情况下默认安装方式足以满足用户，尤其是初始用户的要求。

R 软件安装过程的默认设置之一是在计算机桌面创建一个 R 软件快捷启动图标。

安装完 R 软件之后，最好再安装 RStudio。与 R 软件一样，RStudio 针对不同的计算机平台也开发出不同的版本，但各种版本的外观和功能都是相似的。读者可以从 www.rstudio.com/下载“RStudio Desktop”的“开源版”（open source edition），并依照说明将其安装到计算机上。

---

① 原著采用 knitr 程序包编撰，书中代码结果都由 R 自身计算得出。原著所有计算都在 R 3.2.2(2015-08-14)中完成。

1.7　RStudio 入门

一旦安装了 R 软件和 RStudio，我们就可以开始统计编程了。我们将从快速熟悉 RStudio 开始，更多细节将在后面章节中介绍。

当在 RStudio 中工作时，用户将看到一个如图 1.1 所示的界面。(第一次启动 RStudio 时，用户不会看到图中的所有内容。) 界面包括四个窗格。左上角的窗格是源代码窗格或编辑器窗格(Source Pane)，用户可在这里键入程序(或其他文档)。左下角的窗格称为控制台窗格（Console Pane)。这是用户与 R 进行交互的地方，用户可以直接在此窗格中输入 R 代码，但一般情况下在编辑器窗格中输入会更好，因为这样用户就可以很方便地对错误代码进行修改，然后再一次尝试运行。

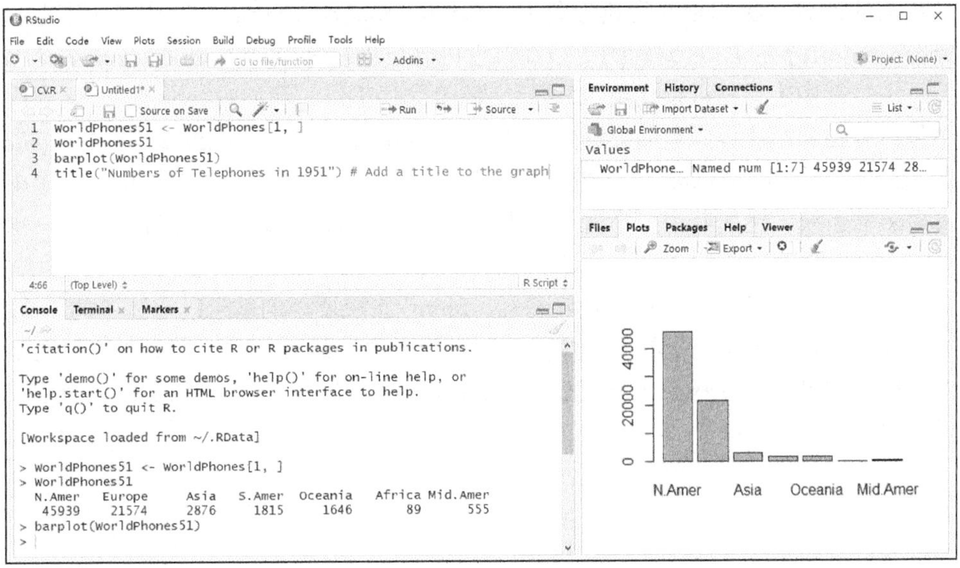

图 1.1　一个典型的 RStudio 界面

右边的两个窗格包含多个选项卡，如图所示，顶部窗格显示工作空间(Workspace)，底部窗格显示了一个图片。我们将在后面章节中讨论各选项卡，现在只需要了解以下几点。

（1）大部分工作应该在编辑器窗格里完成，但偶尔也可以通过控制台窗格进行输入。

（2）控制台窗格显示 R 正在做什么。

（3）所有的窗格都可以调整大小和位置，因此有时候界面看起来似乎丢失了一个窗格，但是没有必要担心，只要找到窗格的标题并用鼠标单击，该窗格就会重新出现。如果当前窗格并不是用户想要的窗格，可尝试单击 RStudio 界面顶部的选项卡。

1.8 进　　阶

本书介绍了 R 统计编程的一般知识，但是并不能涵盖 R 统计编程相关的所有内容。下面是一些高阶的资源，供学有余力的读者参考。

（1）市面上有很多教科书可以提供更多的统计学知识。对于初学者，我们推荐 *Data Analysis and Graphics Using R: An Example-Based Approach*（作者：Maindonald 和 Braun）和 *Introductory Statistics with R*（作者：Dalgaard）这两本书。而对于水平较高的读者，我们推荐经典教科书 *Modern Applied Statistics with S*（作者：Venables 和 Ripley）。R 编程的更多细节性内容可以参考 Wickham 的 *Advanced R*。

（2）很多工具都可以使用 R 进行文稿的准备工作。我们对其中的 `knitr` 程序包情有独钟，该程序包的详细内容请参考 http://yihui.name/knitr 或者 *Dynamic Documents with R and knitr*（作者：谢益辉）。`knitr` 程序包为用户提供了一个丰富多彩的系统，比如其中一个普通子集（对完成课堂作业是很有帮助的！）——R Markdown（http://rmarkdown.rstudio.com/）。

（3）R 还可以用于构建交互性网页。Shiny 系统展现的基于既定脚本的 R 输出结果，就是通过浏览器控制完成的。用户不需要安装 R 软件，但是却可以看到 R 的输出结果。通过网页 http://shiny.rstudio.com 可以了解 Shiny 的实例以及更多详细内容。

第 2 章　R 语言简介

安装好 R 软件和 RStuido 后，大家就可以开始学习统计编程的技术了。首先要学习编程语法，掌握 R 语言的编码规则。本章是 R 语法介绍，所讨论的大部分内容都与我们在 R 软件控制台或 RStudio 脚本窗口中输入的内容有关。

2.1　R　基　础

启动 R 软件或 RStudio 后，我们就可以输入和执行命令，这通常是交互性的。为了确保代码的准确性，我们通常在源代码窗格中输入命令，但偶尔也会直接在控制台窗格中输入。控制台窗格出现的提示符是大于号（>），提示符后面可以输入命令。

2.1.1　R 的计算器功能

小型计算器能够计算的问题，R 都能迅速解决。最基础的运算符为+（加）、-（减）、*（乘）、/（除）。例如以下运算：

```
5504982/131071
```

按下 Enter 键（或 Ctrl-Enter），控制台窗格中出现结果 42，前缀为[1]：

```
5504982/131071

## [1] 42
```

[1]表示这是命令的第一个返回值（仅在此例中）。一些命令具有多个返回值，为了方便用户读懂输出结果，每一行都会有前缀。例如，一个 17 到 58 的整数序列按如下方式输出：

```
17:58

## [1]  17 18 19 20 21 22 23 24 25 26 27 28 29 30 31 32 33 34 35 36 37 38
## [23] 39 40 41 42 43 44 45 46 47 48 49 50 51 52 53 54 55 56 57 58
```

第一行由第一个返回值开始，前缀为[1]；第二行由第 23 个返回值开始，前缀为[23]。

#后输入的内容在 R 中默认为评述，不会被 R 执行。例如：

```
5:(2*3 + 10)    # 结果与5:16相同

## [1] 5 6 7 8 9 10 11 12 13 14 15 16

(7:10) + pi     # pi（圆周率）在R中默认为一个恒定值
## [1] 10.14159 11.14159 12.14159 13.14159
```

请注意上述例子中括号的使用。括号能保证运算符（上例中的:、*、+）运算顺序的正确性。在上述例子中，只有使用括号我们才能得到想要的结果。下面是遗漏括号的后果：

```
5:2*3 + 10

## [1] 25 22 19 16
```

大家或许会对上述结果感到难以置信，经过分析发现，R 将上式分解为三个独立部分进行运算。

`(7:10) + pi` 中的括号对运算而言可有可无，但是由于两方面原因，我们仍然需要使用括号。首先，使用括号可以方便他人更迅速地阅读和理解代码。其次，虽然 R 遵守严格和一致的运算顺序规则，但用户却很容易忘记这些规则。因此我们建议，用户在不确定这些规则时就使用括号（即使认为自己的式子正确，最好也使用括号）。

R 还可以通过^来计算幂函数。例如：

```
3^4

## [1] 81
```

R 也可以进行模运算。例如，计算 31 除以 7 的余数，即 31(mod 7)：

```
31 %% 7

## [1] 3
```

以及 31 除以 7 的商：

```
31 %/% 7

## [1] 4
```

我们可以验证上述余数部分加上 7 乘以商的部分，值为 31：

```
7*4 + 3
```

```
## [1] 31
```

2.1.2　命名与存储

R 有一个被称为全局环境（global environment）的工作空间，可用于储存计算结果和各种类型的对象。举一个例子，假如我们为了方便以后的计算，想要存储 `1.0025^30`（可能出现在基于 30 年期和每年 0.25%利率的复利计算中）的计算结果，可将这个值赋给 `interest.30`，欲执行这个命令，我们需要输入

```
interest.30 <- 1.0025^30
```

这个命令可通过使用赋值符（由小于号<和连接符-组成的指左箭头）来让 R 执行。R 在大多数情况下也支持用等号（=）代替箭头，但是我们更建议使用箭头，因为箭头表明我们要求执行一个命令（即赋值命令），而不是规定一种“联系”（即 `interest.30` 等于 `1.0025^30`）或创造一个永久的定义。需要注意的是，此语句运行后不会显示任何输出结果，R 已经完成了我们所要求的运算，并在等待其后续操作。

我们可以在提示符后面输入新对象的名字，以得到赋值的结果：

```
interest.30

## [1] 1.077783
```

上述运算可想象为这样一个过程：R 计算出表达式 `interest.30` 的结果并将其输出到显示屏上。`interest.30` 的值也可以应用于以后的计算中，例如，我们可以计算 3000 美元本金以 0.25%的年利率存 30 年后的本息：

```
initialBalance <- 3000
finalBalance <- initialBalance * interest.30
finalBalance

## [1] 3233.35
```

例 2.1

某人想贷款，贷款额为 P，每月利率为 i，这笔贷款将从本月起分 n 期进行偿还，每月还款额为 R，试求 R 的值。

P 值等于 n 月后按利率 i 折算的 R 的累计值，可得

$$P = R(1+i)^{-1} + R(1+i)^{-2} + \cdots + R(1+i)^{-n}$$

或者

$$P = R\sum_{j=1}^{n}(1+i)^{-j}$$

经几何级数求和化简可得

$$P = R\frac{1-(1+i)^{-n}}{i}$$

以上即为还款额现值的公式。给定 P、n、i 的值可求 R 的值:

$$R = P\frac{i}{1-(1+i)^{-n}}$$

在 R 中我们定义如下变量：贷款额 P 的值赋给 principal，利率 i 的值赋给 intRate，支付次数赋给 n，最终的还款额赋给一个名为 payment 的对象。

显然，我们的计算需要具体数值，因此我们假定贷款总额为 1500 美元，每月利率为 1%，还款期数为 10，那么按要求需要输入以下代码:

```
intRate <- 0.01
n <- 10
principal <- 1500
payment <- principal * intRate / (1 - (1 + intRate)^(-n))
payment

## [1] 158.3731
```

即这笔贷款每月需要还 158.37 美元。

2.1.3 退出 R

要退出 R，需要输入:

```
q()
```

或者在 File 菜单中选择 Quit RStudio… 之后将弹出一个询问是否保存当前工作空间的对话框（包括是、不是和取消三个选项)。工作空间包括已经运行过的计算和已保存的结果，单击取消选项可以继续运行当前的 R 代码。我们很少保存工作空间，但偶尔保存后会发现这样做非常方便。

需要注意的是，退出 R 的时候如果省略了括号 ()，就会出现以下情况:

```
q

## function(save = "default", status = 0, runLast = TRUE)
## .Internal(quit(save, status, runLast))
## <bytecode: 0x7fa7ad214ad8>
## <environment: namespace:base>
```

之所以会出现上述情况，是因为 `q()` 是退出 R 的函数。仅输入 `q`，意思是要 R 显示 `q()` 函数的内容（看起来好像晦涩难懂）；如果输入 `q()` 函数，是告诉 R 我们需要调用 `q()` 函数，其函数执行结果就是退出 R。R 所做的“一切”都是通过调用函数来完成的，有时这些函数是隐藏的（当我们单击菜单时可以看到），有时又是些非常基本的函数（比如我们调用乘法函数来计算 14 乘以 3）。

2.1.4　保存工作记录

相比于保存工作空间，我们更愿意保存输入的命令，以便在以后的工作中重现工作空间。在 RStudio 中最简单的保存命令方法是在源代码窗格中输入命令，然后运行。在工作结束时，保存最后的脚本可永久保存工作记录。在其他系统中，文本编辑器和某种形式的剪切和粘贴可达到相同目的。

练习

1. 计算 170166719 除以 31079 后的余数。
2. 投资 2000 美元，年复利为 3%，计算 5 年后获得的利润。
3. 投资 2000 美元，年复利为 3%，用一行 R 代码分别计算 1,2,…,30 年后获得的利润。
4. 贷款 200000 美元，月利率为 0.003，一个月后开始还款，300 个月还完，计算每月需要还多少钱。
5. 用 R 计算半径为 7cm 的圆的面积。
6. 使用一行 R 代码分别计算半径为 3,4,…,100 的圆的面积。
7. 表达式 `48:(14*3)` 中的括号是必要的吗？输入 `48:14*3` 会出现什么结果？
8. 你认为 `48:14^2` 和 `48:(14^2)` 是一样的吗？试计算这两个公式。如何使用一行代码分别得到 48,47,…,14 的平方值？

2.2　R 基本特征

2.2.1　函数

R 中大部分工作都是通过函数来完成的。例如，输入 `q()` 函数退出 R。这是“调用”名为 `q` 的函数。括号中包含参数列表（argument list），但是在这个例子中，括号中没有任何内容。我们只是想退出 R，而无须告诉 R 要怎样退出。

我们可以看到 `q()` 函数的定义为

```
q

## function (save = "default", status = 0, runLast = TRUE)
## .Internal(quit(save, status, runLast))
## <bytecode: 0x7fa7ad214ad8>
## <environment: namespace:base>
```

上述内容表明 q() 函数是一个包含三个参数的函数：save、status 和 runLast。其中每个参数都有一个默认值，分别为"default"、0 和 TRUE。当我们执行 q() 命令的时候，R 就会调用参数为默认值的 q() 函数。

如果想要改变函数的默认值，那么在调用函数时要指定参数。参数在其特定的位置或被明确地给出参数名字时，是可以被识别的。例如：

```
q("no")
q(save = "no")
```

这两行代码都是告诉 R 调用 q() 函数，但其第一个参数设置为"no"，即退出但不保存工作空间。如果代码只给出两个参数值而没有给出参数名字，那么这两个参数值就会被分别赋予 save 和 status。如果我们想只更改后面的参数而不更改前面的参数，调用函数时就要给出参数名字，如：

```
q(runLast = FALSE)
```

或者使用逗号来代替省略的参数，如：

```
q( , , FALSE)
```

需要注意的是，必须使用=来设置参数。如果我们写成 q(runLast <- FALSE)，将会产生与 q(runLast = FALSE) 完全不同的结果。箭头表示将 FALSE 值赋予名为 runLast 的变量，然后将该指令的结果（其值为 FALSE）作为 q() 函数的第一个参数。由于第一个参数是 save，所以 R 会调用函数 q(save = FALSE)，这并不是我们想要的结果。

当函数中有许多参数或者使用不常见参数时，最好给出参数的名字。这样做既可以减小列出错误参数的风险，又可以使代码变得更容易阅读。

2.2.2 R 区分大小写

思考如下代码：

```
x <- 1:10
MEAN(x)

## Error in eval(expr, envir, enclose): could not find function "MEAN"
```

再思考如下代码：

```
MEAN <- mean
MEAN(x)

## [1] 5.5
```

mean()函数是 R 的内置函数，R 默认 MEAN()函数与 mean()函数不同，因为 R 区分大小写（case-sensitive），m 和 M 不同。

2.2.3 列出工作空间中的对象

前几节的计算引导我们创建了几个简单的 R 对象，这些对象保存在当前的 R 工作空间中。要想在屏幕中列出当前工作空间的所有对象，可以使用 objects()函数：

```
objects()

## [1] "finalBalance"      "initialBalance"    "interest.30"
## [4] "intRate"           "MEAN"              "n"
## [7] "payment"           "principal"         "x"
```

objects()与 ls()起到同样的作用。

需要记住的是，如果我们没有保存工作空间映像就退出了 R，这些对象就会消失。如果我们保存了工作空间映像，下次在 R 中工作就可以恢复这些对象。①

2.3 R 中的向量

2.3.1 数值型向量

一个数值型向量包含一系列数值。c()函数的作用是将一些数值合并到一个向量中。输入：

```
c(0, 7, 8)

## [1] 0 7 8
```

然后将它赋值给一个对象：

① 当我们从与上一次运行 R 相同的文件夹或工作目录再次启动 R 时，情况的确会是这样。这也是 R 常规启动时的现象。但用户在使用过程中可以通过菜单或 setwd()函数自由地改变当前文件夹。可以键入?setwd 来查看此函数的帮助信息。

```
X <- c(0, 7, 8)  # 现在x是一个含有3个元素的向量
```

如果想看 x 所包含的内容，只需简单地输入一个 x：

```
x

## [1] 0 7 8
```

:可以用于数值的升序（或降序）排列。例如：

```
numbers5to20 <- 5:20
numbers5to20

## [1]  5  6  7  8  9 10 11 12 13 14 15 16 17 18 19 20
```

c() 函数可以将多个向量连接在一起（即级联）。例如：

```
c(numbers5to20, x)

## [1]  5  6  7  8  9 10 11 12 13 14 15 16 17 18 19 20  0  7  8
```

来看另一个使用 c() 函数的例子：

```
some.numbers <- c(2, 3, 5, 7, 11, 13, 17, 19, 23, 29, 31, 37, 41,

    43, 47, 59, 67, 71, 73, 79, 83, 89, 97, 103, 107, 109, 113, 119)
```

如果在 R 控制台中（而不是在 RStudio 的源代码窗格中）输入第 1 行内容后按下 Enter 键，那么 R 就会在第 2 行显示+号提示我们继续输入。RStudio 中虽然没有+号提示，但是它会缩进第 2 行。这两种情况都是告诉用户第 1 行是不完整的，因为一个左括号后面必须对应一个右括号才能完成该命令。

我们可以将 numbers5to20 追加到 some.numbers 的末尾，然后再将递减顺序从 4 追加到 1：

```
a.mess <- c(some.numbers, numbers5to20, 4:1)
a.mess

##  [1]   2   3   5   7  11  13  17  19  23  29  31  37  41  43  47  59
## [17]  67  71  73  79  83  89  97 103 107 109 113 119   5   6   7   8
## [33]   9  10  11  12  13  14  15  16  17  18  19  20   4   3   2   1
```

需要记住的是，方括号中的数字会立即告诉你本行右起第一个数字在原向量中的位序索引（index）。除此之外，这些内容可以帮助我们识别 a.mess 中的第 22 个元素，即 89。（我们只需要从第 2 行第 1 个元素——也就是整个向量的第 17 个元素开始计数，即可快速找到第 22 个元素。）

2.3.2　从向量中提取元素

得到 a.mess 中第 22 个元素的一个更好的方法是使用方括号作为下标索引来提取该元素：

```
a.mess[22]

## [1] 89
```

我们也可以一次提取多个元素。例如，输入下列代码提取 a.mess 的第 3 个、第 6 个和第 7 个元素：

```
a.mess[c(3, 6, 7)]

## [1] 5 13 17
```

要提取 numbers5to20 中第 3 个到第 7 个元素，需输入：

```
numbers5to20[3:7]

## [1] 7 8 9 10 11
```

负下标索引（negative index）可用于规避某些元素。例如，我们可以选择 numbers5to20 中除第 2 个元素和第 10 个元素以外的所有元素，代码如下：

```
numbers5to20[-c(2, 10)]

## [1] 5 7 8 9 10 11 12 13 15 16 17 18 19 20
```

规避 numbers5to20 中的第 3 个到第 11 个元素的代码如下：

```
numbers5to20[-(3:11)]

## [1] 5 6 16 17 18 19 20
```

使用零下标索引（zero index）则不会返回任何内容。我们不常用零下标索引，但是在一些很复杂的表达式中，零下标索引可能会起到意想不到的作用。例如，回想一下上述被赋值为(0,7,8)的 x 向量，用 x 提取 numbers5to20 中的元素，代码如下：

```
numbers5to20[x]

## [1] 11 12
```

不要混合使用正、负下标索引，混合使用正、负下标索引的后果如下：

```
x[c(-2, 3)]
```

```
## Error in x[c(-2, 3)]: only 0's may be mixed with negative subscripts
```

问题在于 R 不知道我们究竟要提取哪个元素：需要提取的所谓“x 的第 3 个元素”，究竟是对移除 x 的第 2 个元素之前还是之后而言的？

需要注意的是，确保向量的下标索引是整数，当向量下标索引使用小数时，小数将被 R 判定为 0，例如，下面的代码中 0.6 被判定为 0：

```
x[0.6]

## numeric(0)
```

输出结果 `numeric(0)`表示长度为 0 的数值型向量。

2.3.3 向量运算

R 中可以进行向量运算。例如，我们可以将 x 的所有元素乘以 3：

```
x * 3

## [1] 0 21 24
```

需要注意的是，该运算是对向量中每个元素进行相应的运算。向量与常数的加法、减法和除法也是如此。例如：

```
y <- x - 5
y

## [1] -5 2 3
```

另一个例子，将 x 中所有的元素三次方化：

```
x^3

## [1] 0 343 512
```

上述例子展示了向量与常数如何进行二元运算。一般来说，向量与向量也可以通过元素进行二元运算。例如，我们可以计算当 i=1,2,3 时 $y_i^{x_i}$ 的值，即 $(y_1^{x_1}, y_2^{x_2}, y_3^{x_3})$的值：

```
y^x

## [1] 1 128 6561
```

当两个向量长度不同时，对较短的向量进行“再循环”处理，即从第 1 个元素开始重复，直到两个向量长度相同。例如，计算数字 1 到 10 除以 2 和 3 的余数，只需要给出一次 2:3 的向量：

```
c(1, 1, 2, 2, 3, 3, 4, 4, 5, 5, 6, 6, 7, 7, 8, 8, 9, 9, 10, 10) %% 2:3

## [1] 1 1 0 2 1 0 0 1 1 2 0 0 1 1 0 2 1 0 0 1
```

如果较长向量的长度与较短向量的长度不成倍数关系，那么 R 会发出警告，这是代码中常有的错误。例如，计算数字 1 到 10 除以 2、3 和 4 的余数，以下是一种错误代码：

```
c(1, 1, 2, 2, 3, 3, 4, 4, 5, 5, 6, 6, 7, 7, 8, 8, 9, 9, 10, 10) %% 2:4

## Warning in c(1, 1, 2, 2, 3, 3, 4, 4, 5, 5, 6, 6, 7, 7, 8, 8, 9,
9, 10, 10)%% 2:4: longer object length is not a multiple of shorter object
length

## [1] 1 1 2 0 0 3 0 1 1 1 0 2 1 1 0 0 0 1 0 1
```

（你知道哪里出错了吗？）

2.3.4　简单复写向量

我们已经见识了用:运算符生成简单的整数序列。复写向量也可以用 seq() 函数和 rep() 函数来生成。例如，提取小于等于 21 的奇数序列：

```
seq(1, 21, by = 2)

## [1] 1 3 5 7 9 11 13 15 17 19 21
```

注意 by = 2 的使用，seq() 函数有多个“可选参数”（optional parameter），其中一个名为 by，如果未指定 by 的值，则 seq() 函数将使用默认值 1。

关于使用 rep() 函数获得重复模式，思考以下示例：

```
rep(3, 12)                      # 将 3 重复 12 次

## [1] 3 3 3 3 3 3 3 3 3 3 3 3

rep(seq(2, 20, by = 2), 2)      # 将 2, 4, …, 20 重复 2 次

## [1] 2 4 6 8 10 12 14 16 18 20 2 4 6 8 10 12 14 16 18 20

rep(c(1, 4), c(3, 2))           # 将 1 重复 3 次，将 4 重复 2 次

## [1] 1 1 1 4 4
```

```
rep(c(1, 4), each = 3)           # 将每一个值重复 3 次

## [1] 1 1 1 4 4 4

rep(1:10, rep(2, 10))            # 将每一个值重复 2 次

## [1] 1 1 2 2 3 3 4 4 5 5 6 6 7 7 8 8 9 9 10 10
```

2.3.5 随机模式向量

sample()函数可以模拟一个六面骰子反复抛掷的结果：

```
sample(1:6, size = 8, replace = TRUE)   # 一个虚拟骰子被抛出 8 次

## [1] 1 5 1 5 3 1 2 1
```

2.3.6 字符型向量

标量和向量可由数字组成，也可由字符串组成，但向量中的所有元素必须是同一类型。例如：

```
colors <- c("red", "yellow", "blue")
more.colors <- c(colors, "green", "magenta", "cyan")
                                 # 添加了一些新的颜色元素
z <- c("red", "green", 1)        # 试着在一个向量中混合多种类型的数据
```

要想查看 more.colors 和 z 的内容，只需输入：

```
more.colors

## [1] "red" "yellow" "blue" "green" "magenta" "cyan"

z                                 # 数字 1 已被转换为字符"1"

## [1] "red" "green" "1"
```

下面是两个可以在字符型向量上执行基本操作的函数。substr()函数可以用来提取子字符串。substr()函数使用参数 substr(x, start, stop)，其中 x 是字符型向量，start 和 stop 决定要保留哪些字符。例如，输入下列代码可以得到 colors 中每个颜色的前两个字母：

```
substr(colors, 1, 2)

## [1] "re" "ye" "bl"
```

substring()函数与 substr()函数类似，但两者对参数的定义略有不同。关于 substring()函数的具体内容请参阅?substring 的帮助页面。

另一个基本操作是使用 paste()函数通过级联来组合字符串。例如：

```
paste(colors, "flowers")

## [1] "red flowers"  "yellow flowers" "blue flowers"
```

paste()函数有两个可选择的参数。参数 sep 控制连接在一起的字符串之间的内容。例如，我们不想要默认的空格：

```
paste("several ", colors, "s", sep = "")

## [1] "several reds"   "several yellows" "several blues"
```

paste0()函数是设置 sep = " "的一种快捷方式：

```
paste0("several ", colors, "s")

## [1] "several reds"   "several yellows" "several blues"
```

paste()函数的参数 collapse 可合并输入向量并输出为一个字符串：

```
paste("I like", colors, collapse = ", ")

## [1] "I like red, I like yellow, I like blue"
```

2.3.7 因子

因子是字符型数据的另一种储存方式。例如，可以使用下列代码创建一个具有 4 个元素和 2 个等级（control 和 treatment）的因子：

```
grp <- c("control", "treatment", "control", "treatment")
grp

## [1] "control"  "treatment"  "control"  "treatment"

grp <- factor(grp)
grp

## [1] control  treatment control  treatment
## Levels: control treatment
```

当向量中存在重复的元素时，因子可以作为字符型数据存储的一种有效方式，这是因为 R 将因子的不同等级识别为不同的整数。要了解因子的内部编码，可以输入：

```
as.integer(grp)

## [1] 1 2 1 2
```

每个因子的等级标签只存储一次，而不是重复存储。以下代码展示的是向量等级的查看方法：

```
levels(grp)

## [1] "control"  "treatment"

levels(grp)[as.integer(grp)]

## [1] "control"  "treatment"  "control"  "treatment"
```

levels()函数也可用于更改因子标签[①]。例如，假设我们想要将"control"标签更改为"placebo"，由于"control"表示的是第一等级的因子，所以我们只需要改变 levels(grp)向量的第一个元素：

```
levels(grp)[1] <- "placebo"
```

levels()函数一个重要的用途是：即使有些值不存在，也可以列出所有可能的值。例如：

```
sex <- factor(c("F", "F"), levels = c("F", "M"))
sex

## [1] F F
## Levels: F M
```

这表示 sex 向量有两个可能的值，但实际向量中只具有其中一个。

2.3.8 从向量中提取元素的技巧

与数值型向量类似，方括号[ ]也可用于索引因子型和字符型向量元素。例如，grp 因子有 4 个元素，可以通过输入以下代码输出第 3 个元素：

```
grp[3]

## [1] placebo
```

① 实际上，该变化是由另一个名称怪异的函数 levels <-完成的，但这已超出本章范畴。

```
## Levels: placebo treatment
```

还可以用下列代码提取 more.colors 的第 2 个到第 5 个元素：

```
more.colors[2:5]
## [1] "yellow" "blue" "green" "magenta"
```

2.3.9 矩阵和数组

使用 matrix() 函数可以将向量排列成矩阵：

```
m <- matrix(1:6, nrow = 2, ncol = 3)
m

##      [,1] [,2] [,3]
## [1,]    1    3    5
## [2,]    2    4    6
```

然后，可以使用两个下标索引得到想要的元素。例如，第 1 行第 2 列的值为

```
m[1, 2]

## [1] 3
```

有点令人困惑的是，R 还允许矩阵只使用一个值作为向量下标索引：

```
m[4]

## [1] 4
```

矩阵元素按照内部存储顺序被选择：从第 1 列开始查找，然后是第 2 列，依此类推。这被称为“以列为主”（column-major）的存储顺序。一些计算机语言使用“以行为主”（row-major）的存储顺序，第 1 行数值从左到右依次被存储，然后第 2 行数值从左到右依次被存储，依此类推。

矩阵可以通过一个空白下标索引来选择整行或整列：

```
m[1,]

## [1] 1 3 5

m[, 1]

## [1] 1 2
```

更普遍的存储数据方法是将数据存储在数组（array）中，数组具有多个下标

索引。使用 array() 函数创建数组，代码如下：

```
a <- array(1:24, c(3, 4, 2))
a

## , , 1
##
##      [,1] [,2]  [,3] [,4]
## [1,]    1    4     7   10
## [2,]    2    5     8   11
## [3,]    3    6     9   12
##
## , , 2
##
##      [,1] [,2] [,3] [,4]
## [1,]   13   16   19   22
## [2,]   14   17   20   23
## [3,]   15   18   21   24
```

需要注意的是，维数是在向量 c(3, 4, 2) 中指定的。当向 a 中插入数据时，第 1 个下标索引最先发生变化；当第 1 个下标索引完成了自己的数值区间后，第 2 个下标索引接着发生变化。

练习

1. 当 n=10,20,30,40 时，计算 $\sum_{j=0}^{n} r^j$ 的值，其中 r 被赋值为 1.08，并将 $\sum_{j=0}^{n} r^j$ 的值与 $(1-r^{n+1})/(1-r)$ 的值进行比较。当 r=1.06 时，计算两式的值，并进行比较。

2. 参照上面的问题，当 n 取值为 1 到 100 且 r=1.08 时，用快速公式计算 $\sum_{j=0}^{n} r^j$ 的值，然后将得到的 100 个值存储在一个向量中。

3. 当 n＝100,200,400,800 时，计算 $\sum_{j=1}^{n} j$ 的值，并与 $n(n+1)/2$ 的值进行比较。

4. 参照上面的问题，当 n 取值为 1 到 100 时，用快速公式计算 $\sum_{j=1}^{n} j$ 的值，然后将得到的 100 个值存储在一个向量中。

5. 当 n＝200,400,600,800 时，计算 $\sum_{j=1}^{n} j^2$ 的值，并与 $n(n+1)(2n+1)/6$ 的值进行比较。

6. 参照上面的问题，当 n 取值为 1 到 100 时，用快速公式计算 $\sum_{j=1}^{n} j^2$ 的值，然后将得到的 100 个值存储在一个向量中。

7. 当 N=500,1000,2000,4000,8000 时，计算 $\sum_{i=1}^{N} 1/i$ 的值，并与 $\log(N)+0.6$ 的值进行比较。

8. 根据需要使用 rep() 函数和 seq() 函数来创建向量：

```
0 0 0 0 0 1 1 1 1 1 2 2 2 2 2 3 3 3 3 3 4 4 4 4 4
```

和

```
1 2 3 4 5 1 2 3 4 5 1 2 3 4 5 1 2 3 4 5 1 2 3 4 5
```

9. 根据需要使用 rep() 函数和 seq() 函数来创建向量：

```
1 2 3 4 5 2 3 4 5 6 3 4 5 6 7 4 5 6 7 8 5 6 7 8 9
```

10. 创建向量：

```
##  [1] 0 0 0 1 1 1 1 0 0 0 1 1 1 1 0 0 0 1 1 1 1 0 0 0 1 1 1 1 0 0 0 1 1

## [34] 1 1
```

并将该向量转换为一个因子。确定结果因子的等级，然后更改等级标签从而获得以下因子：

```
## [1] Male Male Male Female Female Female Female Male Male
## [10] Male Female Female Female Female Male Male Male Female
## [19] Female Female Female Male Male Male Female Female Female
## [28] Female Male Male Male Female Female Female Female
## Levels: Male Female
```

11. 使用 more.colors 向量、rep() 函数和 seq() 函数来创建向量：

```
"red"    "yellow"   "blue"     "yellow"  "blue"      "green"
"blue"   "green"    "magenta" "green"    "magenta"  "cyan"
```

12. 将 11 题中的字符型向量转换成一个因子，该因子的等级是什么？然后将"blue"改为"turquoise"。

2.4 R 数据存储

2.4.1 数字的近似存储

精确结果与近似结果之间的差异是不同计算过程的一个重要区别。本书中我们所做的工作大部分都是针对近似方法的。虽然计算机中可以精确地表示任何有理数，但近似表示法更常用。我们通常使用“浮点”（floating point）表示法，它是科学记数法二进制（即基数为 2）的变体。例如，我们可以用科学计数法将一个数字表示为四位有效数字，如 6.926×10^{-4} 。这种数字表示方法可以表示 0.00069255 到 0.00069265 之间的任何真值。计算机上的标准浮点表示法与科学计数法是相似的，只不过使用的是 2 的幂，而不是 10 的幂，分数部分用二进制记数法表示。如果保留四位二进制数，6.926×10^{-4} 用浮点表示法表示为 $1.011_2\times2^{-11}$ 。1.011_2 中的下标 2 表示这个数字是用基数为 2 的二进制表示；1.011_2 等于十进制的 $1\times2^0+0\times2^{-1}+1\times2^{-2}+1\times2^{-3}$ ，即 1.375。

但是，6.926×10^{-4} 和 $1.011_2\times2^{-11}$ 并不相同。四位二进制数的精度低于四位十进制数的精度，大约 0.000641 到 0.000702 的值都可以用 1.011_2 表示。事实上，6.926×10^{-4} 不能用有限数字的二进制记数法精确地表示。这个问题类似于用 0.3333 表示 1/3，0.3333 是 1/3 的近似值，不是精确值。R 中的标准精度是 53 位二进制数，相当于 15 或 16 位十进制数。

以分数 5/4 和 4/5 为例进行说明。在十进制计数法中，它们可以分别精确地表示为 1.25 和 0.8。在二进制计数法中，5/4 是 $1+1/4=1.01_2$ 。我们如何用二进制计数法表示 4/5？4/5 介于 0 到 1 之间，其二进制表示形式可设为 $0.b_1b_2b_3\cdots$ ，其中 b_i 表示一个“位”，即 0 或 1，将其乘以 2 后，小数点向右移动一位，即 $2\times4/5=1.6=b_1.b_2b_3\cdots$ ，因此，$b_1=1$，$0.6=0.b_1b_2b_3\cdots$ 。

再将 0.6 乘以 2，得到 $2\times0.6=1.2=b_2.b_3\cdots$ ，所以 $b_2=1$。如此重复两次就可得到 $b_3=b_4=0$。（试试看！）

此时，我们将再次得到数字 0.8，这 4 位数无限重复，因此在二进制计数法中，4/5 是 $0.110011001100\cdots$ 。由于 R 仅存储 53 位二进制数，所以不能精确地存储 0.8，存储过程中会出现舍入误差。

我们可以从下面的实验观察舍入误差。在精确算法中，$(5/4)\times(4/5)=1$，所以无论 n 取何值，$(5/4)\times(n\times4/5)$的值都应该是 n。但是如果在 R 中尝试这个计算，我们会发现：

```
n <- 1:10
```

```
1.25 * (n * 0.8) - n

## [1] 0.000000e+00 0.000000e+00 4.440892e-16 0.000000e+00 0.000000e+00
## [6] 8.881784e-16 8.881784e-16 0.000000e+00 0.000000e+00 0.000000e+00
```

也就是说，对某些 n 值而言，$(5/4)\times(n\times 4/5)$与 n 是相等的，但是 n=3,6,7 除外。这时 R 的计算误差虽然很小，但并不为零。

在大多数计算中舍入误差往往会累积，所以长计算误差通常会比短计算误差大。有些运算特别容易出现舍入误差，例如，两个近似相等的数相减或者绝对值近似相等的两个相反数相加（两种计算相当），由于这两个数的二进制展开式中前面的位数相同，在计算中相互抵消，所以计算结果取决于末尾位数的存储内容。

例 2.2

思考样本 $x_1,\cdots,x_n$ 的样本方差标准计算公式：

$$s^2=\frac{1}{n-1}\sum_{i=1}^{n}(x_i-\overline{x})^2$$

式中，$\overline{x}$ 是样本均值 $(1/n)\sum x_i$。在 R 中，s^2 可以通过 `var()` 函数获得，而 $\overline{x}$ 则可通过 `mean()` 函数获得。例如：

```
x <- 1:11
mean(x)

## [1] 6

var(x)

## [1] 11

sum( (x - mean(x))^2) / 10

## [1] 11
```

因为这个公式需要首先计算 $\overline{x}$，然后计算离差平方和，所以要求全部 x_i 值都存储在内存中。不久以前，内存的价格非常昂贵，所以为节省内存，公式改写成以下形式：

$$s^2=\frac{1}{n-1}\left(\sum_{i=1}^{n}x_i^{\ 2}-n\overline{x}^2\right)$$

这样的公式被称为“一步法公式”（one-pass formula），因为每个 x_i 只估量一次值，累加计算 x_i 和 x_i^2 的总和。无论是在数学计算还是下面的例子中，该式都给出了正确的结果：

```
( sum(x^2) - 11 * mean(x)^2 ) / 10

## [1] 11
```

然而，需要注意的是，如果每个 x_i 中添加一个较大的值 A，$\sum_{i=1}^{n} x_i^2$ 的值大约增加 nA^2，$n\bar{x}^2$ 也是如此。这种情况下方差并没有改变，但会出现“精确度灾难性损失”（catastrophic loss of precision）：

```
A <- 1.e10
x <- 1:11 + A
var(x)

## [1] 11

( sum(x^2) - 11 * mean(x)^2 ) / 10

## [1] 0
```

R 运算得到了正确结果，可见处理类似情况时，R 并没有采用一步法公式，所以你也不应该使用一步法公式。

2.4.2 数据的精确存储

在上一节中，我们了解到 R 对数据使用浮点存储，存储精度为 53 位二进制数。结果表明，这种格式可以精确地存储一些分数。如果分数可以写成 $n/2^m$，其中 n 和 m 是整数（m 不能大于 1000，但 n 可以很大），R 可以精确地存储它。数字 5/4 是这种形式的，数字 4/5 不是这种形式，所以只有前者被精确存储。

浮点存储不是 R 存储数据的唯一格式。对于整数，R 可以使用 32 位二进制整数存储。在这种格式中，数字被存储为整数 0 到 $2^{32}-1$=4294967295 的二进制形式。大于 $2^{31}-1$=2147483647 的数，减去 2^{32} 并处理为负值存储，即负存储值的绝对值加 2^{32} 为其所存储的值。

例 2.3

数字 11 可以存储为 11 的二进制值，即 0…01011；而−11 可以存储为 $2^{32}-11$=4294967285 的二进制值，结果为 1…10101。这两个二进制值相加得 2^{32}，使用 32 位存储，其结果即为 0，这就是我们想得到的 11+(−11)的值。

R 如何决定使用哪种存储格式？一般来说，它会执行我们（或我们所调用的函数）要求它做的事。如果想进行整数存储，就将字母 `L` 加到需存储的值上，如 `11` 表示浮点值，`11L` 表示整数值。大多数 R 函数返回浮点值，但是有一些 R 函数［如 `seq()` 函数，可用于诸如 `1:10` 的表达式］返回整数值。一般来说，我们不需要担心这一点，数值会根据需要进行转换。

64 位二进制整数如何处理呢？现代化的计算机一次可以处理 64 位二进制数，但通常情况下 R 做不到。因为 R 期望整数值是浮点值的子集。任何 32 位二进制整数都可以精确地存储为浮点值，但 64 位二进制整数不是这样的。

2.4.3　日期和时间

日期和时间（dates and times）是计算机上非常难处理的数据类型之一。标准历法是非常复杂的，包括每月天数不尽相同、每四年一闰（世纪年除外）等。纵观历史的不同阶段，历法的更改（如 1582 年至 1923 年，各个国家都发生过从儒略历到现代格里历[①]的转换）会影响人们对日期的理解。

时间也存在混乱。因为时区中通常有不确定的时区（夏令时间的存在可能使某些日期产生变化），并且有些年份增加了“闰秒”以保持标准时钟与地球的自转一致。

我们在 R 中尝试过解决以上历法更改、时区以及闰秒等导致的日期和时间问题。基本程序包中有 `strptime()` 函数，可以将字符串（如`"2007-12-25"`或者`"12/25/07"`）转换为内部数值的表示形式，然后用 `format()` 函数转换回屏显形式。当数值为年、月、日等已知的值时，我们就可以调用 `ISOdate()` 函数和 `ISOdatetime()` 函数。`chron` 程序包里许多函数也可以用来达到上述目的，这些函数使用起来比较困难，其详细描述超出了本书的范畴。

2.4.4　缺失值和其他特殊值

缺失值符号是 `NA`。缺失值经常出现在实际数据问题中，但计算执行过程中也可能出现缺失值：

```
some.evens <- NULL   # 创建一个不含任何元素的空向量
some.evens[seq(2, 20, 2)] <- seq(2, 20, 2)
some.evens

## [1] NA 2 NA 4 NA 6 NA 8 NA 10 NA 12 NA 14 NA 16 NA 18 NA 20
```

上述例子中，元素 2,4,⋯,20 被赋值，元素 1,3,⋯,19 未被赋值，这时 R 用 `NA` 来表示这些未知值。

思考以下代码：

```
x <- c(0, 1, 2)
x / x
```

① 格里历即公历。

```
## [1] NaN   1   1
```

NaN 表示“不是数字”的值，是由于试图计算不确定的 0/0 而产生的。当计算没有意义时，输出结果有时会出现这个符号。其他情况下，输出结果可能会显示特殊值，也可能会出现错误或警告信息：

```
1 / x

## [1] Inf 1.0 0.5
```

这里 R 试图估量 1/0，并将其无穷大的结果显示为 Inf。

当可能存在缺失值时，可以使用 is.na() 函数检测它们。例如：

```
is.na(some.evens)

## [1] TRUE FALSE TRUE FALSE TRUE FALSE TRUE FALSE TRUE FALSE TRUE
## [12] FALSE TRUE FALSE TRUE FALSE TRUE FALSE TRUE FALSE
```

（其结果为“逻辑向量”。详细内容见 2.7 节。）符号 ! 的意思是“非”，所以我们可以按如下方式找到 some.evens 中的非缺失值：

```
!is.na(some.evens)

## [1] FALSE TRUE FALSE TRUE FALSE TRUE FALSE TRUE FALSE TRUE FALSE

## [12] TRUE FALSE TRUE FALSE TRUE FALSE TRUE FALSE TRUE
```

然后，我们可以只显示偶数：

```
some.evens[ !is.na(some.evens) ]
## [1] 2 4 6 8 10 12 14 16 18 20
```

这里我们使用了逻辑索引，对于逻辑索引，将在 2.7.2 节进一步讨论。

练习

1. 假设精度为 4 位二进制数，试计算下列各式。

（a）用二进制近似表示 6/7。

（b）用二进制近似表示 1/7。

（c）将（a）和（b）获得的两个二进制数加起来，并转换回十进制数。

（d）将（c）的结果与 6 和 1 二进制值的和除以 7 的二进制值所得结果进行比较。

2. 你能解释下面这两个结果吗？（提示：参考 2.4.1 节）

```
x <- c(0, 7, 8)
x[0.9999999999999999]

## numeric(0)

x[0.99999999999999999]

## [1] 0
```

3. 在 R 中计算以下表达式：

$$2^{52}+k-2^{52}$$
$$2^{53}+k-2^{53}$$
$$2^{54}+k-2^{54}$$

式中，k=1,2,3,4。请解释所观察到的结果。如何在 R 中获得正确的数学结果？

4. 解释下列结果不违反费马大定理的原因：

```
(3987^12 + 4365^12)^(1/12)

## [1] 4472
```

5. 说明下列两行代码的输出结果：

```
strptime("02/07/91", "%d/%m/%y")
```

和

```
strptime("02/07/11", "%d/%m/%y")
```

6. 说明下列代码的输出结果：

```
strptime("02/07/11", "%y/%m/%d") - strptime("02/05/11", "%y/%m/%d")
```

7. 说明下列代码的输出结果：

```
format(strptime("8/9/10", "%d/%m/%y"), "%a %b %d %y")
```

2.5 程序包、程序库和存储库

我们前面已经提到了几个程序包，即 base、knitr 和 chorn。在 R 中，程序包是一个包含函数、数据和文档的模块。R 通常含有基础包（如 base、stats、graphics），它们包含的东西每个人都可以使用。R 也含有一些扩展包（如 knitr 和 chron），这些程序包是由其他人编写的 R 语言应用模块。

R 启动后，将自动加载一些内置程序包，而其他扩展包则存储在计算机的程序库（library）中。为了确定扩展包是否被加载，运行如下代码：

```
library(knitr)
```

要想知道有哪些已下载的程序包，运行如下代码：

```
search()

## [1] ".GlobalEnv"        "package:knitr"     "package:stats"
## [4] "package:graphics"  "package:grDevices" "package:utils"
## [7] "package:datasets"  "Autoloads"         "package:base"
```

（你的列表可能与以上结果不同。）这个列表也显示了搜索顺序：一个程序包可以只包含一个函数，此函数可以任意命名，而另一个程序包中的函数也可以使用相同的名称；当我们使用这个函数时，R 将从搜索列表的第一个程序包中选择它。如果想强制在一个特定的程序包中选择一个函数，我们需要在函数名前面加上包的名称和::，例如：

```
stats::median(x)
```

R 有成千上万个扩展包可供使用，但我们的计算机上可能只安装了几十个。如果尝试使用未安装的扩展包，我们将会收到一条错误信息：

```
library(notInstalled)

## Error in library(notInstalled): there is no package called
'notInstalled'
```

这表示我们的电脑上并没有这个程序包，但是我们可以从在线存储库（repository）中获取它。最大的 R 程序包存储库被称为 CRAN。要从 CRAN 中加载一个包，可运行如下代码：

```
install.packages("knitr")
```

或者在 RStudio 中，单击结果输出窗格中的 Packages 选项，选择 Install，在弹出的对话框中输入所需程序包的名称。

因为有太多的扩展包，所以很难知道哪一个包可以解决我们的问题。如果无法得到有经验的人的帮助，我们建议读者参阅网站 https://cloud.r-project.org/web/views 上的 CRAN 任务一览表（task views），此网站包含数十个学科领域的专家撰写的关于各种可用程序包的综述。

2.6 获取帮助

到目前为止，我们讨论的 q() 函数和其他函数都是 R 内置函数的一部分。R 有很多功能各异的函数，下一节将详细讨论更多函数。这一节我们想告诉大家如何获得关于 R 函数的帮助，以及如何找到解决新问题的 R 相关函数。

2.6.1 内置帮助页面

在线帮助工具可以帮助我们了解特定函数的作用。帮助工具的访问方法有很多种。

如果我们知道需要帮助的函数名称，那么用 help() 函数就足够了。help() 函数可以以字符串或函数名称为参数。或者简单地在需要查询的内容前面加一个问号?。例如，寻求 q() 函数的帮助，输入：

```
?q
```

或者

```
help(q)
```

或者在 RStudio 中指向 q 时按 F1 键。以上方法都可以打开一个帮助页面，这个页面包含退出 R 的函数的说明。

R 中另一个常用的函数是 mean() 函数。mean() 函数帮助页面的第一部分是：

```
mean            package:base          R Documentation

Arithmetic Mean

Description:

    Generic function for the(trimmed)arithmetic mean.

Usage:

    mean(x, ...)

    ## Default S3 method:
    mean(x, trim = 0, na.rm = FALSE, ...)

Arguments:
```

```
    x: An R object. Currently there are methods for numeric data
       frames, numeric vectors and dates. A complex vector is allowed
       for 'trim = 0', only.

  trim: the fraction(0 to 0.5)of observations to be trimmed from
       each end of 'x' before the mean is computed.
```

（此处可能会与你电脑系统上显示的结果有细微的差别。）以上 mean() 函数的帮助信息告诉我们：mean() 函数计算的是普通算术平均值，如果我们有其他要求，它会进行一些相应的“调整”。

想要计算之前创建的数值型向量 x 的平均值，只需输入

```
mean(x)

## [1] 5
```

2.6.2 内置实例

example() 函数可对 help() 函数进行补充，该函数在帮助页面的末尾列举实例：

```
example(mean)

##
## mean> x <- c(0:10, 50)
##
## mean> xm <- mean(x)
##
## mean> c(xm, mean(x, trim = 0.10))
## [1] 8.75 5.50
```

这些例子展示了 mean() 函数的简单用法，以及怎样使用参数 trim。（当 trim = 0.1 时，在计算平均值之前，会删除数据中 10%的最大值和 10%的最小值。）

2.6.3 函数名未知时寻找帮助

探索帮助系统的一种方法是使用 help.start() 函数。执行此函数将打开一

个网络浏览器，如 Google Chrome 浏览器或 Firefox 浏览器①。浏览器中会出现有多个选项的菜单栏，包括已安装程序包的列表。(基础包包含大多数常用函数，其余的常用函数在 utils 程序包或 stats 程序包中。)通过 RStudio 的 Help | R Help 菜单项可以访问此页面。

另一个经常使用的帮助函数是 help.search() 函数，它的缩写是双重问号。例如，寻找数值优化（求最大值或最小值）函数，输入：

```
??optimization
```

或者

```
help.search("optimization")
```

下面是搜索结果：

```
    Help files with alias or concept or title matching 'optimization'
using fuzzy matching:
    lmeScale(nlme)        Scale for lme Optimization
    optimization(OPM)     minimize linear function with linear constraints
    constrOptim(stats)    Linearly constrained optimisation
    nlm(stats)            Non-Linear Minimization
    optim(stats)          General-purpose Optimization
    optimize(stats)       One Dimensional Optimization
    portfolio.optim(tseries)
                          Portfolio Optimization
    Type 'help(FOO, package = PKG)' to inspect entry 'FOO(PKG)TITLE'.
```

实际运行出来的结果可能会与上述结果不同，其具体内容取决于系统上安装了哪些 R 程序包。我们可以通过在 R 的控制台窗格中输入以下代码寻求诸如 nlm() 等函数的具体帮助：

```
?nlm
```

或者只单击显示页面中的链接。

谷歌之类的网络搜索引擎对于寻求 R 帮助也很有用，将“R”作为关键字进行搜索可得到相关的 R 帮助页面，其中有一些尚未安装的函数的说明页面，因为这些函数位于用户提供的扩展包中。所需的 R 程序包的名称通常列在帮助页面的顶部。我们一般通过输入下列代码来安装程序包：

```
install.packages("packagename")
```

① R 要求用户的系统有一个合适的浏览器。如果浏览器不合适，用户可能会看到一条错误信息或者什么都看不到。

只要程序包在 CRAN 存储库中可用，此代码就是有效的。

另一个需要注意的函数是 `RSiteSearch()` 函数，它会在 R-help 邮件列表和其他网络资源中进行搜索。例如，如果想获得有关 R 中缺失值处理的信息，我们可以输入：

```
RSiteSearch("missing")
```

`sos` 程序包提供的帮助与 `RSiteSearch()` 函数类似，但调用方式不同，并由三重问号触发。例如，试着输入：

```
library(sos)
???optimization
```

并将运行结果与 `RSiteSearch()` 函数返回的结果进行比较。

2.6.4 一些内置图形函数

直方图和散点图是两种基本图形。运行下列代码可以得到图 2.1 和图 2.2：

```
hist(islands)
x <- seq(1, 10)
y <- x^2 - 10 * x
plot(x, y)
```

需要注意的是，`x` 值是沿水平轴绘制的。

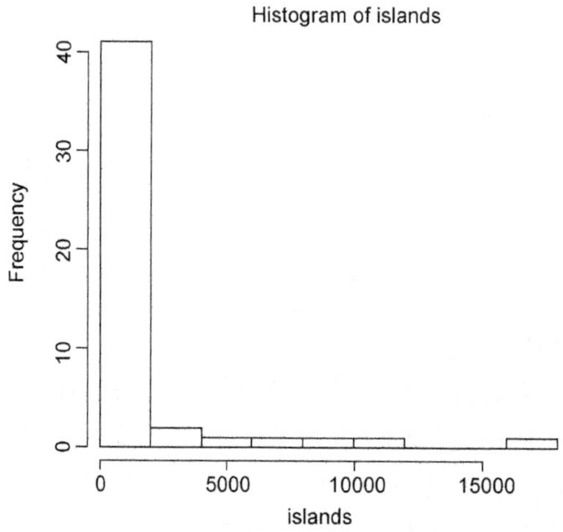

Histogram of islands-陆块面积直方图；Frequency-频数；islands-陆块

图 2.1 世界 48 个最大陆块面积的直方图

请参考 3.1.3 节，思考如何改进此图

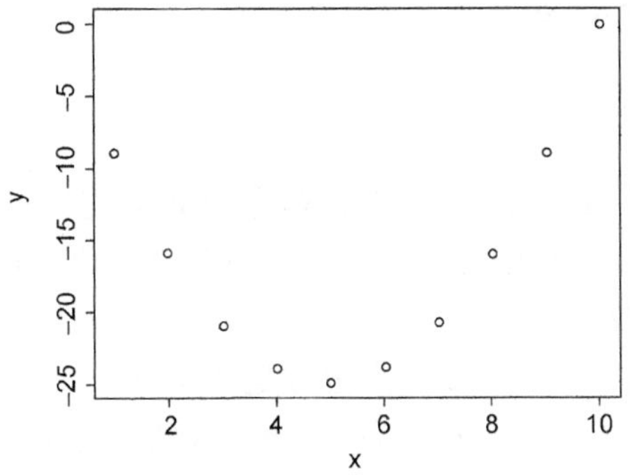

图 2.2　简单的散点图

另一个强大的绘图函数是 curve() 函数，它可以用来绘制单变量数学函数在某一区间上的图形。区间的左右端点分别由参数 from 和参数 to 指定。

下面是在区间 [0,6π] 上绘制正弦函数的一个简单例子：

```
curve(expr = sin, from = 0, to = 6 * pi)
```

输出结果如图 2.3 所示。参数 expr 既可以是一个函数（当输入的是数值型向量时，其输出也是数值型向量），也可以是一个关于 x 的表达式，后一种用法的例子如下：

```
curve(x^2-10 * x, from = 1, to = 10)
```

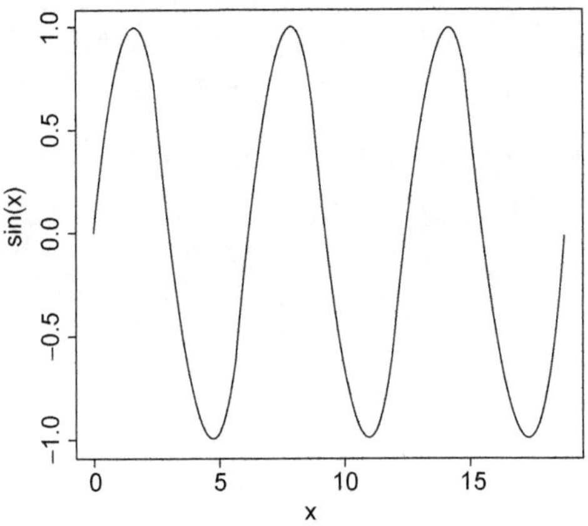

图 2.3　正弦曲线的绘制

关于绘图的详细信息参见第 3 章。

2.6.5 一些基本内置函数

1. 样本中位数

样本中位数用来表示数据集的中位数，假设数据是 $x[1] \leqslant x[2] \leqslant \cdots \leqslant x[n]$，那么，如果 n 是奇数，则中位数是 $x[(n+1)/2]$；如果 n 是偶数，则中位数是 $\{[x[n/2]+x[n/2+1]\}/2$。

例如，10、10、18、30、32 的中位数是 18，40、10、10、18、30、32 的中位数是 18 和 30 的平均值（将这些值按递增顺序排列后的中间值），即 24。

这个计算由 R 处理如下：

```
median(x)              # 计算 x 中数据的中位数或第 50 个百分位数
```

2. 其他汇总方法

以下函数可以对存储格式为向量的数据进行汇总统计：

```
var(x)                 # 计算 x 中数据的方差
summary(x)             # 对 x 中数据的多个统计量进行汇总
length(x)              # 计算 x 中元素的数量
min(x)                 # 计算 x 的最小值
max(x)                 # 计算 x 的最大值
pmin(x, y)             # 计算 x 和 y 平行输出后相对应的元素中较小的元素
pmax(x, y)             # 计算 x 和 y 平行输出后相对应的元素中较大的元素
range(x)               # 计算 x 中数据的最大值和最小值的差值
IQR(x)                 # 计算四分位距：x 中数据的上、下四分位数的差值
```

下面是计算两个向量中对应元素中较小元素的一个例子：

```
x <- 1:5
y <- 7:3
pmin(x, y)

## [1] 1 2 3 4 3
```

练习

1. 下面是温室中入射太阳辐射的观测样本：

```
11.1  10.6  6.3  8.8  10.7  11.2  8.9  12.2
```

（a）将数据赋予一个名为 `solar.radiation` 的对象。
（b）计算样本的平均值、中位数、数值范围和方差。

（c）将 `solar.radiation` 中每个观测值加 10，并将结果赋予 `sr10`，计算 `sr10` 的平均值、中位数、数值范围和方差。哪些值发生了变化，变化了多少？

（d）将每个观察值乘以-2，并将结果赋给 `srm2`，计算 `srm2` 的平均值、中位数、数值范围和方差。统计数据发生了什么变化？

（e）绘制 `solar.radiation`、`sr10` 和 `srm2` 的直方图。

2. 计算 $\sum_{n=1}^{15}\min(2^n, n^3)$。[提示：`min()` 函数将给出错误的答案。]

3. 计算 $\sum_{n=1}^{15}\max(2^n, n^3)$。

2.7　逻辑向量和关系运算符

数值型向量和字符型向量可以通过 `c()` 函数放在一起。R 还支持逻辑向量运算，逻辑向量包含两种不同的元素——`TRUE` 和 `FLASE`，并用 `NA` 表示缺失值。

2.7.1　布尔代数

为了理解 R 如何处理 `TRUE` 和 `FLASE`，我们需要了解一些布尔代数（Boolean algebra）的知识。布尔代数的思想是将数学方法转化为逻辑方法。

逻辑处理的语句非真（`TRUE`）即假（`FALSE`）。我们用字母或变量来表示每个语句，例如，A 表示天气晴朗，B 表示雨天。根据具体的天气情况，这两个语句可能都为真（太阳雨）；也可能 A 为真，B 为假（晴天）；或者 B 为真，A 为假（雨天）；又或者 A 和 B 都为假（阴天干燥）。

布尔代数告诉我们如何判断复合语句的真实性。例如，“A and B”表示晴天和雨天同时存在，这个语句只有在太阳雨的天气情况下是正确的。“A or B”表示晴天或雨天或太阳雨（即除了阴天干燥的天气以外）的天气情况，称为“或”。“A xor B”，只表示晴天或雨天这两种情况，称为“异或”。“not A”表示不是晴天。

集合论和布尔代数之间有一个非常重要的关系，如果我们将“A and B”理解为集合，那么我们可以把“A and B”看作是既包含在 A 中又包含在 B 中的一组元素，即 $A \cap B$。同样的，“A or B”可以看作是包含在 A 中或者包含在 B 中的一组元素，即 $A \cup B$。“not A”可以看作是 A 的补集，即 A^c。

由于布尔代数只有 `TRUE` 或 `FALSE` 两个可能值，我们可以将所有布尔代数的运算记录在一个表中。表 2.1 的第 1 行列出布尔代数的基本表达式，第 2 行列出 R 编程的等效表达式，余下为运算的结果。

表 2.1 布尔运算的真值表

Boolean	*A*	*B*	not *A*	not *B*	*A* and *B*	*A* or *B*
R	A	B	!A	!B	A&B	A | B
	TRUE	TRUE	FALSE	FALSE	TRUE	TRUE
	TRUE	FALSE	FALSE	TRUE	FALSE	TRUE
	FALSE	TRUE	TRUE	FALSE	FALSE	TRUE
	FALSE	FALSE	TRUE	TRUE	FALSE	FALSE

2.7.2 R 中的逻辑运算

逻辑值构成的向量是 R 向量的基本类型之一。例如，一个逻辑向量可以被构造为

```
a < -c(TRUE, FALSE, FALSE, TRUE)
```

结果生成一个包含 4 个逻辑值的向量。逻辑向量也可以用作下标索引：

```
b < -c(13, 7, 8, 2)
b[a]

## [1] 13  2
```

b 中与 TRUE 对应的元素被挑选出来。

如果我们尝试对逻辑向量进行算术运算，例如：

```
sum(a)

## [1] 2
```

那么，R 会将 FALSE 转换为 0，将 TRUE 转换为 1 之后执行运算，于是通过求和我们可以计算出向量中有多少个 TRUE 元素。

布尔运算符有两个版本，常见的版本是&、|和!，如前一节所示，这些运算都是向量化的，我们来看下面的例子：

```
!a

## [1] FALSE  TRUE  TRUE FALSE
```

如果我们对数值型向量进行逻辑运算，那么数值 0 对应 FALSE，而任何非零数值对应的都是 TRUE：

```
a & (b - 2)
```

```
## [1] TRUE FALSE FALSE FALSE
```

&&和||与&和|的运算非常相似，但是有两个方面不同。第一，前两者的运算并非向量化，即只进行一次逻辑运算。第二，前两者的逻辑运算是从左到右进行的，右边的操作数只有在必要时才会被计算。例如，如果 A 是 FALSE，那么无论 B 值如何，A&&B 都将会被视为 FALSE，所以 B 不需要被计算。如果计算 B 值需要很长时间，那么这种运算可以节省时间。又如果 A 为 FALSE 时，计算 B 值将会导致运算错误，那么这种运算可以使运算变得更简单。这种运算有时也被称为“短路运算”（short-circuit evaluation）。

2.7.3　关系运算符

编程常常需要测试关系。R 允许使用关系运算符<、>、==、>=、<=和!=来测试等式和不等式关系[1]。下面是一些简单的例子：

```
threeM < -c(3, 6, 9)
threeM > 4                  # 哪些元素大于 4

## [1] FALSE  TRUE  TRUE

threeM == 4                 # 哪些元素等于 4

## [1] FALSE  FALSE  FALSE

threeM >= 4                 # 哪些元素大于或等于 4

## [1] FALSE  TRUE  TRUE

threeM != 4                 # 哪些元素不等于 4

## [1] TRUE  TRUE  TRUE

threeM[threeM > 4]          # threeM 中大于 4 的全部元素

## [1] 6 9

four68 <- c(4, 6, 8)
four68 > threeM             # four68 中的元素是否大于 threeM 中的对应元素
```

① 测试等式时要特别小心，由于 R 只能使用有限的小数位数，可能会累积四舍五入的误差。有时 R 的计算结果令人惊讶，例如，49 * (4 / 49)竟然不等于 4。

```
## [1] TRUE FALSE FALSE

four68[threeM < four68]    # 在屏幕上显示它们

## [1] 4
```

练习

1. 用 R 识别$\{2^1,2^2,\cdots,2^{15}\}$序列与$\{1^3,2^3,\cdots,15^3\}$序列的对应元素中较大的元素。

2. 在布尔代数基本运算的基础上可以构建更复杂的表达式，编写 xor 运算符的真值表，并且展示怎样从 and、or 和 not 方面编写该真值表。

3. 维恩图可以用来演示并集和交集，用维恩图来表示 and、or、not 和 xor 运算。

4. 德·摩根定律在 R 语言中的表达形式是`!(A & B)==(!A) | (!B)`和`!(A | B) == (!A) & (!B)`，用表 2.1 中 Boolean 的 *A* 和 *B* 语句写出这道题，并且用真值表证明每个等式。

5. 使用 `sqrt()`函数可以计算一个数的平方根，当该数为负值时 R 会发出警告。思考下面的代码，哪部分代码在检查平方根是否小于 5 之前先检验给定的值是否为正值？

```
testValue <- 7
(testValue > 0) & (sqrt(testValue) < 5)

## [1] TRUE

testValue <- -7
(testValue > 0) & (sqrt(testValue) < 5)

## Warning in sqrt(testValue): NaNs produced
## [1] FALSE
```

修改代码，使其继续给出正确答案，但没有警告。

6. 什么情况下需要在表达式 `A || B` 中对 `B` 进行逻辑运算？

7. 用本节的 `a` 和 `b` 值预测以下每个表达式的运算结果，并尝试用 R 来执行这些代码。

```
min(b)
min(a)
max(a)
```

```
length(a)
b * a
```

8. R 中的逻辑向量既包含 NA 也包含 TRUE 或 FALSE，因此表 2.1 这样的真值表实际上需要 9 行，而不是 4 行。写出你认为应与“未知值”——NA 相关的其他 5 行，并将其与 R 的运算结果进行对比。

2.8　数据框和列表

数据集常常由多列数据组成，每一列表示一个变量的所有观测值，每一行则通常表示单独一次的观测值，这种格式被称为“逐变格式”（case-by-variable format）。

大部分数据集以数据框（data frame）的形式存储在 R 中，数据框类似于矩阵，但是数据框中每列都有自己特定的列名。有些数据集内置于 R 软件中，例如 women 数据框，其包括具有特定身高（单位为 in，1in=2.54cm）的 30 岁至 39 岁美国妇女的平均体重（单位为 lb，1lb=0.453592kg）数据。

```
women

##      height  weight
## 1      58      115
## 2      59      117
## 3      60      120
## 4      61      123
## 5      62      126
## 6      63      129
## 7      64      132
## 8      65      135
## 9      66      139
## 10     67      142
## 11     68      146
## 12     69      150
## 13     70      154
## 14     71      159
## 15     72      164
```

以上展示的是整个 women 数据框，但是我们一般不推荐将整个数据框都展示出来，因为数据框可能非常大，而且浏览这种很大的数据框无法得到直观的数据信息。更好地观察数据的方法是使用如下所示的 summary() 函数，或者通过函数构造一个类似图 2.4［运行代码 `plot(weight ~ height, data = women)` 可获得该图］的适当图形进行观察。

```
summary(women)

##        height          weight
##  Min.    :58.0   Min.    :115.0
##  1st Qu. :61.5   1st Qu. :124.5
##  Median  :65.0   Median  :135.0
##  Mean    :65.0   Mean    :136.7
##  3rd Qu. :68.5   3rd Qu. :148.0
##  Max.    :72.0   Max.    :164.0
```

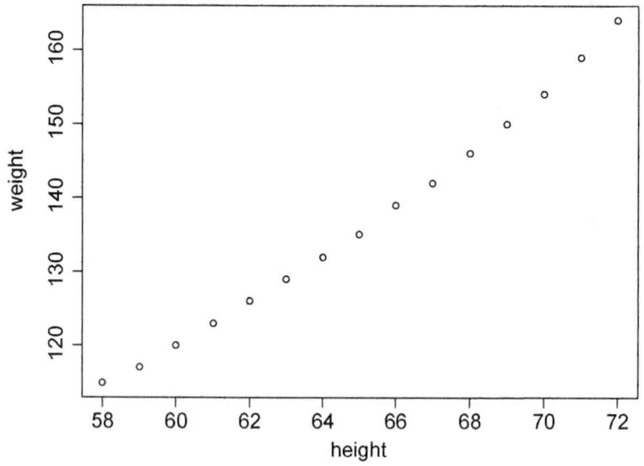

weight-体重；height-身高

图 2.4 双变量数据框 women 的数据汇总图

对于较大的数据框，迅速地计算出行列数是很重要的。`nrow()` 和 `ncol()` 函数能够快速计算出行数和列数：

```
nrow(women)

## [1] 15

ncol(women)

## [1] 2
```

这两个结果也可以用 `dim()`（维数）函数来得到：

```
dim(women)
```

```
## [1] 15  2
```

而且使用 str()（结构）函数可以得到摘要的信息：

```
str(women)

## 'data.frame': 15 obs. of 2 variables:
## $ height: num 58 59 60 61 62 63 64 65 66 67 …
## $ weight: num 115 117 120 123 126 129 132 135 139 142 …
```

事实上，str()函数几乎适用于所有的 R 对象，可以用来快速查找你正在使用的对象。

2.8.1　提取数据框元素和子集

我们可以使用类似于矩阵的语法来从数据框中提取元素，思考下面的例子：

```
women[7, 2]

## [1] 132

women[3, ]

##     height  weight
## 3      60     120

women[4:7, 1]

## [1] 61 62 63 64
```

数据框也可以通过$符号加列名进行数据提取操作。例如，可以按如下方式提取体重列：

```
women$weight

## [1] 115 117 120 123 126 129 132 135 139 142 146 150 154 159 164
```

因此，我们也可以通过如下方式，提取体重超过 140 的所有女性的身高：

```
women$height[women$weight > 140]

## [1] 67 68 69 70 71 72
```

with()函数允许我们直接访问数据框的列，而不需要用$。例如，我们可以按 women 数据框中的身高来划分体重：

```
with(women, weight/height)

##  [1] 1.982759 1.983051 2.000000 2.016393 2.032258 2.047619 2.0662500
##  [8] 2.076923 2.106061 2.119403 2.147059 2.173913 2.200000 2.239437
## [15] 2.277778
```

with()函数的帮助信息可以使用help(with)来获得。

2.8.2 从总体中抽取随机样本

sample()函数可用于从较大的有限总体中抽取样本（放回式抽样或非放回式抽样）。例如，假设我们有一个名为fluSurvey的数据框，其中包含15000条记录，我们想随机选择8条记录（非放回式抽样）以供详细研究。如果该数据框从1到15000的记录已被标识［即具有标识（identification，ID）索引］，我们就可以通过如下方式随机选择8个数字：

```
sampleID <- sample(1:15000, size = 8, replace = FALSE)
sampleID

## [1] 7940 13609 11786 87 3805 5947 373 4767
```

上面的数字是随机挑选的（至少是近似随机）。通过以下操作可以提取fluSurvey中的随机行，fluSurvey是一个假定的数据框：

```
fluSample <- fluSurvey[sampleID,]
```

结果生成一个新的数据框，该数据框由8行和与fluSurvey相同数量的列组成。

2.8.3 构建数据框

通过data.frame()函数利用工作空间中已存在的向量构建数据框：

```
xy <- data.frame(x, y)
xy

##   x y
## 1 1 7
## 2 2 6
## 3 3 5
## 4 4 4
## 5 5 3
```

另外一个例子，请思考下面的代码：

```
xynew <- data.frame(x, y, new = 10:1)
```

2.8.4　数据框可以有非数值型的列

数据框的列可以是不同的类型，例如，R 内置的数据框 chickwts 有一个数值型列和一个因子型列，通过 summary() 函数快速浏览一下该数据集：

```
summary(chickwts)

##      weight                  feed
## Min.    :108.0      casein   :12
## 1st Qu. :204.5      horsebean:10
## Median  :258.0      linseed  :12
## Mean    :261.3      meatmeal :11
## 3rd Qu. :323.5      soybean  :14
## Max.    :423.0      sunflower:12
```

可以看出，显示整个数据框可能会浪费空间，这点也可以通过查询 chickwts 的行数看出：

```
nrow(chickwts)

## [1] 71
```

需要着重指出的是，data.frame() 函数自动将字符型向量转换为因子型向量。例如，考虑以下用于肥胖症研究的本底数据：

```
gender <- c("M", "M", "F", "F", "F")
weight <- c(73, 68, 52, 69, 64)
obesityStudy <- data.frame(gender, weight)
```

gender 向量显然是一个字符型向量，但 obesityStudy 数据框的第一列是因子型，如下所示：

```
obesityStudy$gender

## [1] M M F F F
## Levels: F M
```

现在，假设我们希望将数据框中的 F 全部更改为 Female，不正确的做法是：

```
wrongWay <- obesityStudy
whereF <- wrongWay$gender == "F"
```

```
wrongWay$gender[whereF] <- "Female"

## Warning in'[<- .factor'('*tmp*', whereF, value = structure(c(2L,
2L, NA, : invalid factor level, NA generated

wrongWay$gender

## [1] M  M  <NA>  <NA>  <NA>
## Levels:  F  M
```

正确的做法是通过 obesityStudy$gender 的因子等级来操作：

```
levels(obesityStudy$gender)[1] <- "Female" # F 是第一级——为什么？
obesityStudy$gender              # 检查 F 是否真的被 Female 所取代

## [1]  M     M     Female    Female    Female
## Levels: Femal  M
```

2.8.5 列表

数据框实际上是一种特殊的列表（list）或结构，R 中的列表可以包含任意的对象。通常我们不会自己去构建列表，但是许多函数会将复杂的结果以列表形式输出。使用 names() 函数可以查看列表中对象的名称，并提取其中的部分内容：

```
names(d)          # 显示 d 数据框中的对象名
d$x               # 显示 d 数据框中的 x 组分
```

list() 函数是一种对函数中多个结果进行输出的方法。例如：

```
x <- c(3, 2, 3)
y <- c(7, 7)
z <- list(x = x, y = y)
z

## $x
## [1] 3 2 3
##
## $y
## [1] 7 7
```

有些函数使得列表操作变得非常容易，例如 lapply() 函数和 vapply() 函数。lapply() 函数可将其他函数应用于列表中的每个元素，并将结果返回到新的列表中，例如：

```
lapply(z, mean)

## $x
## [1] 2.666667
##
## $y
## [1] 7
```

在这种情况下，将结果放在向量中可能会更方便，vapply()函数就是这样做的，它用第 3 个参数来告诉 R 哪种类型的输出结果才是函数期望得到的。这时，mean 的各输出结果都应该是某个数字，我们可以运行：

```
vapply(z, mean, 1)

##        x        y
## 2.666667 7.000000
```

其中 1 仅仅是期望输出类型的一个例子。如果 mean()返回了不同类型的结果，那么 vapply()函数会提示错误。如果我们期望得到的值不止一个，则结果会被构建成一个矩阵，例如：

```
vapply(z, summary, numeric(6))

##             x y
## Min.    2.000 7
## 1st Qu. 2.500 7
## Median  3.000 7
## Mean    2.667 7
## 3rd Qu. 3.000 7
## Max.    3.000 7
```

练习

1. 对于 R 软件内置数据框 Formaldehyde：
（a）提取数据框中第 3 行的元素。
（b）提取 carb（碳水化合物）列中的元素。
（c）使用 plot()函数来探讨 optden（光密度）和 carb 之间的关系。
2. 对于 R 软件内置数据框 USArrests：
（a）确定这个数据框中行和列的数量。
（b）计算这个数据框中各列的中位数。
（c）查找城市人口比例（UrbanPop）超过 77%的城区的人均被谋杀率

(Murder)，并与城市人口比例少于 50%的城区的人均被谋杀率进行比较。

(d) 构建一个新的数据框，该数据框是由 USArrests 数据框中 12 条记录随机组成的样本，这些记录通过非放回式抽样得到。

2.9 数据的输入和输出

用户在运行 R 程序时，可以对电脑硬盘等存取介质中的数据进行输入或输出 R 的操作。在探讨这类数据输入和输出操作之前，了解数据的来源和去向是很重要的。

2.9.1 改变工作目录

你可以在 RStudio 结果输出窗格的 Files 选项卡中定位到你想要的工作目录，然后从 More 菜单项中选择 Set As Working Directory；也可以使用 setwd() 函数改变工作目录，例如，要操作 C 盘文件夹 mydata 中的数据，请运行：

```
setwd("c:/mydata")          # 或者 setwd("c:\\mydata")
```

执行这个命令之后，所有数据的输入和输出都默认在 C 盘的 mydata 文件夹中①。

2.9.2 dump() 和 source() 函数

假设已经创建了一个名为 usefuldata 的 R 对象，为了保存这个对象以便于将来的运算，输入：

```
dump("usefuldata", "useful.R")
```

运行此代码会保存创建向量 usefuldata 所需的命令到电脑硬盘的文件 *useful.R* 中。文件的命名只要符合计算机上文件名的常规要求即可。如果在将来的运算中想要提取该向量，输入：

```
source("useful.R")
```

R 就会读取并执行 *useful.R* 中的命令，从而在全局环境中构建有用的数据对象。如果硬盘中已有一个同样文件名的对象，它将会被新对象所取代。

若要保存在运算中创建的所有对象，输入：

---

① 如果已经习惯使用 Windows 中的文件夹路径名称，那代码可能会写为"c:\mydata"。然而，R 将反斜杠\看作能够修改下一字符的特殊“转义”字符。如果你的确想要输出一个反斜杠，你需要输入两次，第一个反斜杠告诉第二个反斜杠“你已经不是一个转义字符，而是一个反斜杠”。由于其他系统常在文件夹路径中使用正斜杠/，而且在 Windows 中使用双反斜杠显得冗长，所以 R 接受正斜杠或双反斜杠两者中的任意一种形式。

```
dump(list = objects(), "all.R")
```

此操作会在电脑硬盘中生成一个名为 *all.R* 的文件。以后使用 source("all.R")就可以提取这个文件中的所有对象。

例 2.4

输入下面的代码将现有对象 humidity、temp 和 rain 保存到硬盘中名为 *weather.R* 的文件中：

```
dump(c("humidity", "temp", "rain"), "weather.R")
```

练习

1. 使用文本编辑器创建一个由下列代码组成的文档：

```
Randomdata <- c (64, 38, 97, 88, 24, 14, 104, 83)
```

将其保存到名为 *randomdata* 的文件中。

2. 将文件 *randomdata* 读入到 R 中，并确定其中包含 randomdata 向量。

3. 创建一个名为 numbers 的向量，包含：

```
3  5  8  10  12
```

将 numbers 转存到一个名为 *numbers.R* 的文件中，并用 rm() 函数删除 numbers。用 ls() 函数证实 numbers 已经被删除。然后，用 source 命令取回 numbers 向量。

2.9.3　R 输出重定向

默认情况下，R 将其大部分函数的输出结果显示到屏幕上。输出结果通过 sink() 函数可直接转存到一个文件中。

例 2.5

solar.radiation 中存储的是温室效应数据，命令 mean(solar.radiation) 将数据的平均值输出到屏幕上。如果要将此结果输出到一个名为 *solarmean.txt* 的文件中，运行：

```
sink("solarmean.txt") # 创建一个名为 solarmean.txt 的文件，用于结果输出
mean(solar.radiation) # 将平均值写进 solarmean.txt
```

所有后续的输出结果将会被输出到 *solarmean.txt* 文件中，直到以下代码被调用：

```
sink()                # 关闭 solarmean.txt，将最新结果显示在屏幕上
```

后续的输出结果被返回到屏幕上。

2.9.4 保存和恢复映像文件

R 会话过程中创建的向量和其他对象存储在名为全局环境的工作空间中。结束 R 会话时，工作空间可以选择保存在名为工作空间映像（workspace image）的文件中。如果用户选择这样做，则当前工作目录（文件夹）中会创建一个默认文件名为*.RData* 的文件，其中包含重建此工作空间所需的信息。在 Windows 中，如果单击文件*.RData* 的图标来启动 R，或者*.RData* 文件保存在 R 启动的目录中，该工作空间映像将被自动加载。如果 R 是在另一个目录中启动的，工作空间映像可以通过 `load()` 函数来加载。

在不退出 R 软件的情况下也可以保存工作空间映像，例如，下面所示的函数可以将当前所有的工作空间映像信息保存到一个名为 *temp.RData* 的文件中：

```
save.image("temp.RData")
```

同样，单击 *temp.RData* 图标可以显示 R 会话中的工作空间映像，或者在打开 R 会话后输入 `load("temp.RData")`。如果与工作空间映像 *temp.RData* 的对象具有不同的名称，已存在于当前工作空间映像中的对象将保留；否则，当前对象将被覆盖并丢失。

2.9.5 `read.table()` 函数

下面的数据集由 *x*、*y* 和 *z* 三个变量及其四组观测值组成：

x	*y*	*z*
61	13	4
175	21	18
111	24	14
124	23	18

假设这样一个数据集储存在 C 盘 *myfiles* 目录中的 *pretend.dat* 文件中，它可以通过以下命令被读取到 R 的数据框中：

```
pretend.df <- read.table("c:/myfiles/pretend.dat", header = TRUE)
```

上面代码的运行结果是生成一个名为 `pretend.df` 的数据框，数据框的常规操作都适用于该数据框，例如，`pretend.df$x` 是提取该数据框的第一列。

`read.table()` 函数中的参数 `sep = ","`可以用来读取逗号分隔的版本（comma-separated version，CSV）文件。

实际上，像 `pretend.df` 一样“干净”的数据文件是很少见的。更多时候，数据文件中到处都是空白和其他奇怪的东西，例如，假设 *file1.txt* 的内容如下：

```
 x,   y,   z
 3,    ,   4
51,  48,  23
23,  33, 111
```

下面的代码可以实现读取这种含有空白缺失值的文件：

```
dataset1 <-
read.table("file1.txt", header = TRUE, sep = ",", na.string = " ")
```

在上面的代码中，参数 na.string 用 NA 缺失值符号代替空白值。数据框的内容是：

```
> dataset1
   x   y   z
1  3  NA   4
2 51  48  23
3 23  33 111
```

再举一个例子，假设 *file2.txt* 中的字段被制表符和内容分隔，当文本编辑器中制表符显示为<tab>时，dataset1 的内容如下所示：

```
x<tab>y<tab>z
33<tab>223<tab>
32<tab>88<tab>2
3<tab><tab>7
```

读取这种具有被制表符分隔的列的文件，可以进行如下操作：

```
dataset2 <-
read.table("file2.txt", header = TRUE, sep= " \t ", na.string = " ")
```

其结果是生成一个具有以下内容的数据框：

```
dataset2

##      x    y   z
## 1   33  223  NA
## 2   32   88   2
## 3    3   NA   7
```

练习

1. 显示 pretend.df 中第 1 行第 3 列的元素。
2. 用两个不同的命令显示 pretend.df 中 y 列的元素。

本 章 练 习

1. 计算 11^2、111^2 和 1111^2，并且注意结果序列的模式，然后计算 11111111^2。为了能显示所有的数字，在计算之前输入 `options(digits = 18)`。最后，计算 111111111^2。你得到正确的答案了吗？为什么得到或为什么没有得到？

2. 如何纠正语句“这儿有十类人：懂二进制的和不懂二进制的”？

3. 对于 R 内置数据框 `chickwts`：

（a）创建一个名为 `chickwts300p` 的数据框子集，其中包含所有体重超过 300 的观察对象。

（b）创建另一个名为 `chickwtsLinseed` 的数据框子集，其中包含喂亚麻籽的小鸡的所有观测值。

（c）计算喂亚麻籽的小鸡的平均体重。

（d）计算没有喂亚麻籽的小鸡的平均体重。

4. 对于 R 内置数据框 `cars`：

（a）请查阅帮助页面以确定数据集中观测值的数量以及变量的数量。另外，变量的名称是什么？

（b）计算速度为 20mile/h（1mile=1.609344km）的汽车的平均制动距离。

（c）绘制一幅制动距离与速度关系的散点图，可观察到二者之间存在什么样的关系？

5. 通过 `header = FALSE` 选项将 *rnf6080.dat* 中的数据集[①]赋值给名为 `rain.df` 的数据框。

（a）将 `rain.df` 中第 2 行第 4 列的元素显示出来。

（b）`rain.df` 中各列的名称分别是什么？

（c）将 `rain.df` 数据框中第 2 行的内容显示出来。

（d）使用下面的命令重新命名这个数据框的列：

```
names(rain.df) <- c("year", "month", "day", seq(0, 23))
```

（e）创建一个名为 `daily` 的新列，作为 24h 数据所在列的总和。

（f）绘制每日降雨量的直方图。

6. 在区间[0, 6]上绘制以下函数的图形：

$$f(x)=\begin{cases}3x+2, & x\leqslant 3\\ 2x-0.5x^2, & x>3\end{cases}$$

7. 本题的练习目的是利用人工生成的数据来了解因子型向量相对于数值型

① 该数据集可以从 www.statprogr.science/data/rnf6080.dat 获取。

和字符型向量的优势。

（a）调用 sample() 函数创建一个名为 dieRolls 的向量，然后模拟一个六面骰子抛掷 1000000 次的结果。

（b）将 dieRolls 转换为一个名为 dieRollsFactor 的因子型向量，用下面的代码改变这个因子型向量的等级水平：

```
levels(dieRollsFactor)<- c("One", "Two", "Three", "Four", "Five", "Six")
```

（c）用下面的代码创建一个字符型向量：

```
dieRollsChar <- as.character(dieRollsFactor)
```

（d）在 dieRolls、dieRollsFactor 和 dieRollsChar 数据集中使用 table() 函数，比较它们的结果并观察每个数据集的信息都是怎样显示的。

（e）运行下面的代码：

```
system.time(table(dieRolls))
system.time(table(dieRollsFactor))
system.time(table(dieRollsChar))
```

通过对各数据类型的操作，比较构建三个表所需的时间，哪个表生成得最快？哪个最慢？

（f）运行下面的代码：

```
dump("dieRolls", "dieRolls.R")
dump("dieRollsFactor", "dieRollsFactor.R")
dump("dieRollsChar", "dieRollsChar.R")
```

查询 *dieRolls.R*、*dieRollsFactor.R* 和 *dieRollsChar.R* 文件的属性，哪个文件需要的内存最少？哪个文件占用的内存最多？

8. 运行下面的代码会发生什么？

```
gender <- c("M", "M", "F", "F", "F")
whereF <- (gender == "F")
gender[whereF] <- "Female"
```

9. 用下面的方法构造一个名为 charnum 的数据框：

```
char <- c("2", "1", "0")
num <- 0:2
charnum <- data.frame(char, num)
```

as.numeric() 函数强制将字符型数据转换为数值型（必要的时候），将 as.numeric() 函数分别应用到 char 和 charnm$char，你能解释为什么结果不同吗？

第 3 章　统 计 绘 图

统计计算的用户需要绘制数据图并输出计算结果。本章我们首先粗略了解如何在 R 中完成这些过程，同时学习绘制一些基本图形。然后我们讨论一些涉及“选择”哪种绘图风格的问题，这个“选择”有时候并不容易，现实中有很多不好的数据绘图实例会使我们误入歧途。最后，我们将了解一下在 R 中进行自定义绘图的一些细节。

R 具有几种不同的图形系统，其中最古老的可以直接比肩原始 S 图形系统，现在称之为基本图形（base graphics）系统。你可以认为基本图形就是用墨水在纸上绘制的图形——通过在纸上绘制既定的东西来创作一幅画，无论你用其他图形覆盖它还是将其搬到一张干净的纸上，只要有东西被画出来，它就是永久的。基本图形系统从一开始就被设计成可以方便地制作高质量科学图表的系统。本章将集中讨论基本图形系统。

`grid` 程序包是一些新图形系统的基础。该程序包具有制作高质量图形的功能，程序员可以访问图形的各个部分并对其进行修改，此时图形更像是正在构建和显示的物理模型，而不仅仅是绘制出来的一幅图。`lattice` 和 `ggplot2` 程序包提供了基于栅格图形的高级绘图函数。

基本图形和栅格图形都被设计为“与设备无关”，其绘图程序包用法指南给出了绘图命令和这些绘图命令在各类设备上的用法说明。由于设备容量不同，同一图形的实际外观在不同设备上可能略有变化（如图形在纸上和在电脑屏幕窗口中的显示略有差异）。

R 中还有其他更奇特的图形系统，可生成交互式图形、3D 图形等。我们将在 3.4 节简单提及其中一些内容。

3.1　高 级 绘 图

本节我们将讨论几种基本图形，R 中绘制这些图形的函数被称为“高级绘图函数”。使用这些函数时，我们不必担心绘图过程中笔墨和线条运用的细节，只需描述想要的图形，剩下的都交给 R 来完成。

3.1.1　条形图和圆点图

最基本的图形类型是显示单个数据集概况的图形，条形图（bar chart）和圆点图（dot chart）可以通过对应于数据的不同条形长度和点的位置来实现这一目的。

例 3.1

图 3.1 显示了基于内置数据集的基本条形图。WorldPhones 矩阵记录了数年内世界主要地区的电话机数量，矩阵的第 1 行对应于 1951 年，为了以图形方式显示这些数据，我们首先提取该行：

```
WorldPhones51 <- WorldPhones[1, ]
WorldPhones51

## N.Amer  Europe  Asia  S.Amer  Oceania  Africa  Mid.Amer
##  45939   21574  2876    1815     1646      89       555
```

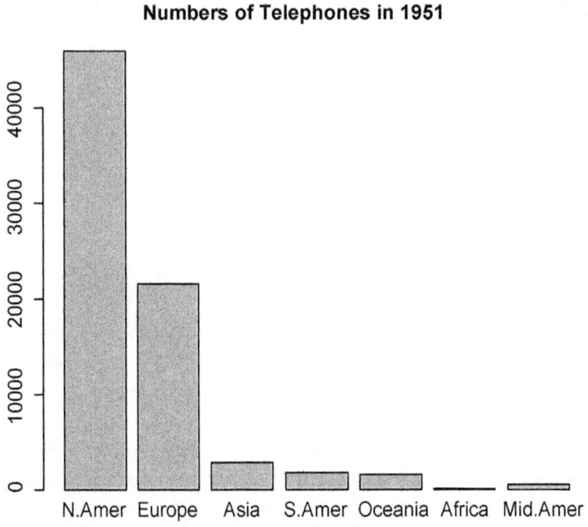

N.Amer-北美洲；Europe-欧洲；Asia-亚洲；S.Amer-南美洲；Oceania-大洋洲；Africa-非洲；Mid.Amer-中美洲；Numbers of Telephones in 1951-1951 年的电话机数量

图 3.1　1951 年世界主要地区电话机数量（单位为千部）的条形图

我们可以使用 barplot() 函数绘制条形图：

```
barplot(WorldPhones51)
```

（试一试吧！），但是图形结果需要一些小的更改——在顶部显示一个标题，并且缩小轴上的标签。下面的代码可以实现这些改变：

```
barplot(WorldPhones51, cex.names = 0.75, cex.axis = 0.75,
        main = "Numbers of Telephones in 1951")
```

代码解析

参数 cex.names = 0.75 将地区名称的大小减小到原来的 75%。参数 cex.axis = 0.75 将纵轴上的标签减小到原来的 75%。参数 main 用于设置图形的主标题。

另外一种绘制这类数据的图形方法是圆点图（图 3.2）:

```
dotchart(WorldPhones51, xlab = "Numbers of Phones('000s)")
```

数值大小用圆点的水平位置表示。

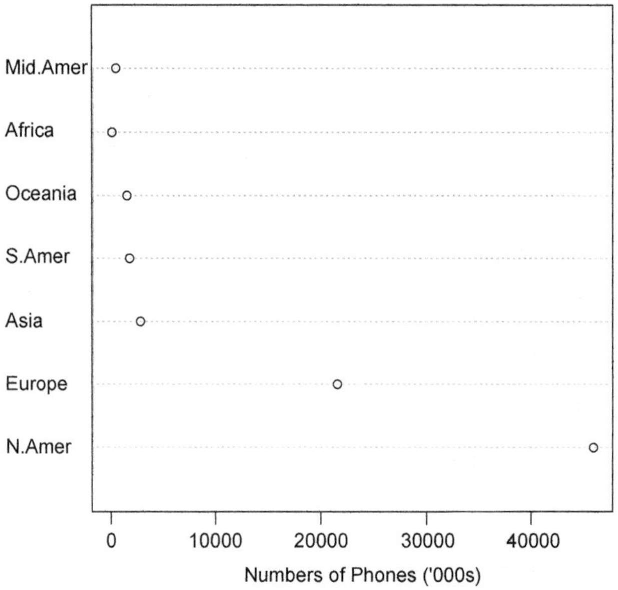

Mid.Amer-中美洲；Africa-非洲；Oceania-大洋洲；S.Amer-南美洲；Asia-亚洲；
Europe-欧洲；N.Amer-北美洲；Numbers of Phones ('000s)-电话机数量（单位为千部）

图 3.2 1951 年世界主要地区电话机数量的圆点图

更复杂的数据集也可以使用这些图形函数来展示。barplot() 函数有许多参数选项，通过这些参数可以显示并行或堆叠样式的条形图，通过 legend 参数还可以生成图例，等等。

例 3.2

R 内置的 VADeaths 数据集包含 1940 年弗吉尼亚州各亚群的人口死亡率（每年每 1000 人中的死亡数）数据:

```
VADeaths

##        Rural Male  Rural Female  Urban Male  Urban Female
```

```
## 50-54       11.7        8.7        15.4        8.4
## 55-59       18.1       11.7        24.3       13.6
## 60-64       26.9       20.3        37.0       19.3
## 65-69       41.0       30.9        54.6       35.1
## 70-74       66.0       54.3        71.1       50.0
```

该数据集可以显示为多组条形图，每个亚群为一组（图 3.3）：

```
barplot(VADeaths, beside = TRUE, legend = TRUE, ylim = c(0, 90),
        ylab = "Deaths per 1000",
        main = "Death rates in Virginia")
```

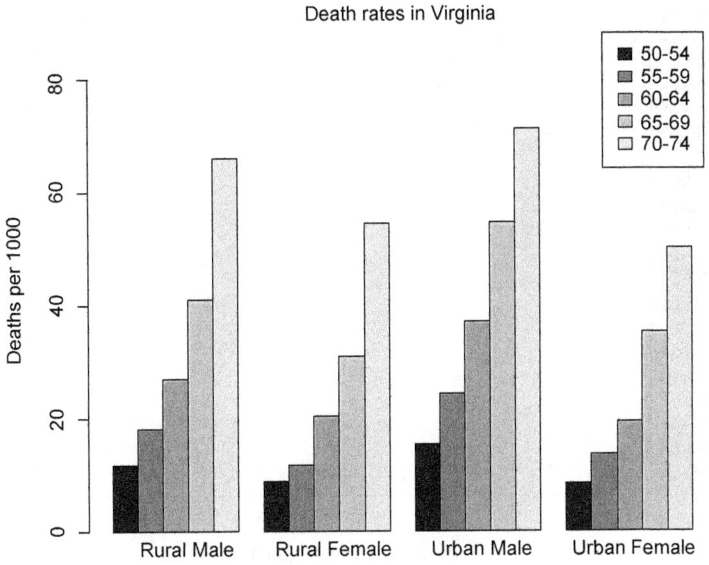

Death rates in Virginia-弗吉尼亚州人口死亡率；Deaths per 1000-每 1000 人的死亡数；Rural Male-乡村男性；Rural Female-乡村女性；Urban Male-城市男性；Urban Female-城市女性

图 3.3 复杂条形图示例

代码解析

这些条形与 VADeaths 矩阵中的数据一一对应。参数 beside = TRUE 使矩阵每列中的值并排绘制。参数 legend = TRUE 使图例被添加到图形右上角。参数 ylim = c(0,90)修改图形的纵轴刻度范围，为添加图例腾出空间。（我们将在 3.3 节中讲述放置图例的其他方式。）最后，main = "Death rates in Virginia"设置图形的主标题。

同样，圆点图（图 3.4）也为我们提供了一种展示数据的方式。我们将在 3.2 节中讨论这些图形备选方案的选择标准。

例 3.3

```
dotchart(VADeaths, xlim = c(0, 75), xlab = "Deaths per 1000",
         main = "Death rates in Virginia", cex = 0.8)
```

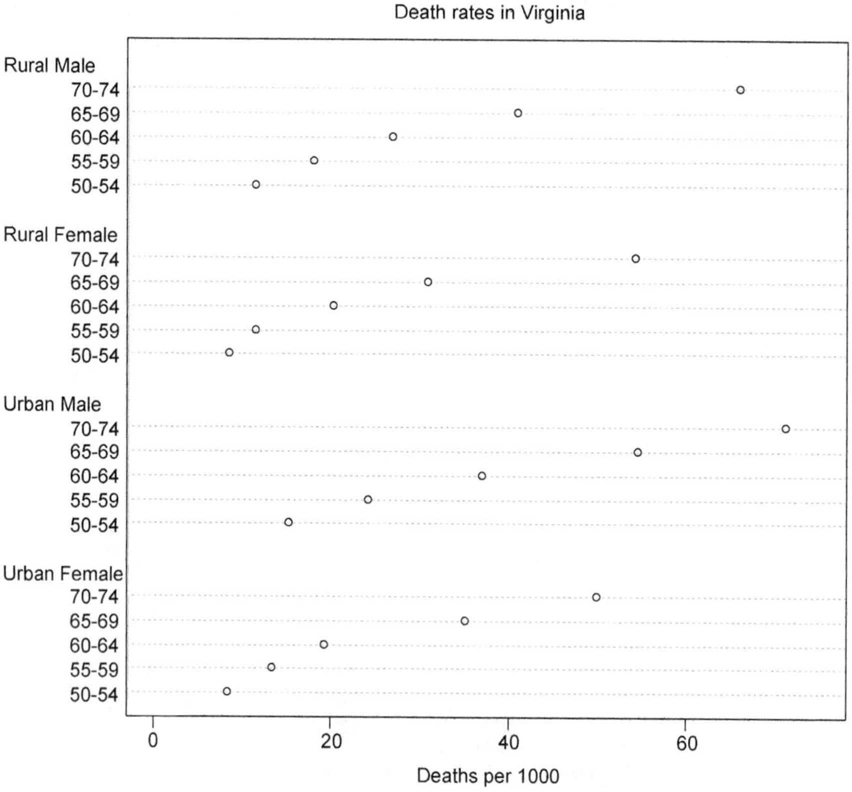

Death rates in Virginia-弗吉尼亚州人口死亡率；Deaths per 1000-每 1000 人的死亡数；
Rural Male-乡村男性；Rural Female-乡村女性；Urban Male-城市男性；Urban Female-城市女性

图 3.4 弗吉尼亚州死亡率数据集的圆点图

代码解析

我们将 x 轴范围设置为 0 到 75，x 轴包含 0，在比较不同群体的总体死亡率时这样做是约定俗成的。我们还设置 cex 为 0.8，这样绘图字符就缩小到其默认值的 80%，更重要的是，坐标轴刻度标签也被缩小到其默认值的 80%。对本例而言，默认设置会导致刻度标签重叠而难以分辨。

3.1.2 饼图

饼图（pie chart）通过将圆盘分割成不同的小扇块来展示向量，小扇块的角度

（或面积）与其代表的数据成正比关系。

例如，图 3.5 为某班级成绩等级分布的饼图，其代码如下：

```
groupsizes <- c(18, 30, 32, 10, 10)
Labels <- c("A", "B", "C", "D", "F")
pie(groupsizes, labels,
    col = c("grey40", "white", "grey", "black", "grey90"))
```

饼图在非技术型出版物中很受欢迎，但是已经不被统计学家所青睐，我们会在第 3.2 节中探讨个中缘由。

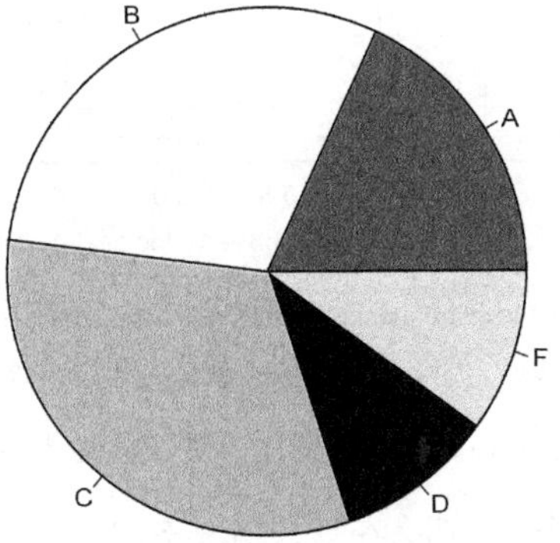

图 3.5　某班级成绩等级分布的饼图

3.1.3　直方图

直方图是一种特殊的条形图，用来展示数据集的频数分布情况。每个条形代表 x 落在该条形图基所示范围内的计数。一般情况下，直方图中所有条形的宽度都是相同的，这也是 R 的默认值。条形的高度与其对应范围内的观测值数量成正比。如果条形宽度各不相同，那么条形的“面积”应该与其观测值数量成正比，这时的高度则表示频度（即单位 x 的频数）。

`hist(x, ...)` 函数是 R 中绘制直方图的主要方法，其中 `x` 是一个由观测数值组成的向量，`...` 中的可选参数则用于控制图形显示的细节。

2.6.4 节展示过一个用默认参数设置绘制的直方图，随着面积的增加（沿横轴方向），直方条的大小大致呈指数级减小。经常有人建议把这种“偏态”分布的测度值以对数坐标形式进行图形绘制，如图 3.6 所示。图 3.6 改进了坐标轴标签和标题。3.3.3 节将对其进行进一步改进。

```
hist(log(1000*islands, 10), xlab = "Area(on base 10 log scale)",
    main = "Areas of the World's Largest Landmasses")
```

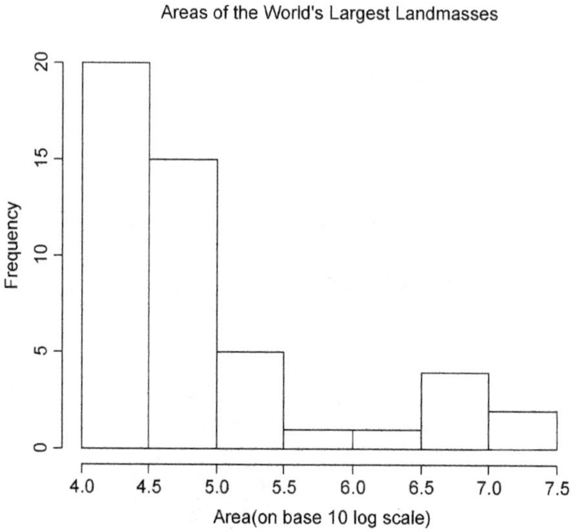

Areas of the World's Largest Landmasses-世界最大陆块的面积；Frequency-频数；
Area (on base 10 log scale)-面积（转化为以 10 为底的对数）

图 3.6 坐标轴、标签和标题改进了的陆块面积直方图

如果 x 数据集中有 n 个值，那么在默认情况下，R 会将数据划分为大约 $\log_2(n)+1$ 个区间，并产生相应的条形图。`islands` 数据集中有 48 个观测值，即 $n=48$，代码如下：

```
length(islands)

## [1] 48
```

由于

$$48 > 2^5 = 32$$
$$48 < 2^6 = 64$$
$$5 < \log_2(48) < 6$$

R 条形图应该选择绘制 5 或 6 个条形。但是 R 实际上绘制了 8 个条形，因为 R 试图将间断点也转变为整数（本例为乘以 0.5）。

对较大的 n 值而言，$\log_2(n)+1$ 规则（又称为 Sturges 规则）并不总能产生令人满意的结果，因为该规则产生的条形数量太少。目前的研究表明，条形的数量应该按 $n^{1/3}$ 而不是 $\log_2(n)$ 成比例增加。`breaks = "Scott"`和 `breaks = "Freedman-Diaconis"`选项使我们可以对上述两种规则进行选择。图 3.7 是对 10000 点构成的数据集分别使用 Sturges 规则和 Scott 规则［用 $n^{1/3}$ 代替 Sturges 规则里面的 $\log_2(n)$，即 $n^{1/3}+1$］绘制直方图的结果。

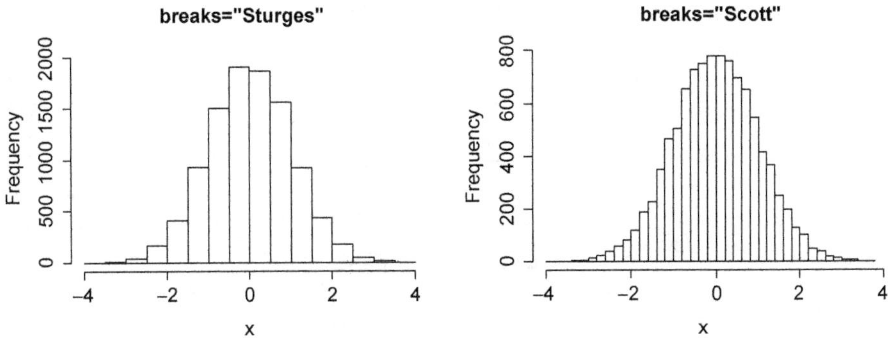

Frequency-频数；x-包含 10000 个点值的数据集；breaks="Sturges"-`hist()`函数的`breaks`参数设置为`Sturges`；breaks="Scott"-`hist()`函数的`breaks`参数设置为`Scott`

图 3.7　长度为 10000 的向量 x 使用两种不同规则设置间断点生成的直方图

3.1.4 箱线图

箱线图（box plot）[或盒须图（box-and-whisker plot）] 可以代替直方图快速直观地显示数据集的主要特征。箱线图是先绘制一个矩形框，然后从相反的两个侧边各伸出一条线。该矩形框代表了数据中心区的位置和延展情况，而侧边伸出的线（“须”）则框定了大部分数据的范围。在某些情况下，异常值（与其他值明显不同的观测值）被绘制为与箱线分离的点。

矩形框部分的基本构成如下：

（1）在数据集的中位数处划一条水平线。

（2）将数据分成两部分，每部分都包含该中位数。

（3）计算上四分位数和下四分位数，分别作为上下两部分的中间值，并在这两个值处绘制水平线。然后把这些线全连接起来，形成一个矩形框。

这样绘制矩形框就定义了四分位距（interquartile range, IQR），即上下四分位数之差。由于大约 50%的数据都位于这个矩形框中，我们可以用 IQR 来度量数据中心区的变化量。

下须从矩形框下端延伸到数据集的最小值，该值与下四分位数的距离应该不小于 1.5 IQR。同样，上须从矩形框上端延伸到数据集的最大值，该值与上四分位数的距离应该不大于 1.5 IQR。以上定义的基本原理是：当数据来自正态分布或近似正态分布时，大约 99%的观测值会落在上下须之间。

图 3.8 是一个带注释的箱线图。箱线图便于比较两个或两个以上类别的数据分布情况，每个类别的观测值数量应该不少于 10 个。例如，R 中的`iris`数据集是一个经过仔细研究的数据集，包含三种鸢尾属植物各 50 朵花的测量数据。

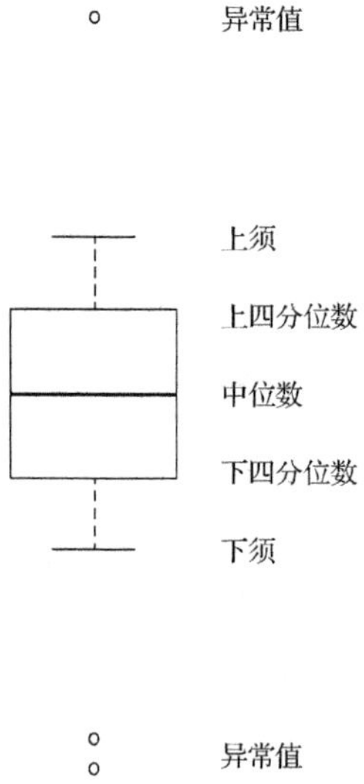

图 3.8　箱线图的构造

图 3.9 对三个物种萼片长度数据的分布情况进行了对比，其箱线图由以下代码生成：

```
boxplot(Sepal.Length ~ Species, data = iris,
        ylab = "Sepal length(cm)", main = "Iris measurements",
        boxwex = 0.5)
```

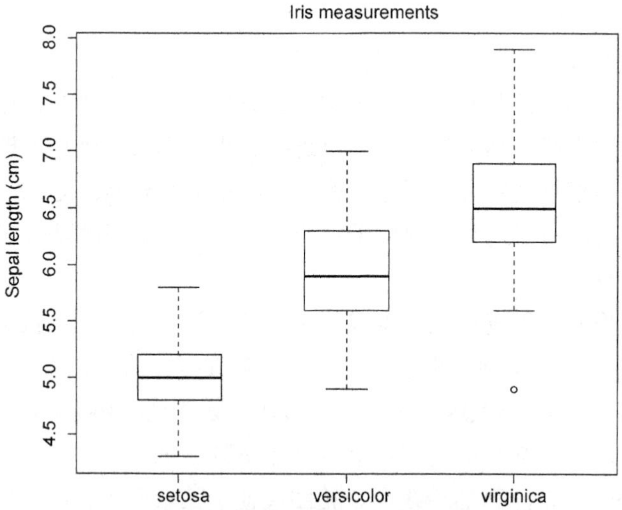

Iris measurements-鸢尾属植物测量；Sepal length-萼片长度；
setosa-山鸢尾；versicolor-变色鸢尾；virginica-弗吉尼亚鸢尾

图 3.9　并排箱线图示例

这里使用了 R 基于公式的接口图形函数，语法 `Sepal.Length ~ Species` 可被读作“Sepal.Length 取决于 Species”，二者来自数据框 `data = iris` 特定的列。`boxplot()`函数为三个物种绘制相互独立的并行箱线图。从图中我们可以看出，各物种的平均萼片长度有很大的差异，而且 virginica 样品中有一个非常小的异常值样本。

3.1.5　散点图

进行统计时，大部分有趣的问题都与不同度量之间的关系有关。散点图就是研究这一关系常用的图形之一，其中点(x_i, y_i), $i=1,\cdots,n$ 是用圆点或其他符号画出来的，其目的是展现 x_i 和 y_i 之间的关系。在 R 中，散点图（以及许多其他类型的图）是用 `plot()`函数绘制的。其基本用法是 `plot(x, y, ...)`，其中 x 和 y 是等长的数值型向量，是需要被绘制的数据。此外，`plot()`函数还有许多可选参数，以及专门为非数值型数据设计的绘图版本。

`type` 是一个重要的可选参数，其默认值为 `type = "p"`，表示绘制散点图。线图（通过线段将(x_i, y_i)的各点从头到尾依次连接起来）使用 `type = "l"`绘制。另外，`plot()`函数还可绘制很多其他类型的散点图，包括 `type = "n"`，即什么都不绘制，仅为图形设置周围框架，允许使用其他函数从中进行绘制。我们将在 3.3 节讨论这些绘图函数。

`plot()`函数可以用来绘制许多其他类型的图，下文将演示如何使用人工数据来探索其中的一些选项。首先模拟两个数字向量，一个来自标准正态分布，另一个来自均值为 30 的泊松分布[①]。

```
x <- rnorm(100)          # 将 100 个正态分布随机值赋予 x
y <- rpois(100, 30)      # 将 100 个均值为 30 的泊松分布随机值赋予 y
mean(y)                  # 输出结果应该接近 30

## [1] 30.91
```

参数 `main` 设置了图形的主标题。图 3.10 所示结果的代码如下：

```
plot(x, y, main = "Poisson versus Normal")
```

你可以尝试绘制其他的图：

```
plot(x, y, pch = 16)                    # 把散点的符号标志换为实心原点
plot(x, y, type = 'l')                  # 绘制一条折线（本例为密集缠结的线段）
plot(sort(x), sort(y), type = 'l')# 样本的“分位数”图
```

① 关于正态和泊松随机变量模拟的更多信息，请参见第 5 章。

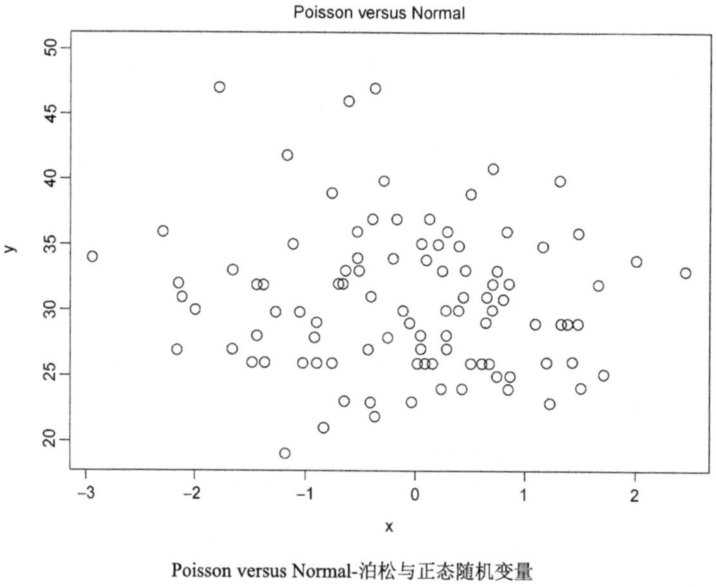

图 3.10　散点图示例

3.1.6　对数据框进行绘图

例 3.4

Orange 数据框内置于 R 初装时的 datasets 程序包中，包括 35 项树龄(单位为天，从 1968 年 12 月 31 日开始记录)以及五棵橘子树对应径围的观测值，并带有以下标识符:

```
unique(as.character(Orange$Tree))

## [1] "1" "2" "3" "4" "5"
```

[由于 Orange$Tree 是一个因子型变量，我们用 as.character() 将其转换为可以显示的形式，并用 unique() 去除重复值以获得无重复值向量。]

为探索径围与树龄的关系，我们可以尝试以下代码:

```
plot(circumference ~ age, data = Orange)
```

代码解析

与前面的箱线图示例一样，我们使用了图形公式和 data 参数。plot() 函数在 Orange 数据框中查找 circumference 和 age 列，并依序对（树龄，径围）的观测值进行成对绘制。

图 3.11 掩盖了一些重要信息：观测值既不全来自同一棵树，也非全来自不同

的树。观测值的确是来自五棵不同的树，但我们无法分辨某个观测值到底来自哪一棵树。解决这一问题的一种方法是为每棵树标示不同的绘图符号。参数 pch 控制绘图符号，默认设置 pch = 1 会产生空心圆点，其他数值将产生不同的绘图符号。我们还可以绘制各种字符，例如，pch = "A"就是让 R 绘制字符“A”。

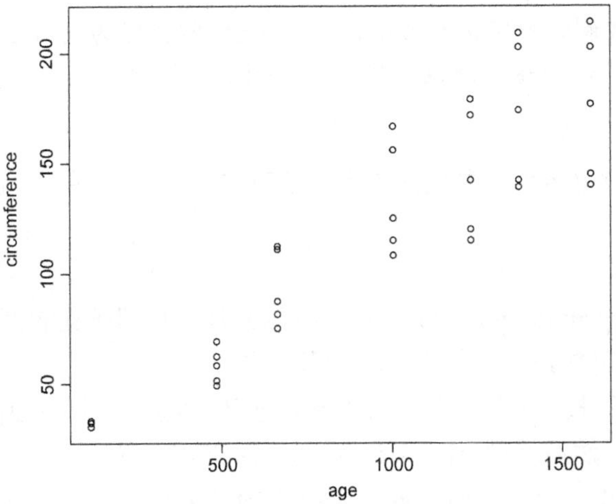

circumference-径围；age-树龄

图 3.11 五棵橘子树径围与树龄关系的散点图

例 3.5

下面的代码可以用来识别树木个体（图 3.12）:

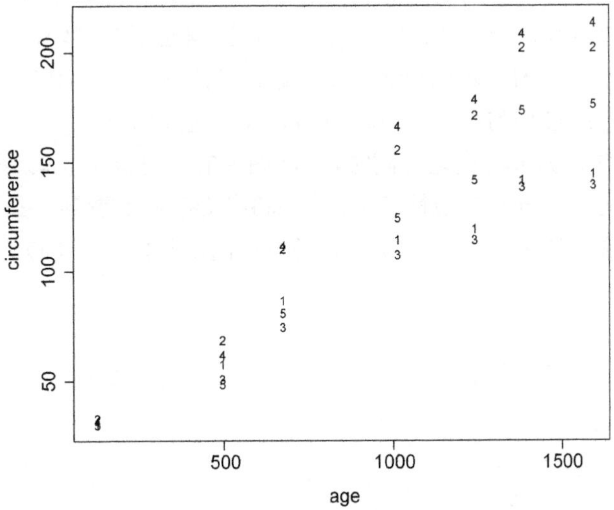

circumference-径围；age-树龄

图 3.12 五棵橘子树径围与树龄关系的散点图

```
plot(circumference ~ age, data = Orange, pch = as.character(Tree),
     cex = 0.75)
```

代码解析

参数 cex 控制绘图字符的大小，参数 pch 被指定为 Tree 列的级别。因为 Tree 是一个因子型变量，所以其级别值必须小心使用，as.character()将其转换为字符型。

plot()函数更多可选参数的使用方法可参考?plot 或?par 帮助页面。

3.1.7 QQ 图

分位数图（quantile-quantile plot，QQ 图）是一种用于比较两组数据的分布情况或验证样本是否来自某个给定分布的散点图。

如果两组数据长度相等，那么首先要对每组数据进行排序：$X[1]\leqslant\cdots\leqslant X[n]$和$Y[1]\leqslant\cdots\leqslant Y[n]$，然后绘制$(X[i], Y[i]), i=1,\cdots,n$ 的散点图。

而当两组数据长度不等时，两组数据必须采用某种方案进行人工匹配。R 会通过保留大数据组的最小值和最大值，进而在二值之间选择等距分位数的方式，将大数据组的长度缩小到与小数据组等长的状态。例如，如果 X 包含 5 个数值，但 Y 包含 20 个数值，那么就将 X 对 Y 的最小值、下四分位数、中位数、上四分位数和最大值进行绘图。

当绘制单个样本对应给定分布的 QQ 图时，理论分位数会被绘制在一个坐标轴上。R 通常会将理论分位数绘制在 X 轴，将数据绘制在 Y 轴，但有些文章作者的做法却完全相反。为了避免歧义，我们选择使用对应于概率$(i-1/2)/n$ 的分位数，这些分位数经过均匀中心化后转换为 0 到 1 之间的值。

当 X 和 Y 的数据分布类型相同时，QQ 图中的点将位于 $y=x$ 线附近。如果其中一个分布是另一个分布的线性变换，我们将在 QQ 图上看到一条不同于 $y=x$ 的直线。反过来说，如果 X 和 Y 数据分布类型不同，我们会在 QQ 图上看到各种系统性的散点模式。

例 3.6

下面的代码使用模拟数据演示了一些常见的模式（图 3.13）：

```
par(mfrow = c(1, 4))
X <- rnorm(1000)
A <- rnorm(1000)
qqplot(X, A, main = "A and X are the same")
```

```
B <- rnorm(1000, mean = 3, sd = 2)
qqplot(X, B, main = "B is rescaled X")

C <- rt(1000, df = 2)
qqplot(X, C, main = "C has heavier tails")

D <- rexp(1000)
qqplot(X, D, main = "D is skewed to the right")
```

代码解析

par()函数的 mfrow 参数将图形布局设置为 1×4 形式（参见 3.3.4 节）。第一个图中的两组数据来自相同的正态分布；第二个图中的两组数据分别来自均值和标准偏差不同的两个正态分布；第三个图中的两组数据，一组来自标准正态分布，另一组则来自自由度为 2 的 *t* 分布；第四个图中的两组数据分别来自标准正态分布和指数分布。由于本例中采用了模拟生成随机数的方法，所以实际运行相同的代码，得到的结果可能会稍微有所不同。我们将在第 5 章对函数 rnorm()、rt()和 rexp()进行更深入地讲解。

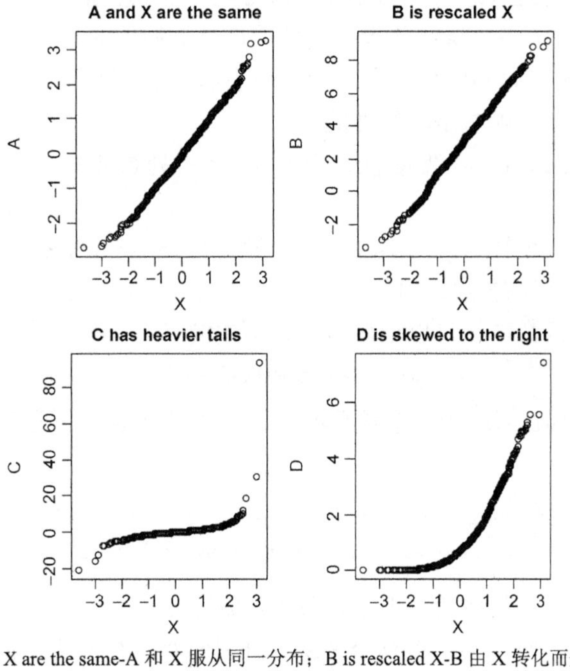

A and X are the same-A 和 X 服从同一分布；B is rescaled X-B 由 X 转化而来；

C has heavier tails-C 的尾部较高；D is skewed to right-D 为右偏态分布

图 3.13 QQ 图的几个例子

练习

1. 对于本节讨论的 `islands` 向量：

（a）绘制 `islands` 的直方图，对比用 Sturges 规则和 Scott 规则设置间断点生成的直方图的差异。当坐标轴采用对数标度和原始标度时，直方图又有什么差异？

（b）绘制 `islands` 的 QQ 图，并与图 3.13 的 4 幅分图进行对比，它跟哪幅分图最相似？你能从中得出关于 `islands` 数据集的哪些信息？

（c）分别用对数标度和原始标度的坐标轴绘制 `islands` 的箱线图。

（d）绘制 `islands` 中陆块面积的圆点图，绘图时需要进行对数转换吗？

（e）你认为哪种图形最适于展示这些数据？

2. `stackloss` 数据框来自于一个把氨转换成硝酸的工厂，包含四个相关变量的 21 个观测值。

前三个变量分别是 `Air.Flow`、`Water.Temp` 和 `Acid.Conc.`。第四个变量是 `stack.loss`，为氨在被吸收前泄漏的量。（请参阅帮助文件以获得 `stackloss` 数据框的详细信息。）

（a）用散点图来探讨 `Air.Flow`、`Water.Temp`、`Acid.Conc.`和 `stack.loss` 之间的可能关系，这些关系是线性的还是非线性的？

（b）使用 `pairs()` 函数获得四个变量两两成对的散点图，其中哪些成对变量间的关系是线性的？哪些是非线性的？

3. 思考 `pressure` 数据框，其中包括两列数据——`temperature` 和 `pressure`。

（a）绘制一个纵轴为 `pressure`，横轴为 `temperature` 的散点图。观察变量间的关系是线性还是非线性的。

（b）下面的函数曲线可以很好地通过图中的点：

$$y = (0.168 + 0.007x)^{20/3}$$

曲线预测的压力值与压力的观测值之差被称为“残差”。残差可按如下方法进行计算：

```
residuals <- with(pressure, pressure -
             (0.168 + 0.007*temperature)^ (20 / 3))
```

绘制残差 QQ 图，并观察其是正态分布还是偏态分布。

（c）按照 $y^{3/20}$ 对压力值进行幂转换，并以幂转换后的压力值对温度值进行绘图。现在二者是明显的线性关系还是非线性关系？

（d）计算幂转换后的压力值与此直线预测值的残差，绘制 QQ 图，并观察残差是否服从正态分布。

3.2 选择高级图形

我们已经对条形图、圆点图、饼图、直方图、箱线图、散点图和 QQ 图进行了描述，当然还有很多其他类型的统计图我们没有进行讨论，那么用户应该如何从中进行选择呢？

首先要考虑的是数据的类型。如 3.1 节所述，条形图、圆点图和饼图显示单个值，直方图、箱线图和 QQ 图显示分布，散点图显示一对值。

其次要考虑读者。如果图形是为你自己或具有统计学背景的读者所准备的，那么可以假定读者能够理解较复杂的图形内容。例如，箱线图和 QQ 图比直方图更难理解，所以这两者可能不适合一般公众。

了解人类的视知觉（visual perception）对于选择合适的图形也同样重要。目前，人们已对视知觉进行了大量研究，本书中我们只对其做简单了解。

当查看图形时，你会通过视觉系统“解码”图形，从而提取图形中的数量化信息。这个过程可以表述为无意识测量长度、位置、斜率、角度、面积、体积和识别各种颜色。研究发现，人们对长度和位置的识别能力特别强，对坡度和角度的识别能力较差，而对面积和体积的感知可能会因形状而异。大多数人都很擅长辨别颜色的差异。可是，高达 10%的男性和较小比例的女性是部分色盲，而且几乎没有人能够对颜色进行定量观测。

在作图时，我们可以把视知觉的这些特点也考虑进来。我们应该尽量以易于察觉的方式传达重要的信息，并且避免图形中出现有冲突的信息。

例如，条形图中的条形很容易被识别，因为条形的末端位置和条形的长度很容易被看出来，条形的面积也增强了我们的视知觉。

然而，事实上，当我们看到条形图时，我们的视知觉会被条形的长度和面积所束缚。我们通常应该以零为基数绘制条形图，以便位置、长度和面积都能传达相同的信息。如果我们展示的数据与零无关，那么圆点图是更好的选择，因为在圆点图中，人眼感知的主要是圆点的位置。

思考视知觉的特点，我们可以看出，用饼图展示数据可能是比较糟糕的选择。为了区分饼片的大小，人眼需要对各饼片的角度和面积进行测量，然而人类并不擅长这些。

最后，颜色对于分辨图中不同的数据组非常有用。R 中的 `RColorBrewer` 程序包中有许多“调色板”或颜色选择。有的调色板显示从低到高顺序排列的颜色组，有的则显示偏离中性值的颜色组，还有一些纯粹是定性的。这样做是为了让大多数人（即使是色盲）能够很容易地看出组间差异。

3.3 低级绘图函数

barplot()、dotchart()和 plot()这类函数通过使用低级绘图函数绘制线和点来进行工作，从而在页面的相应位置绘制图形。

本节中，我们将介绍一些低级绘图函数，这些函数也可供用户自定义图表。本节首先描述 R 如何查看它所绘制的页面，然后介绍如何添加点、线和文本到现有的图中，最后介绍如何更改一些常见的图形设置。

3.3.1 绘图区和绘图边缘

R 中的基本图形系统将显示器分成几个区域，其中绘图区是进行数据作图的地方。R 绘图区中有一个基于数据的坐标系统，以坐标轴表示。绘图区外是绘图边缘，从底部的边开始按顺时针方向编号，依次是 1、2、3、4。文本和标签通常是在绘图边缘绘制的。R 基于对象与绘图边缘所隔行数对其进行定位，图 3.14（例 3.8 中给出了生成此图的代码）说明了这一点。我们可以看到，R 在第 1 行绘制刻度标签，第 3 行给出了图形边缘的标题。

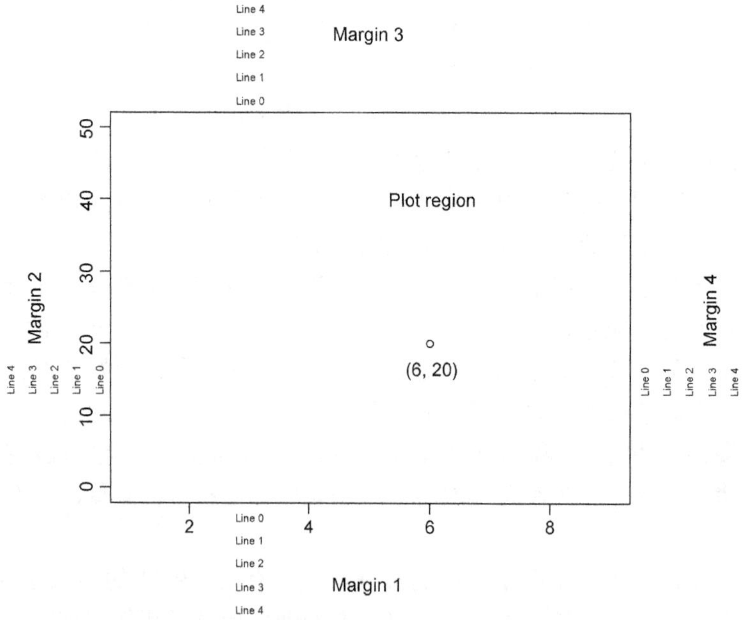

Margin-绘图边缘；Plot region-绘图区；Line0～4-行 0～4

图 3.14 基本图形系统的绘图区

3.3.2 添加图形元素

有些函数可以将作图组件添加到现有图的绘图区：

```
points(x, y, ...)                    # 添加点
lines(x, y, ...)                     # 添加线段
text(x, y, labels, ...)              # 图中添加文本
abline(a, b, ...)                    # 添加直线 y = a + bx
abline(h = y, ...)                   # 添加水平线
abline(v = x, ...)                   # 添加竖直线
polygon(x, y, ...)                   # 添加封闭且可填充的多边形
segments(x0, y0, x1, y1, ...)        # 绘制线段
arrows(x0, y0, x1, y1, ...)          # 绘制箭头
symbols(x, y, ...)                   # 绘制圆形、正方形、温度计形等图形符号
legend(x, y, legend,...)             # 绘制图例
```

这些函数的可选参数指定要添加的图形元素的颜色、大小和其他特征。

例 3.7

再次以 Orange 数据框为例，这次除了对不同的橘子树采用不同的绘图特征外，我们还将对每棵树分别绘制通过其对应点的最佳拟合线（即最小二乘回归线）。

首先通过以下代码获得基础散点图：

```
plot(circumference ~ age, pch = as.numeric(as.character(Tree)),
     data = Orange)
```

五棵树的最佳拟合线可以通过 lm() 函数得到，该函数拟合了每棵树径围与树龄的关系。我们添加了一个图例，以确定哪些数据点来自哪棵树：

```
abline(lm(circumference  ~  age, data = Orange, subset = Tree ==
       "1"), lty = 1)
abline(lm(circumference  ~  age, data = Orange, subset = Tree ==
       "2"), lty = 2)
abline(lm(circumference  ~  age, data = Orange, subset = Tree ==
       "3"), lty = 3, lwd = 2)
abline(lm(circumference  ~  age, data = Orange, subset = Tree ==
       "4"), lty = 4)
abline(lm(circumference  ~  age, data = Orange, subset = Tree ==
       "5"), lty=5)
legend("topleft", legend = paste("Tree", 1:5), lty = 1:5, pch = 1:5,
       lwd = c(1, 1, 2, 1, 1))
```

图 3.15 的左图显示了上面代码运行产生的最佳拟合线，右图则显示了另一种展现数据的方法——lines() 函数，并且不获取最小二乘回归线。这点具体如何实现，权且留给读者做练习。

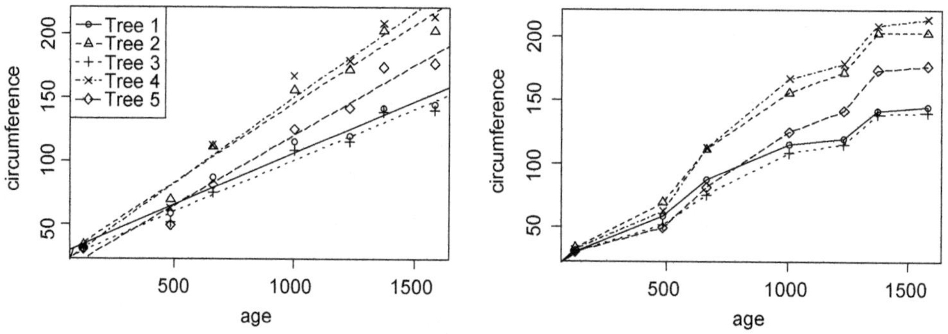

circumference-径围；age-树龄；Tree1～5-橘子树 1～5

图 3.15　五棵橘子树的径围与树龄散点图

每棵树的数据点都叠加了不同线型的趋势线

有时我们还想在绘图区外对图形进行注释，这可以通过以下函数实现：

```
title(main, sub, xlab, ylab, ...)# 添加主标题、副标题、x 轴标签和（或）y
                                 # 轴标签
mtext(text, side, line, ...)     # 在图形边缘添加文本
axis(side, at, lables, ...)      # 为图形添加 1 个坐标轴
box(...)                         # 添加绘图区边框
```

例 3.8

图 3.14 通过以下代码绘制：

```
par(mar = c(5, 5, 5, 5) + 0.1)
plot(c(1, 9), c(0, 50), type = 'n', xlab = "", ylab = "")
text(6, 40, "Plot region")
points(6, 20)
text(6, 20, "(6, 20) ", adj = c(0.5, 2))
mtext(paste("Margin", 1:4), side = 1:4, line = 3)
mtext(paste("Line", 0:4), side = 1, line = 0:4, at =  3, cex = 0.6)
mtext(paste("Line", 0:4), side = 2, line = 0:4, at = 15, cex = 0.6)
mtext(paste("Line", 0:4), side = 3, line = 0:4, at =  3, cex = 0.6)
mtext(paste("Line", 0:4), side = 4, line = 0:4, at = 15, cex = 0.6)
```

代码解析

参数 mar 设置绘图区 2、3 和 4 边缘的行数，使它们都与底部边缘（边缘 1）的宽度相同。type = 'n'绘制的图形是空的，但是却指定了绘图区的范围，大体为横轴 1 到 9 和纵轴 0 到 50 的范围之内。text()和 mtext()函数告诉 R 既定文本（如“Plot region”等）应该出现的位置。使用 paste("Line", 0:4)

可以避免 c("Line 0", "Line 1", "Line 2", "Line 3", "Line 4")这种麻烦的输入方法。

3.3.3 调节坐标轴刻度标签

在图 3.6 中，islands 数据集的直方图绘制在以 10 为底的对数标度上。虽然轴线上的刻度标签显示得很准确，但大多数看过这种直方图的人都需要时间来处理这些信息，然后才能解决一些简单的问题，比如“面积超过了 10 万 $mile^2$ 的陆块共有多少个？”。

图 3.16 中的坐标轴首先用参数 axes = FALSE 移除掉，与此同时图形边框也被移除，而 box() 函数可以重新为图形加上边框。接下来，我们重新添加横坐标轴，并在 4、5、6、7 处添加标签，分别对应 10^4mile^2、10^5mile^2、10^6mile^2、10^7mile^2。我们在使用 labels 参数时特意以字符串方式写出了横坐标轴刻度标签，因为 R 会自动通过科学计数法将这些字符串转换成 labels = 10^(4:7) 来进行处理[①]。

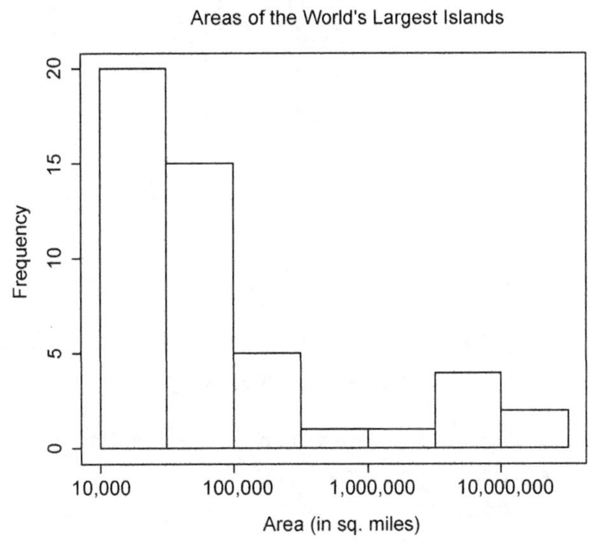

Areas of the World's Largest Islands-世界最大陆块的面积；Frequency-频数；
Area (in sq.miles)-面积（单位为 $mile^2$）

图 3.16 陆块面积（经过以 10 为底数的对数转换）直方图

轴标签便于非专业技术型读者阅读

```
hist(log(1000*islands, 10), axes = FALSE, xlab = "Area(in
     sq.miles)", main = "Areas of the World's Largest Islands")
```

① format() 函数具有自动完成此操作的选项。

```
box()
axis(side = 1, at = 4:7, labels = c("10,000", "100,000", "1,000,
     000", "10,000,000"))
axis(side = 2)
```

顺便说一句，通过这个快速练习代码，我们发现正好有 13 块陆块面积超过了 10 万 $mile^2$。

例 3.9

对使用 5 种不同品牌轴承的电机样品进行电机振动（噪声）测试，以分析不同轴承品牌间的电机平均振动是否存在差异。数据存储在名为 motor 的数据框中（MPV 程序包），如下所示：

```
motor

##    Brand 1  Brand 2  Brand 3  Brand 4  Brand 5
## 1     13.1     16.3     13.7     15.7     13.5
## 2     15.0     15.7     13.9     13.7     13.4
## 3     14.0     17.2     12.4     14.4     13.2
## 4     14.4     14.9     13.8     16.0     12.7
## 5     14.0     14.4     14.9     13.9     13.4
## 6     11.6     17.2     13.3     14.7     12.3
```

我们的目标是绘制并排的箱线图以进行比较，默认使用以下代码生成图形（本书未显示）。

```
boxplot(motor)
```

我们需要比默认图形更好的坐标轴标签和图形标题，还可以添加一个副标题帮助读者理解图形内容。图 3.17 即为以下代码的运行结果：

```
boxplot(motor, ylab = "Vibration", axes = FALSE)
title("Motor Vibration Data")
mtext("The Effects of Different Bearings", side = 3, line = 0)
box()
axis(side = 2, las = 2)
axis(side = 1, at = 1:5, label = names(motor))
```

代码解析

为了调整坐标轴标签，我们首先使用参数 axes = FALSE 移除坐标轴，其效果不仅是移除坐标轴，同时还移除了图形边框。与前文的示例一样，使用 box() 函数可以重新绘制图形边框。坐标轴可以通过 axis() 函数进行重新绘制，参数

at 表示刻度标签放置的位置，参数 labels 则可以自定义我们想要的标签内容，我们还使用了参数 las 旋转了纵轴上的刻度标签。

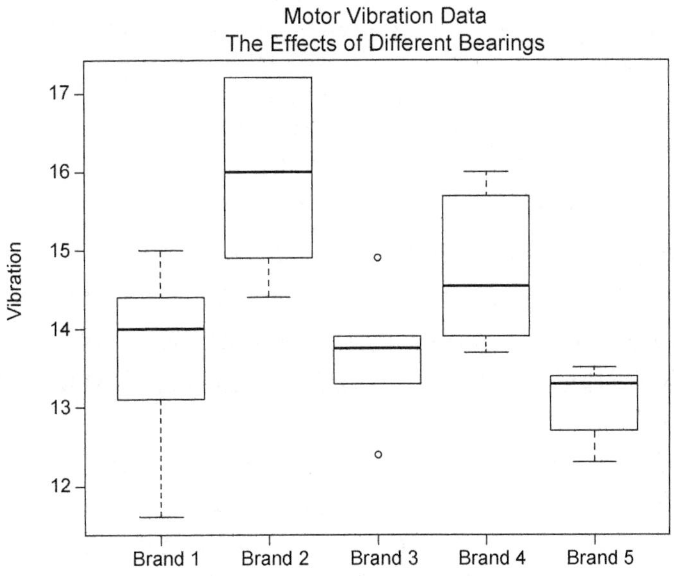

Motor Vibration Data-电机振动数据；The Effects of Different Bearings-不同轴承的影响；
Vibration-振动；Brand 1～5-品牌 1～5

图 3.17 电机振动数据的并排箱线图

3.3.4 图形参数设置

当创建图形时，有两个机会可以设置图形的整体特征。第一个是打开绘图设备时。R 通常使用默认参数自动打开绘图屏幕设备，但用户可以打开一个特定的绘图设备，并按需要设置它。以下是 R 中一些可以将输出结果保存为某种文件类型的绘图设备：

```
pdf(...)                    # 将输出结果保存为 PDF 格式
png(...)                    # 将输出结果保存为 PNG 格式
jpeg(...)                   # 将输出结果保存为 JPEG 格式
postscript(...)             # 将输出结果保存为 Postscript 格式
```

更多可用参数的使用细节可参阅各函数的帮助页面。这些参数可以控制图形大小和背景颜色等图形要素。

当一个绘图设备打开后，par(...) 函数可以用来进行图形参数设置。此函数包含大量参数，我们将在这里强调其中几个参数，完整的参数列表参见帮助页面。

```
mfrow = c(m, n)          # 在一个页面中绘制 m 行和 n 列的多个图形，而不是
                         # 将每一个图形分别绘制在一个新的页面中
mfg = c(i, j)            # 在第 i 行第 j 列中绘制下一个图
ask = TRUE               # 在删除一个图形之前先询问用户
cex = 1.5                # 在绘图区中展开字符，使用 cex.axis 等设置图形
                         # 边框的文本
mar = c(m1, m2, m3, m4) # 设置图形边框大小
oma = c(m1, m2, m3, m4) # 设置外部边距（在绘图阵列之外）
usr = c(x1, x2, y1, y2) # 设置图形中的坐标系
```

par()函数可以接受多种形式的参数。如果输入字符串[如 par("mfrow")]，par()函数将返回图形参数的当前值。如果对参数进行赋值[如 par(mfrow = c(1, 4))，如图 3.13 所示]，相应的参数将被重新设置，并且原来的值将返回到 list 中。你可以通过输入 list 一次设置多个 par()函数参数。

例 3.10

图 3.18 演示了在 par()函数中使用 list 来设置不同的图形参数值。本例中，首先将图形布局设置为 3×2 的形式，其边距宽度设置小于默认值，从而使单个图形显得更大些。特别是，上边距和右边距设置为 0.1，使得边距中用于诸如标题等素材的容许空间变得很小。下边距设置为 2.5，左边距设置为 2.1，这样的设置足以绘制坐标轴刻度标签，但默认的标签并不适合这样小的边距。图 3.18 的代码如下所示：

```
par(list = list(mfrow = c(3, 2), mar = c(2.5, 2.1, 0.1, 0.1)))
Z <- rnorm(1000)
hist(Z, main = "")
hist(Z, breaks = "Freedman-Diaconis", main = "")
plot(density(Z), main = "")
boxplot(Z)
qqnorm(Z, main = ""); qqline(Z)
ts.plot(Z)
```

练习

1. 编写代码，绘制图 3.15 右侧图形，并在图形右下角添加一个适当的图例。

2. 绘制一组类似图 3.18 所示的图形，但要留有足够的空间为各图添加相应标题："Histogram-Sturges""Histogram-FD""Density Estimate""Boxplot""QQ Plot"和"Trace Plot"。

3. 重新绘制图 3.18，但这次将六个图形函数对应 X 进行绘制，$X = Z^2$，其中 Z 是文中示例中模拟的标准正态随机变量，评述一下该图与图 3.18 的区别。（变量 X 是自由度为 1 的卡方随机变量的一个例子。）

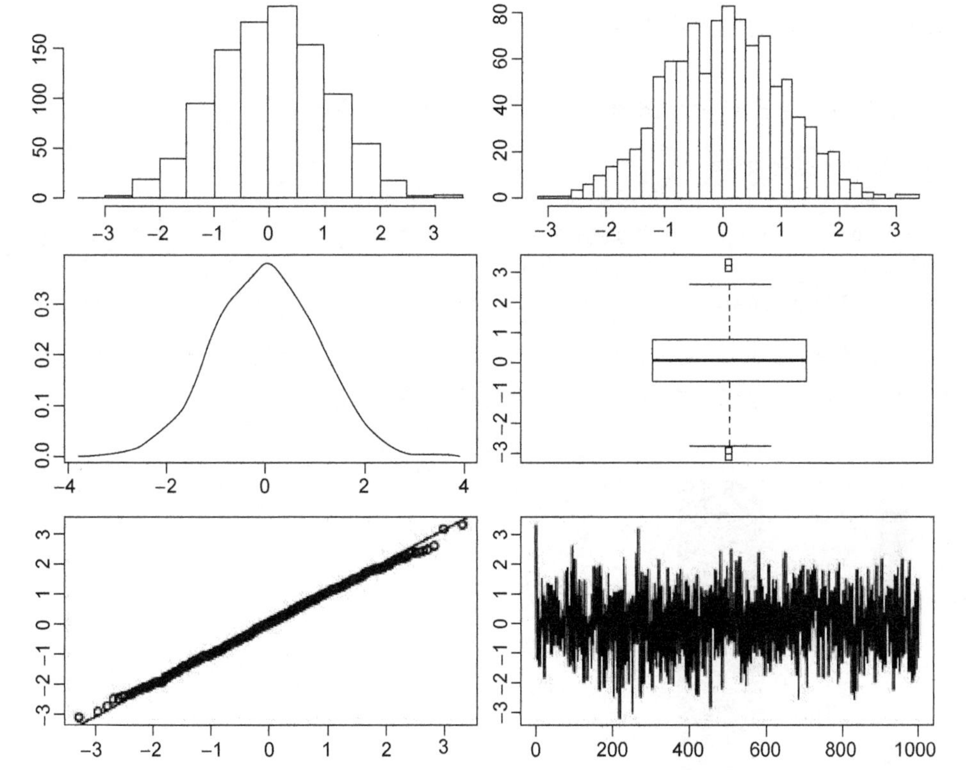

图 3.18　使用 `list` 设置图形参数的示例

图中的六个分图为模拟正态分布随机取样的六个不同图形

4. 结合前面的问题，重新绘制图 3.18 中的六幅图，但这次使用 `EuStockMarkets` 中的数据（即 `Z <- EuStockMarkets`，并对 `Z` 应用图 3.18 的代码）。对结果进行评述，并使用 `summary()` 函数对结果进行进一步分析。这六幅图中哪些图可用于描述该数据集，又有哪些图对该数据集的描述非常有限？

3.4　其他图形系统

除了经典图形系统，R 还支持许多其他图形系统。这些图形系统的内容都非常丰富，本书不会详细讨论它们，但会简单介绍各个图形系统的特点。

3.4.1　`ggplot2` 程序包

Hadley Wickham 开发的 `ggplot2` 程序包基于“图形语法”，认为统计图形是一种传达意义的语言，这种语言的构词是图形和图形组件。代码描述的并不是图形的绘制方法，而是人们想要传达的信息。

例 3.11

绘制在本章开始时介绍的世界电话机数据，代码如下：

```
library(ggplot2)
region <- names(WorldPhones51)
phones51 <- data.frame(Region = factor(region, levels = region),
                       Telephones = WorldPhones51)
ggplot(phones51, aes(Region, Telephones))+ geom_bar(stat = "identity")
```

上述代码表示 x 轴显示地区名，y 轴显示数值，图形使用条形图。要展示的统计数据其实是标识，即数值本身。结果如图 3.19 所示。

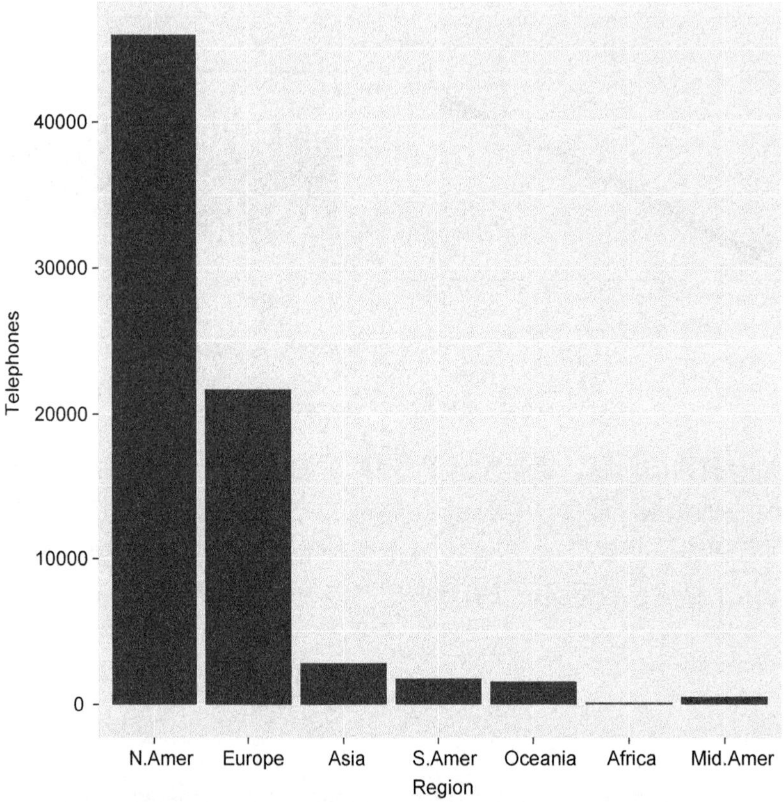

N.Amer-北美洲；Europe-欧洲；Asia-亚洲；S.Amer-南美洲；Oceania-大洋洲；
Africa-非洲；Mid.Amer-中美洲；Telephones-电话机数量；Region-地区

图 3.19　使用 ggplot2 程序包对图 3.1 进行重绘的结果

ggplot2 程序包具有一系列非常丰富的图形描述方式，遗憾的是，我们没有更多的篇幅对其进行详述。有兴趣的读者可以参阅 Wilkinson 的 *The Grammar of Graphics* 来了解其基本理论，以及 Wickham 的 *ggplot2: Elegant Graphics for Data Analysis* 来了解 ggplot2 程序包的安装使用。

3.4.2 lattice 程序包

lattice 程序包是 R 中另一个图形系统，它的基本理念是为绘制多元数据图形服务——减少对多个数据子集重复绘制相似图形所需的工作量。

例 3.12

显示 WorldPhones 数据集随时间的变化趋势（图 3.20），可以使用以下代码：

```
library(lattice)
phones <- data.frame(Year = as.numeric(rep(rownames(WorldPhones), 7)),
                     Region = rep(colnames(WorldPhones), each = 7),
                     Telephones = as.numeric(WorldPhones))
xyplot(Telephones ~ Year | Region, data = phones)
```

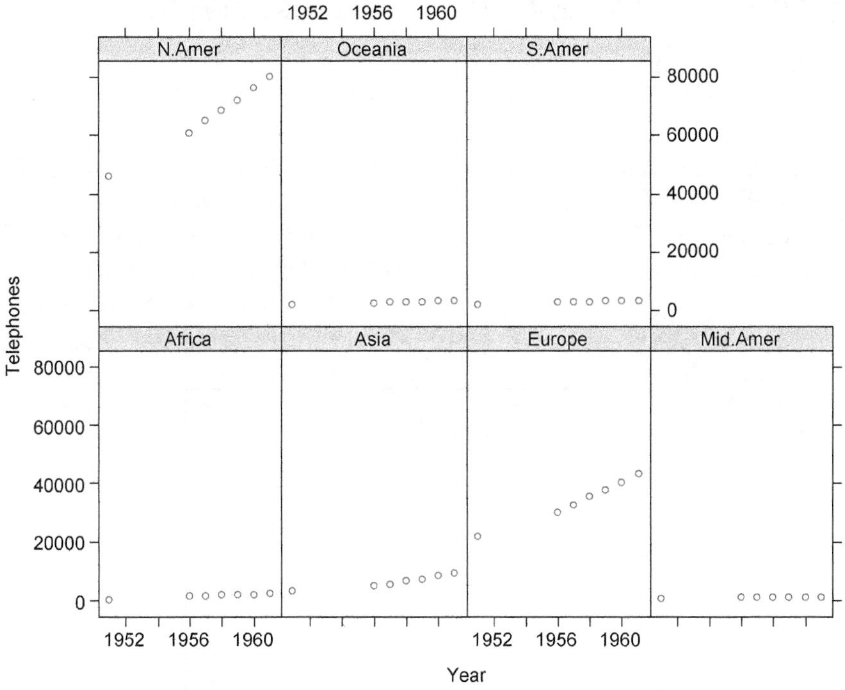

N.Amer-北美洲；Oceania-大洋洲；S.Amer-南美洲；Africa-非洲；Asia-亚洲；Europe-欧洲；Mid.Amer-中美洲；Telephones-电话机数量；Year-年份

图 3.20　使用 lattice 程序包绘制的电话机使用情况趋势图

代码解析

首先将矩阵转换为数据框，公式 Telephones ~ Year | Region 表示以 Region 为分类变量绘制 Telephones 与 Year 的关系图，结果如图 3.20 所示。

关于 lattice 程序包的详细内容，请参考 Sarkar 的 *Lattice: Multivariate Data Visualization with R*。

3.4.3 grid 程序包

ggplot2 程序包和 lattice 程序包的绘图功能都是通过 grid 程序包实现的。gird 程序包使用了不同于前述经典图形系统的理念模型，把数据图形看作是一种位于矩形区域中的图形对象的层次结构（grid 程序包中把这种图形层次结构称为“grobs”），矩形区域间具有关联的坐标系统 [“视口”（viewport）]。这种理念模型使得用户对显示界面的转换和修改成为可能，而这在经典图形系统中是无法实现的。

例 3.13

下面的代码说明了视口的基本用法，其结果如图 3.21 所示。

```
library(grid)
grid.rect()                # 绘制包含初始视口的黑色矩形
vp <- viewport(h = .4, w = .6, angle = 60)
pushViewport(vp)           # 新建一个旋转 60°（逆时针）的视口，并且新视口的高
                           # 和宽分别是初始视口的 40%和 60%
grid.rect(gp = gpar(col = "red"))  # 环绕新视口绘制红色矩形框
pushViewport(vp)           # 采用槽式法继续绘制新视口，即新视口相对前一视口旋转
                           # 60°，且高和宽分别是前一视口的 40%和 60%
grid.rect(gp = gpar(col = "blue")) # 在视口边缘绘制据矩形框
```

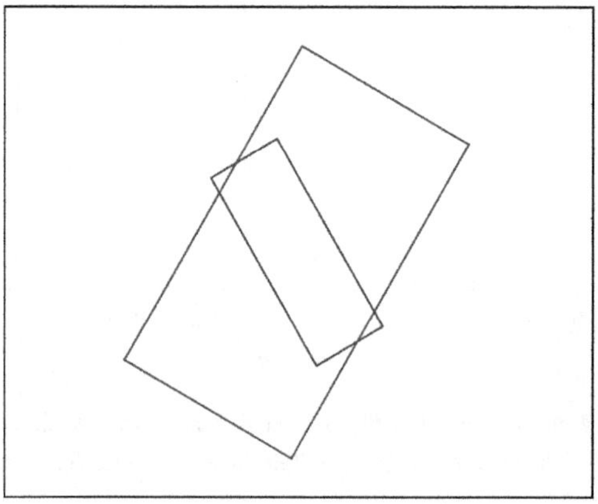

图 3.21　使用 grid 程序包简单演示视口旋转效果

代码解析

首先，绘制一个包含最初视口的矩形（1×1 的正方形）。然后，推送出一个高 0.4、宽 0.6，并旋转了 60° 的新视口，绘制一个红色矩形（图 3.21 中的较大矩形）以显示新视口的轮廓。最后，重复相同的操作，创建另一个旋转 60° 的视口，其高度和宽度分别为前一个视口大小的 40%和 60%，并用蓝色小矩形（图 3.21 中的较小矩形）显示新视口的轮廓。

进一步了解通过 `grid` 程序包处理图形的效果可参阅例 4.5，我们向有兴趣学习 `grid` 程序包的读者推荐 Murrell 的 *R Graphics*。

3.4.4　交互式图形

目前为止我们讨论过的图形系统都是为绘制静态图形而设计的，这种图形通常会被输出在页面上。而 R 中还有一些程序包可以支持多种交互式图形。

`rgl` 程序包是为三维、可旋转的显示界面设计的，既包括以经典图形函数为模型进行图形设置的函数，也包括图形在屏幕或网页上显示的方式。下一章例 4.2 是一个很好的 `rgl` 程序包的应用实例。

`leaflet` 程序包提供了一个 Leaflet 库的接口，该库是用 Javascript 语言编写的，适用于 Web 浏览器。`leaflet` 程序包与 RStudio 集成得特别好。

例 3.14

运行以下代码：

```
library(leaflet)
leaflet() %>%
  addTiles() %>%
  addMarkers(lng = 174.768,lat = -36.852, popup = "The birthplace of R")
```

在 RStudio 中，代码运行结果显示为带有 Auckland 和 New Zealand 标记的交互式地图。

代码解析

`%>%`符号来自 `magrittr` 程序包，它的函数调用方法并不是键入 `f(x, y)`，而是键入 `x %>% f(y)`。这有时（如上例所示）会生成比等效标准符号更易读的代码。因此，此代码应作为创建 `leaflet()`显示界面的说明来阅读，并向其中添加地图格，然后在 Auckland 的位置添加标记。

除了 `rgl` 和 `leaflet` 之外，R 中还有许多程序包提供各种类型的交互式图形绘制方法。去探索吧！

本章练习

1. 再次思考 islands 数据集，并尝试以下代码：

```
hist(log(islands, 10), breaks = "Scott", axes = FALSE, xlab = "area",
                         main = "Histogram of Landmass Areas")
axis(1, at = 1:5, labels = 10^(1:5))
axis(2)
box()
```

（a）逐步解析上述代码。

（b）在该图形上添加一个副标题，例如“Base-10 Log-Scale”。

（c）修改代码，用 Sturges 规则代替 Scott 规则。这时，你需要使用 round() 函数来确保坐标轴标签中的数字不至于过多。

2. 再次思考 pressure 数据框。

（a）绘制 pressure 与 temperature 的关系图，并使用以下命令绘制一条贯通数据点的曲线：

```
curve((0.168 + 0.007*x)^(20/3), from = 0, to = 400, add = TRUE)
```

（b）然后将 pressure 数据按公式 $y^{3/20}$ 进行幂转换，绘制幂转换后的值与 temperature 的关系图，观察二者是线性关系还是非线性关系。使用 abline() 函数绘制一条通过这些点的直线。（你需要知道直线的截距和斜率——请参阅本题的前一部分以获得适当的值。）

（c）为图形添加合适的标题。

（d）重新绘制上述图形，但要使用 mfrow() 函数使其显示在图形页面上的布局方式为 2×1。再来一次，使布局方式变为 1×2。

3. 使用 xyplot() 函数并用 5 个窗格按顺序显示橘子树数据集，每个窗格显示一棵树。

第4章 R 编 程

编程中那些相对复杂的指令系统可概括为两种风格：命令型风格（imperative programming style，如 R 采用的编程风格），是指通过将指令串在一起，告诉计算机该做什么；陈述型风格［declarative programming style，如超文本标记语言（hypertext markup language，HTML）网页采用的编程风格］，强调对最终结果的描述，而不过多关注获得最终结果的细节。每种编程风格内部又包括多种子风格，已经编好的程序可能包括其中几种子风格。例如，R 编程可能是程序性的（procedural，描述实现任务的步骤）、模块化的（modular，划分为独立的程序包）、面向对象的（object-oriented，用以描述对复杂对象的操作）、函数化的（functional，一般是函数的集合，这些函数用于完成特定计算，且对外界没有负面效应），或者其他方式。本书将侧重面向过程的编程。

正如第 1 章所述，R 语句主要由待运行的表达式组成。很多程序都包含大量循环运算的内容，其循环次数可通过输入的代码进行控制。本章首先介绍几个控制循环次数的程序流控制语句，然后对 R 编程和调试提出建议。

4.1 程序流控制

4.1.1 for()循环

随机模拟问题是本书要介绍的主要问题之一。模拟常常需要大量重复运算，因为我们想找到行为的模式，而不仅仅是某一次运行的结果。

for()语句可用来使某种运算重复固定次数。

语法

```
for (name in vector) { commands }
```

设置一个名为 name 的变量，该变量依次与向量的各元素对应。向量的每个值都将执行大括号中列出的所有命令。大括号将命令组合成一组，以便 R 将它们作为一个命令来处理。如果只执行一个命令，则不需要大括号。

例 4.1

阶乘（factorial）$n!$ 计算 n 个对象所有的排序方式，定义为

$$n! = 1 \cdot 2 \cdot 3 \cdot \cdots \cdot (n-1) \cdot n$$

计算中可使用 `for()` 语句。例如，用以下代码可得到 100!的值:

```
n <- 100
result <- 1
for(i in 1:n)
  result <- result * i
  result

## [1] 9.332622e+157
```

代码解析

第 1 行设定变量 `n` 并赋值为 100。第 2 行将 `result` 初始化为 1，即无乘数项的积。第 3 行启动 `for()` 语句：变量 `i` 将依次设定为 1,2,⋯,n。每一步中，第 4 行的 `result` 都乘以 `i`，最后一行输出循环的最后结果。

此外，R 中的 `factorial()` 函数也可执行循环运算，而且运算速度比 `for()` 循环快得多。但很多情况下，我们都需要根据特定情况自己编写循环运算的代码。

例 4.2

20 世纪 60 年代，IBM 出售了一台名为 System/360 的大型计算机（它的确很大，一台电脑能填满一间房）。有些程序需要一些“不可预测的数字”（unpredictable numbers），因此采用了以下方案（称为 RANDU）。

（1）起始值是 1 和 $2^{31}-1$ 之间的某个奇数 x。

（2）将 x 乘以 65539，除以 2^{31} 并取余数（这些数字都以简单的二进制表示，所以运算速度非常快），给出一个新的 x 值。

（3）重复第（2）步计算产生一些不可预测的一串数字，将其除以 2^{31} 转化为 0 到 1 之间的值。

假设需要 1000 个不可预测的数字，那么就可以用 `for()` 循环实现 RANDU:

```
results <- numeric(1000)
x <- 123
for (i in 1:1000) {
  x <- (65539*x) %% (2^31)
  results[i] <- x / (2^31)
}
```

代码解析

第 1 行设定一个向量来保存结果。第 2 行设置一个“种子”值。第 3～6 行中的 `for()` 循环首先更新 x，然后除以 2^{31}，并将结果存储在向量中。依此类推，R 对输入值 1 到 1000 分别执行以上操作。

我们可以绘制这些数字的散点图，结果发现 RANDU 表现得不错（图 4.1）：

```
plot(1:1000, results)
```

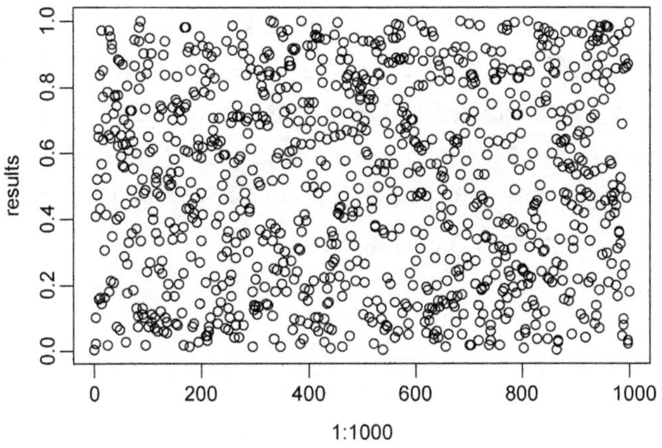

results-结果

图 4.1　通过 RANDU 算法获得的 1000 个值

如果种子值更改，那么散点图就会不同。而且如果事先不知道散点图是 RANDU 生成的，那么散点图的格局就很难被预测到。然而，RANDU 有一个几年都没有被发现的严重缺陷，但在现代计算机图形学中这个缺陷很明显：所有连续的三联点都是 1×1×1 立方体的子集，如果已知其中任意两个连续值，就可以很好地预测下一个值。我们可以用 3.4.4 节中提到的 `rgl` 程序包对其进行探讨：

```
library(rgl)
plot3d(results[1:998], results[2:999], results[3:1000])
```

此代码是在三维空间中绘制三联点。如果对此代码进行实践，你可以旋转一下图形；从某些角度看，这个图形非常明显。试试看！

例 4.3

斐波那契数列（Fibonacci sequence）在数学中非常著名。最前面两个元素定义为[1,1]，后续元素定义为前两个元素的和。例如，第 3 个元素是 2（1+1），第 4 个元素是 3（1+2），第 5 个元素是 5（2+3），等等。

要获得 R 中的前 12 个斐波那契数，可使用如下代码：

```
Fibonacci <- numeric(12)
Fibonacci[1] <- Fibonacci[2] <- 1
for (i in 3:12)
  Fibonacci[i] <- Fibonacci[i - 2] + Fibonacci[i - 1]
```

代码解析

第 1 行设置一个长度为 12 的数值向量，并命名为 Fibonacci。该向量由 12 个 0 组成。

第 2 行将 Fibonacci 的前两个元素值更新为 1。

第 3 行根据斐波那契数列定义的规则更新第 3 个、第 4 个元素，依此类推。需要特别指出的是，Fibonacci[3]赋值为 Fibonacci[1] + Fibonacci[2]，也就是 2。Fibonacci[4]赋值为 Fibonacci[2] + Fibonacci[3]，也就是 3。for()循环就是以这种方式依次更新数列的第 3 至第 12 个元素。

如需查看这 12 个元素的值，可输入：

```
Fibonacci

## [1]  1   1   2   3   5   8  13  21  34  55  89 144
```

例 4.4

假设经销商为一辆全新的汽车推出了两种购车方案，该车售价 20000 美元。方案一是顾客提前付款，最后获得 1000 美元退款。方案二是无息分期付款：顾客自购车第一个月起，连续 20 个月每月付款 1000 美元。

方案一中汽车的最终价格是$19000，方案二中经销商实际上是以利率 i 收取利息。利率可以用以下方程计算：

$$19000 = 1000\left(\frac{1-(1+i)^{-20}}{i}\right)$$

将方程两边乘以 i，除以 19000，转变为"不动点"（fixed-point）问题的形式①：

$$i = (1-(1+i)^{-20})/19$$

猜测 i 的初始值并代入该方程的右侧，方程左边可得到新的 i 值。例如，如果从 i=0.006 开始，那么 i 的更新值是

$$i = \frac{1-(1+0.006)^{-20}}{19} = 0.00593$$

再次将新的 i 值代入方程右侧，将得到更新的 i 值：

$$i = (1-(1+0.00593)^{-20})/19 = 0.00586$$

这种不动点迭代法通常要进行多次才能确保得到方程的解。下面的代码是通过

① 求解方程 $x=f(x)$，即求解不动点。注意方程两边均有未知值。

1000 次迭代运算得到的方程解:

```
i <- 0.006
for (j in 1:1000) {
    i <- (1 - (1 + i)^(-20)) / 19
}
i
## [1] 0.004935593
```

例 4.5

for()循环可用于绘图编程。图 4.2 演示了 for()在网格（grid）图形环境中多次增加图形的用法。该例子共推出 100 个视口，每个视口的高度和宽度都是前者的 90%，且新视口的中心位置也会略有变化，相对前一个视口，每次的中心都偏离(0.46, 0.5)。另外，视口旋转度越来越大，从 1° 开始，每次迭代旋转都会增加 1° 。每次迭代都会绘制一个圆圈，其直径等于当前视口的高度。最终的图形表明，grid 仅需几行代码即可绘制复杂的图形。

```
library(grid)
for (i in 1:100) {
    vp <- viewport(x = .46, h = .9, w = .9, angle = i)
    pushViewport(vp)
    grid.circle()
}
```

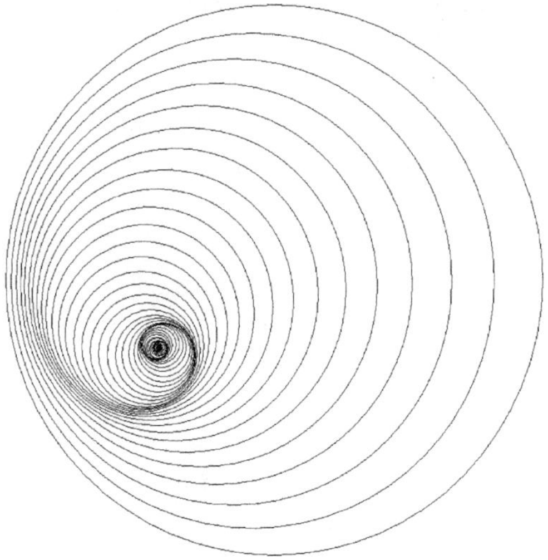

图 4.2 使用 for()循环演示视口的旋转

练习

1. 按以下要求修改代码以生成斐波那契数列。

（a）将前两个要素改为 2 和 2。

（b）将前两个元素改为 3 和 2。

（c）将计算规则中前两个元素的和改为前两个元素的差。例如，第 3 个元素定义为第 2 个元素减去第 1 个元素，依此类推。

（d）更改计算规则，将每个元素定义为前 3 个元素之和。设第 3 个元素为 1，以便启动循环。

2. 设 f_n 为第 n 个斐波那契数：

（a）构造等比数列 f_n / f_{n-1}，$n=1,2,\cdots,30$。该数列收敛吗？

（b）计算黄金分割比 $(1+\sqrt{5})/2$。该数列是否收敛于黄金分割比？你能证明吗？

3. 确定下列 answer 的结果，然后运行 R 代码检验结果。

（a）

```
answer <- 0
for (j in 1:5) answer <- answer + j
```

（b）

```
answer <- NULL
for (j in 1:5) answer <- c(answer, j)
```

（c）

```
answer <- 0
for (j in 1:5) answer <- c(answer, j)
```

（d）

```
answer <- 1
for (j in 1:5) answer <- answer * j
```

（e）

```
answer <- 3
for (j in 1:15) answer <- c(answer, (7 * answer[j]) %% 31)
```

观察数列最后一个数。如果不知道该数列的排列规则，能否预测后面的元素？

4. 参考本节的汽车经销商促销案例。计算从 i=0.006 开始，利率 i 的前 20 次更新结果。再计算初始值 i=0.005 和初始值 i=0.004 的结果。根据这些资料，思考 i 的真实值（精确到 5 位数）是多少？

5. 用不动点迭代法解方程 $x = \cos(x)$（区间为[0,1]）。初始值设为 0.5，要想得到精确到小数点后两位的解，需要迭代多少次？小数点后 3 位呢？小数点后 4 位呢？若初始值改为 0.7 呢？改为 0.0 呢？

6. 用上述方法解方程 $x = 1.5\cos(x)$（近似解为 x=0.9148565）。

（a）不动点迭代是否收敛？如果没有收敛，请把方程改为 $x = \cos(x)/30 + 44x/45$，现在迭代收敛了吗？

（b）能否证明以上两个方程有相同的解？

（c）计算 $1.5\cos(x)$ 和 $\cos(x)/30 + 44x/45$ 导数的绝对值。数值分析中有一个定理，如果该绝对值小于 1，当猜测的初始值足够接近真实解时，不动点迭代就会收敛。这是否能解释你在（a）中观察到的情况？

7. 参考本节网格图形的例子。修改代码：创建矩形而不是圆形，并将矩形相对偏心距离设为(.5, .5)而不是(.46, .5)，并将旋转角设置为 `0` 而不是 `i`。评述一下你得到的结果。

4.1.2 `if()` 语句

此前，我们学习了逻辑向量和关系运算符。下标引用是对向量不同部分进行不同操作的有效方法。`if()` 语句能控制要被执行的语句，为编程提供方便。

语法

`if (判定条件) {判定结果为 TRUE 时所执行的指令}`

`if (判定条件) {判定结果为 TRUE 时所执行的指令} else {判定结果为 FALSE 时所执行的指令}`

判定结果为 TRUE 时，`if( )` 语句的相应指令被调用。`else` 部分是判定结果为 `FALSE` 时的指令，可根据需要选择是否设置。键入 `else` 语句时要特别小心，因为将 `else` 部分放到新行上，可能会发生以下情况：

```
if (判定条件) {
    # 判定结果为 TRUE 时的指令
}
else {
## Error: unexpected 'else' in "else"
```

R 会执行 `else` 之前的三行代码，也就是说 R 并没有预见到后面的 `else` 语句，并且提示代码发生错误①。为了避免这个问题，输入代码时一般将 `if…else` 中的 `else` 放在与前一个结束大括号相同的行：

① 如果大括号中有命令块，就不会触发错误，因为 R 在开始运行之前会收集所有行，然后对其中的任何一行进行操作，但最好还是避免这种模糊代码。

```
if (判定条件) {
    # 判定结果为TRUE时的指令
} else {
    # 判定结果为FALSE时的指令
}
```

这样就表明代码在最后的大括号前还没有结束。

R 允许用数值作为判定条件。数值会转换为相应逻辑值，默认情况下，0 转化为 FALSE，其他值转化为 TRUE。

判定条件不允许有缺失值，否则 R 将提示代码错误。

例 4.6

一个简单的例子：

```
x <- 3
if (x > 2) y <- 2 * x else y <- 3 * x
```

因为 x > 2 是 TRUE，所以 y 赋值为 2 * 3 = 6。否则，y 就会赋值为 3 * x。

if() 语句常在用户自定义函数时使用。以下是一个典型的案例。

例 4.7

通常使用 cor() 函数计算两个数值向量间的相关性，获得线性相关的统计量。我们用数据的散点图查看相关性，代码如下：

```
corplot <- function(x, y, plotit) {
    if (plotit == TRUE) plot (x, y)
    cor(x, y)
}
```

我们应用函数求两个向量相关性，但不绘图，只需键入：

```
corplot(c(2, 5, 7), c(5, 6, 8), FALSE)
## [1] 0.953821
```

例 4.8

下面的函数以埃拉托色尼筛法（sieve of Eratosthenes）为基础，埃拉托色尼筛法是用于求一定范围内质数（prime number）的最古老的系统方法。函数的算法如下：在一个由数字 2 到 n 组成的向量中，从 2 开始，去除所有 2 的倍数（不包括 2）；然后去除剩余元素中所有 3 的倍数（不包括 3）；在去除 2 的倍数时，4 的倍数已经被去除了，所以接下来去除剩余元素中 5 的倍数（不包括 5），依此类推。

```
Eratosthenes <- function(n) {
# 返回所有小于n的质数（基于埃拉托色尼筛法）
```

```
    if (n >= 2) {
        sieve <- seq(2, n)
        primes <- c()
        for (i in seq(2, n)) {
            if (any(sieve == i)) {
                primes <- c(primes, i)
                sieve <- c(sieve[(sieve %% i) != 0], i)
            }
        }
        return(primes)
    } else {
        stop("Input value of n should be at least 2.")
    }
}
```

以下是该函数的实例:

```
Eratosthenes(50)

## [1]  2  3  5  7 11 13 17 19 23 29 31 37 41 43 47

Eratosthenes(-50)

## Error in Eratosthenes(-50): Input value of n should be at least 2.
```

代码解析

该函数的目的是列出小于指定整数 n 的全部质数。基本编程思路见以下代码:

```
sieve <- seq(2, n)
primes <- c()
for (i in seq(2,n)) {
    if (any(sieve == i)) {
        primes <- c(primes, i)
        sieve <- sieve[(sieve %% i)!= 0]
    }
}
```

对象 sieve 保存要筛选的数，起初，从 2 到 n 的所有整数都存储在该向量中。对象 primes 在循环开始前为空向量，循环结束后包含了所有小于或等于 n 的质数。最终，sieve 中所有合数都被去掉了，所有质数都保存到 primes 中。

从 2 到 n 的每个整数 i 都按规则依次筛查，以确定是否仍在待测向量中。若参数中至少有一个逻辑向量元素为 TRUE，则 any() 函数就返回 TRUE。本例中如果 i 仍在 sieve 中，则 i 一定是质数，这是由于它是未被去掉的最小数，而 i 的倍数必然是合数，所以 i 的倍数都被去掉了，并且 i 被添加到 primes 中。表达式(sieve %% i) == 0 将 sieve 元素中所有 i 的倍数判定为 TRUE。如果要去除 i 的倍数并保存其他元素，可以用!(sieve %% i == 0)或 sieve %% i != 0 来改变之前的判定条件：

```
sieve <- sieve[(sieve %% i) != 0]
```

需要注意的是，执行该代码后 sieve 向量中的 i 也被去除了，不过我们之前已经把数值 i 保存在 primes 中。

如果 n 小于 2，Eratosthenes()函数就无意义。为避免这种情况，我们对代码进行了如下设置：当 n 的输入值小于 2 时，系统发出相应的错误提示信息("Input value of n should be at least 2.")。

练习

1. 如果 n 不是整数，Eratosthenes()函数还能执行吗？此时 R 会提示错误吗？

2. 使用 Eratosthenes()函数证明质数有无限个。提示：假设所有质数都小于 m，然后构造一个比 m 更大的质数 n，且 n 无法被 Eratosthenes()函数消除。

3. 孪生质数(x, y)，满足公式 $y = x + 2$。列出 1000 以内的所有孪生质数[①]。

4. 某银行的“担保投资证”（guaranteed investment certificate，GIC）规定：3 年期或短于 3 年期的项目年利率为 4%（每年复利），3 年期以上的项目年利率为 5%。编写一个函数，其参数为初始投资额（P）和利息期（单位为年），函数返回值是 GIC 结束时获取的全部利息（I）：

$$I = P((1+i)^n - 1)$$

5. 抵押贷款利率有时取决于抵押状态是“活期”还是“死期”。请用以下公式创建函数，以计算每月还款额：

$$R = \frac{Pi}{1-(1+i)^{-n}}$$

式中，i 为利率（月度复利），P 为初始本金，n 为还款期（单位为月）。

函数的参数应该包括 n、P 和 open，当 open == TRUE 时，i=0.005，否则 i=0.004。

① 自古以来人们就知道有无限多质数，但是否存在无限多孪生质数仍然处于猜测阶段。

4.1.3 while()循环

有时我们要重复运行一些语句，但是事先不知道应该在什么时候结束重复，这时就需要用条件来控制是否循环，这就是 while()语句的功能。

语法

while (判定条件) {语句}

如果判定条件为 FALSE，不再往下执行。如果判定条件为 TRUE，则执行下面的语句，继续对判定条件进行判定，重复上述过程。

例 4.9

假设要列出 300 以内的所有斐波那契数，因为不知道这个数列有多长，for()循环无法适时停止循环，所以使用 while()循环：

```
Fib1 <- 1
Fib2 <- 1
Fibonacci <- c(Fib1, Fib2)
while (Fib2 < 300) {
    Fibonacci <- c(Fibonacci, Fib2)
    oldFib2 <- Fib2
    Fib2 <- Fib1 + Fib2
    Fib1 <- oldFib2
}
```

代码解析

计算的核心思想包含在以下几行代码中：

```
while (Fib2 < 300) {
     Fibonacci <- c(Fibonacci, Fib2)
```

换句话说，只要 Fib2 小于 300，其值就会被保留在 Fibonacci 中。

因此，Fib2 必须包含最新的斐波那契数，通过记录最新增加的两个值（Fib1 和 Fib2），Fib2 可以更新为

```
Fib2 <- Fib1 + Fib2
```

现在 Fib1 的值应该更新为 Fib2 的旧值，但经过刚才的运算，Fib2 已经被新的值取代。所以在执行此行代码之前，我们先把 Fib2 的值赋给 oldFib2，更新 Fib2 之后再把 oldFib2 的值赋给 Fib1。

在循环开始之前，Fib1、Fib2 和 Fibonacci 需要初始化，也就是说，在循环中，对象在使用前都要有有效值。

最终计算结果为

```
Fibonacci

## [1] 1 1 1 2 3 5 8 13 21 34 55 89 144 233
```

注意

当目标向量很长时，for()或while()循环中应尽量避免类似 Fibonacci <- c(Fibonacci, Fib2)这样一个元素一个元素地增加向量长度。因为这种情况下，R 必须不断向对象赋值新向量，而且新向量比原向量长，这样会使运算变得很慢。

练习

1. 变量 oldFib2 并不是非要不可，重新编写斐波那契数的 while()循环，且 Fib1 的值仅基于变量 Fib1 和 Fib2 的现值更新。

2. 实际上，Fib1 和 Fib2 也没有必要，重新编写斐波那契数的 while()循环，且只用 Fibonacci 这一个变量。

3. 给出 1000000 以内的斐波那契数。

4. 回顾一下汽车经销商促销的例子（例 4.4）。使用 while()循环迭代计算利率 i，i 满足不动点方程

$$i = (1-(1+i)^{-20})/19$$

循环始于猜测值 i=0.006，当连续利率值相差小于 0.000001 时，循环停止。

当初始猜测值改变时，循环又会是什么结果？

5. 参考前面的练习，修改代码，计算两个连续的利率值相差小于 0.000001 所需的迭代次数。

4.1.4 牛顿法求根

牛顿法（Newton’s method）是求代数方程根的常用方法①。

$$f(x)=0$$

假设函数 $f(x)$ 的导数为 $f'(x)$，如果 x 的起始值离根足够近，那么下面的迭代应该收敛到上述方程的根：

$$x_0 = \text{初始猜想值(initial guess)}$$

$$x_n = x_{n-1} - \frac{f(x_{n-1})}{f'(x_{n-1})}$$

这一思想基于泰勒近似

① 或者说，牛顿法是求函数 $f(x)$ 零点的常用方法。

$$f(x_n) \approx f(x_{n-1}) + (x_n - x_{n-1})f'(x_{n-1}) \tag{4.1}$$

牛顿法等价于设定 $f(x_n)=0$，并在式（4.1）中求解 x_n。虽然式（4.1）只是一个近似，但我们还是希望 x_n 与方程的根足够近。许多例子表明，如果 x_{n-1} 未足够接近根，则 x_n 不会收敛到根；也有时候无论初始值是多少，迭代都无法收敛到根。

例 4.10

假设有方程 $f(x)=x^3+2x^2-7$，如果 x_0 足够接近方程三个根里的一个，则

$$x_n = x_{n-1} - \frac{x_{n-1}^3 + 2x_{n-1}^2 - 7}{3x^2 + 4x}$$

会收敛到根。

处理该问题的 R 代码如下:

```
x <- x0
f <- x^3 + 2 * x^2 - 7
tolerance <- 0.000001
while (abs(f) > tolerance) {
    f.prime <- 3 * x^2 + 4 * x
    x <- x - f / f.prime
    f <- x^3 + 2 * x^2 - 7
}
x
```

代码解析

我们从 x 等于 x_0 开始并计算 $f(x_0)$。只要 $|f(x_i)|$ 大于 0.000001，就用牛顿法更新 x。需要注意的是，我们并不需要变量 i。因为牛顿法是用递归公式计算，新的值可以用旧值计算出来，所以在更新时不用知道正在进行哪一次迭代。

练习

1. $f(x)=x^7+10000x^6+1.06x^5+10600x^4+0.0605x^3+605x^2+0.0005x+5$ 只有一个真正的零点。如果初始猜测值 x=0，那么用牛顿法需要多少次迭代才能找到零点？

2. 初始猜测值 $x=1$，用牛顿法求函数 $f(x)=x^4+3x^3-2x^2-7$ 的零点。

3. 修改上述函数，当初始猜测值 $x=-1.5$ 时，求 $f(x)=\cos(x)+e^x$ 的一个根。

4. 求函数 $f(x)=(x-3)^4+7(x-2)^2+x$ 的极小值。

5. 函数 $f(x)=\dfrac{5x-3}{x-1}$ 有多少个零点？分别是什么？试用牛顿法计算零点，初

始猜测值为

（a）0.5

（b）0.75

（c）0.2

（d）1.25

6. 函数 $f(x)=(x^2-6x+9)e^{-x}$ 有多少个零点？分别是什么？应用牛顿法计算零点，初始猜测值为

（a）3

（b）3.2

（c）2.99

（d）3.01

7. 参阅例 4.4 中汽车经销商促销案例。用牛顿法计算利率 i，i 满足 $i=(1-(1+i)^{-20})/19$，用 $i=0.006$ 作为初始猜测值。需要多少次迭代两个连续 i 的差值才能小于 0.000001？

4.1.5 repeat 循环、break 语句和 next 语句

有时，我们不想固定循环重复次数，也不想把条件判断放在循环的顶部［类似 while()循环中那样］。在这种情况下，我们可以使用 repeat 循环。repeat 循环会重复运行，直至运行到 break 语句。

语法

repeat { 语句 }

这个循环会不停运行下去。通常来讲，循环语句应包含 break 语句，例如：

if (条件) break

但 repeat 循环不需要。

break 语句可立即终止当前循环。break 语句也可用于 for()和 while()循环中。next 语句可控制循环回到的起始位置，也可用于其他类型的循环中。

其实 repeat 循环、break 语句和 next 语句并不太常用。因为将控制条件放在循环顶端，并将其作为［如 for()和 while()循环］循环的唯一出口，这样的代码更容易理解。但有时这三种语句会让程序看起来更清楚。

例 4.11

我们可以用 repeat 循环改进上一节中涉及牛顿法的例子，如下所示：

```
x <- x0
tolerance <- 0.000001
repeat {
```

```
        f <- x^3 + 2 * x^2 - 7
        if (abs(f) < tolerance) break
        f.prime <- 3 * x^2 + 4 * x
        x <- x - f / f.prime
    }
    x
```

这段代码去掉了原代码中重复计算 f 的一行命令。

练习

1. 另一种求函数零点的算法称为“对分法”(bisection algorithm)。该算法从 x_1 和 x_2 开始，$f(x_1)$ 和 $f(x_2)$ 符号相反。如果 $f(x)$ 是连续函数，那么根就位于这两个值之间。求中点处 $f(x)$，并选择含有根的那一半区间，然后开始重复计算，直到区间足够短，满足答案所需的精度。

（a）采用 repeat 循环编写对分算法，用以求解 $f(x)=x^3+2x^2-7$，精确到小数点后 6 位。已知 $f(x)$ 的解位于 0 到 2 之间。

（b）证明任何连续函数如果在 0 和 2 处的函数值符号相反，则对分法都能收敛，并计算需要多少个循环。

2. 使用 while()循环来实现埃拉托色尼筛法：

```
    Eratosthenes <- function(n) {
            # 输出小于 n 的质数（基于埃拉托色尼筛法）
        if (n >= 2) {
            sieve <- seq(2, n)
            primes <- c()
            while (length(sieve) > 0) {
                p <- sieve[1]
                primes <- c(primes, p)
                sieve <- sieve[(sieve %% p)!= 0]
            }
            return(primes)
        } else {
            stop("Input value of n should be at least 2.")
        }
    }
```

（a）逐行阅读代码，直至理解该函数的工作原理。

（b）证明一旦 p >= sqrt(n)，sieve 中的所剩数字都是质数。

（c）结合上述结果用 break 修改此函数。

4.2 运用函数处理复杂性问题

实际中的计算机编程比本书中的例子要长得多，大多数人不能立刻记住那么多细节，所以降低复杂性尤为重要。这些年发展出很多编程策略，此节简要介绍一些我们用到的主要策略。

4.2.1 什么是函数？

函数是目的明确的、"自包含"（self-contained）的 R 代码单元。通常来说，函数就是输入数据、计算（包括输出中间结果、绘图、调用其他函数等）和生成输出结果。如果输入和输出已定义好了，那么程序员就可以确定该函数能否运行，一旦该函数能运行，就可以去解决下一个问题了。

例 4.12

假设在一个银行账户中每年存 R 美元，年利率为 i，如果存储时间为每年的年终，那么 n 年后，账户中累计有多少钱呢？

第 n 年年末账户总额为

$$R(1+i)^{n-1}+\cdots+R(1+i)+R=R\frac{(1+i)^n-1}{i}$$

用 R 函数计算：

```
annuityAmt <- function(n, R, i) {
    R*((1 + i)^n - 1) / i
}
```

如果每年存 400 美元，存 10 年，年利率为 5%。我们可以计算累计总额：

```
annuityAmt(10, 400, 0.05)

## [1] 5031.157
```

R 和其他的计算机语言相比有些不同，R 把函数也作为对象，而且函数可以像向量、矩阵和列表等其他常见对象那样操作。

定义函数时通常用到以下结构：

（1）关键词 `function`；

（2）一对圆括号，里边是参数列表，该列表可为空；

（3）简单的一条语句或者是包含在花括号中的语句序列。

像 R 的其他对象一样，函数也需要名称，函数名大概表明这个函数是干什么的，例如，var()是用来计算方差的，median()是用来计算中位数的。函数的命名很重要，如果函数名不方便记忆，那么查找函数需要花费很长时间；如果函数名误导函数功能（例如，annuityAmt 命名为 annuityRate），那么程序就会变得很难理解。

R 函数包含三个部分：函数标题（header）、函数体（body）和函数环境。

函数定义中的前两个条目用于创建函数标题，R 函数的标题用来描述输入或参数。例如，上述 Eratosthenes 函数的标题是 function(n)，这告诉我们这个函数有一个名为 n 的参数，它指定了筛选法的上限。annuityAmt 的标题是 function(n, R, i)，可知此函数需要三个参数 n、R 和 i。函数可设置任意数量的参数。再强调一次：函数名要能表达函数的功能。

为了使函数用起来更方便，我们会给部分参数设定默认值，如果用户不指定特定的值，函数就会使用默认值，例如函数标题：

```
annuityAmt <- function (n, R = 1, i = 0.01)
```

该函数标题表示：当用户调用了函数 annuityAmt(24)，但没有给定函数中 R 和 i 的值时，我们就默认 R=1 和 i=0.01。

函数的第二部分是函数体。函数体可能是一条简单的语句，或者是包含在大括号里语句序列。它们决定函数计算什么。以前面的 Eratosthenes 为例，函数体是：

```
{
    if (n >= 2) {
        sieve <- seq(2, n)
        primes <- c()
        for (i in seq(2, n)) {
            if (any(sieve == i)) {
                primes <- c(primes, i)
                sieve <- c(sieve[(sieve %% i) != 0], i)
            }
        }
        return(primes)
        } else {
            stop("Input value of n should be at least 2.")
    }
}
```

在函数体中，语句 return(primes) 确定函数的返回值。R 中的函数通常只有一个简单的返回值，而在其他计算机语言中，函数可能会有多个返回值或没有返回值。如果函数体中没有 return() 语句，函数返回最后被执行语句的值，

annuityAmt 就是这样返回函数值的。

函数的第三部分是最难理解的，因为函数环境是这三部分中最不具体的。在此，我们不打算给出函数环境的完整定义，而是让大家了解如下循环定义：函数环境就是定义函数时所参考的环境。

也就是说，Eratosthenes 函数中用到了两种不同类型的对象。n、sieve、primes 和 i 是函数中定义的局部变量，而且含义清楚。但是 seq、c、any、return 和 stop 没有被定义，它们是 Eratosthenes 被定义的 R 环境中的一部分。（它们都是函数，但局部变量不是函数。尽管没必要非得这样划分，但实际情况就是如此。）

真正有趣的是，在 Eratosthenes 函数中，我们可以定义一个新函数。它的环境中包含 n、sieve、primes 和 i。例如，我们可以在主函数中加入一个名为 noMultiples 的子函数，使质数清楚地呈现出来：

```
Eratosthenes <- function(n) {
    # 输出小于 n 的质数（基于埃拉托色尼筛法）
    if (n >= 2) {

        noMultiples <- function(j) sieve[(sieve %% j) != 0]

        sieve <- seq(2, n)
        primes <- c()
        for (i in seq(2, n)) {
            if (any (sieve == i)) {
                primes <- c(primes, i)
                sieve <- c(noMultiples(i), i)
            }
        }
            return(primes)
        } else {
            stop("Input value of n should be at least 2.")
        }
}
```

noMultiples 函数在其函数标题中定义了 j，所以 j 为局部变量，noMultiples 在其环境中搜寻 sieve 这个变量。

练习

1. 证明对象 var、cos、median、read.table 和 dump 是函数[①]。

① 通常在名称后面加括号来表示函数，例如 var()、cos()等。为了避免歧义，这里我们并没有这样做，因为这样做无法分清 var()到底是指统计量 var，还是调用 var()函数返回的结果。

2. 假设 Ng 先生在银行存了一些钱（P），利率为 i.r，且利息是复利。那么 n 个利息转换期后，其账户累计金额为 $P(1+i.r)^n$。

（a）写一个名为 compound.interest()的函数计算账户累计金额，该函数应有三个参数。

（b）通常利息转换期为 1 个月，在这种情况下，如果 Ng 先生存款 1000 美元，利率为每月 1%，那么 30 个月后，他的银行账户里会有多少钱呢？

3. 编写一个函数，使用对分法来计算用户提供的函数的零点。

4.2.2 变量的作用域

变量的作用域（scope）告诉我们变量被识别的位置。例如，函数中的变量大部分为局部变量，所以这些变量只有在函数体中才能被识别。不同的函数可以有相同名称的变量，而且不会发生冲突。

例 4.13

下面的例子中创建了两个函数 f 和 g，且两个函数中都创建了名为 x 的局部变量。函数 g 被函数 f 调用，修改 g 函数中的局部变量 x，对 f 函数中的局部变量 x 没有影响。

```
f <- function() {
    x <- 1
    g()          # g 函数对局部变量 x 不进行任何运算
    return(x)
}
g <- function() {
    x <- 2 # 此句改变了 g 函数局部变量 x 的赋值，没有改变 f 函数的局部变量 x
}
f()

## [1] 1
```

在 R 中，作用域是由函数环境决定的，控制台定义的变量是全局变量，全局变量在没有定义变量的函数中也是可见的。函数中定义的变量只在函数本身以及该函数内部的函数中可见。

使用局部变量比全局变量更有帮助，因为在一个函数中定义变量，不用担心程序的其他部分会改变该变量的值。通过代码可预测变量值，一旦确定输出是对的，就可以相信这个值。

前文提到过，函数中的参数可以有默认值。事实上，函数中的任何局部变量都可以有默认值。这保证了函数的正常运行，因为参数只有被使用时，才会真正用于运算；基于这一点，参数必须保证具有默认值。如果参数并未被函数调用，其默认值也就不会用于运算。

R 程序有它们自己的作用域［又称为“名字空间”（namespace）］，但是关于名字空间的详细内容超出了本书的范围。

4.2.3 返回多个对象

4.2.1 节介绍过，R 函数总返回一个对象。但是有时候我们需要返回更多的对象，这时我们可以使用 list()或者向量。

例 4.14

例如 annuityAmt()函数用于简单地计算 n 年的年金总和。但有时我们也可能想知道当前的年金值，也就是年金总和的 $(1+i)^{-n}$ 。以下函数返回两个值，包括年金总和和当前值:

```
annuityValues <- function(n, R, i) {
    amount <- R * ((1 + i)^n - 1) / i
    PV <- amount * (1 + i)^(-n)
    list(amount = amount, PV = PV)
}
annuityValues(10, 400, 0.05)

## $amount
## [1] 5031.157
##
## $PV
## [1] 3088.694
```

4.2.4 使用 S3 类控制输出

在 annuityValues()例子中，显示出的结果在美观方面差强人意。为了让结果能更好地显示，我们可以多次调用 cat()或 print()来代替返回变量值列表，但是这两个函数在其他计算中用处不大，因为其他函数可能需要在所得结果的基础上做进一步计算，并不需要输出。

通常的解决办法是声明返回值的类型，以告诉 R 遇到该类型的对象应该怎样输出。在某种程度上，这就是面向对象编程。事实上，解决方法有多种，因为超出了本书的范围，所以无法一一表述，本书只介绍一种简单的方法——S3 类。

R 中的对象，除了有赋值之外，还可能有既定的属性（attributes）。S3 类（最简单的情况下）是一个名为 class 的特殊字符串，class 包含对象的类。

例 4.15

将一个类别赋给年金变量，代码如下:

```
values <- annuityValues(10, 400, 0.05)
class(values) <- "annuity"
```

为了使用它，我们需要定义一种或几种方法。下面的代码定义了一种输出方法：

```
print.annuity <- function(x, ...){
    cat("An annuity object with present value", x$PV, "and final
        value", x$amount, "\n")
    invisible(x)
}
Values

## An annuity object with present value 3088.694 and final value 5031.157

Values$PV

## [1] 3088.694
```

代码解析

在 S3 系统中，有 print()这样的“泛型函数”(generic functions)，也有 print.annuity()这样的子函数（或称为方法）。习惯上，子函数名称前半部分是泛型函数名称，然后加一个点，之后是类型名称。

当 R 输出值时，由于对象 values 的类型是 annuity，于是调用这种类型对象的子函数就是 print.annuity()。当我们从对象中提取 PV 这部分时，由于提取的不是 annuity 对象，因此 PV 会被当作一个数值进行输出。

print 子函数的参数需要与泛型函数的参数兼容。所以通常情况下，我们优先选择 print.classname(x, …)的函数格式。

通常来说，print 子函数应该返回要输出的值，但这些子函数返回要输出的值时都是按照只输出一次的原则进行的，否则用户容易得到一个死循环。我们可以用 invisible()函数标记结果输出值，使该值不被输出到屏幕。

4.3 replicate()函数

4.1 节介绍了程序流控制，for()、while()和 repeat()循环很灵活。本节介绍一个不太灵活的函数——replicate()函数。

replicate()函数与 for()循环相似，仅有几处不同。其中之一是 replicate()的语法类似调用函数：

```
replicate(n, { 语句 })
```

此语法表示对语句进行多次运行。第二个不同之处是，replicate()函数返回每个计算的结果，而 for()循环不返回计算结果。如果各步骤的计算结果是一个向量，则返回一个矩阵：

```
replicate(5, 1:3)

##      [,1] [,2] [,3] [,4] [,5]
## [1,]    1    1    1    1    1
## [2,]    2    2    2    2    2
## [3,]    3    3    3    3    3
```

最后一个不同之处是作用域。for()循环所做的更改是全局性的，replicate()函数执行语句是局域性的，与在函数体中的计算类似。下面是 RANDU 算法实现的重复输出：

```
x <- 123
replicate(10, {
    x <- (65539*x) %% (2^31)
    x / (2^31)
})

## [1] 0.003753834 0.003753834 0.003753834 0.003753834 0.003753834
## [6] 0.003753834 0.003753834 0.003753834 0.003753834 0.003753834
```

第 5 章的例子将展示上述函数在模拟随机过程中的便利性。

4.4 编程技巧集萃

4.4.1 在编辑器而不是控制台里编辑

我们在编写程序的时候经常容易犯错。在 R 的控制台里可以用小键盘区的上箭头（↑）得到之前输入过的命令，我们可以修改并重新运行该命令。但是，我们并不提倡这种做法。

在编辑器中编写命令，然后再去运行这些命令是更好的方式。如果出现错误，可在编辑器里修改，然后重试。这样，你就可以以创建脚本的方式正确地运行长运算，而不必以控制台的历史中包含所有错误的方式结束。如果代码都在编辑器中，那么从头开始运行所有命令或重新运行多行命令也更加容易。

4.4.2 使用#符号编写文档

#符号是一种简单地将注释（如标题和描述）插入到R函数和脚本中的方法。R忽略从#字符到行尾的所有文本。

为创建的所有函数添加标题和简单的描述是很好的习惯，便于以后提醒你和其他用户该函数的用途，因为你很容易忘记几周或几个月前所创建的函数的用途。

描述特定代码行的功能有时也很有用，尤其是该代码行的意思模糊不清时。

在RStudio中工作时，“Code”菜单提供了几个条目，使注释功能使用起来更容易。你可以使用“Code | Comment/Uncomment lines”来添加（或删除）注释所标记的几行。如果你的注释占用了太多（或太少）行空间，你可以使用“Code | Reflow Comment”获得行间距更均匀的命令。

4.4.3 整洁计数

刚开始接触编程时，人们往往认为编程的唯一目的就是得到一个有效程序。只要所编程序进行几次测试后能得到预期结果，就算完成了编程任务。4.6.1节将讨论改进程序测试的方法。但相比之下，我们更希望编写出“显然”有效的代码，这意味着代码不仅要有效，还要编写清晰、格式整齐。本节将介绍一些编程格式上的技巧。

（1）用空格和换行可以使长表达式更容易阅读。通常来说，在表达式的运算符周围加空格和把长表达式分解为多行都是不错的方法。例如，表达式：

```
x1<-a+b+c
y12<-a+b+c
```

看起来非常相似，很容易混淆，但其实是非常不同的。第一个表达式是将 `a+b+c` 的值赋给 `x1`，而第二个则是将 `y12` 与`-a+b+c` 进行比较。如果我们在赋值、比较和加法运算符（但不是负号）周围添加一些空格，表达式会变得更容易阅读：

```
x1  <- a + b + c
y12 < -a + b + c
```

我们在 `x1` 之后添加了两个空格，这样右边非常相似的表达式就会对齐，从而更容易发现差异。有了这种格式，差异就突出了，可以更好地观察和修改。

（2）根据程序的逻辑结构进行缩进。4.1节和4.2节描述了程序流控制和函数，这两种方法都可以有逻辑地组织程序。这些技术有助于使你的程序更容易理解，但是如果读者不像R那样看待这些程序，它们可能会造成很大困惑。因此，我们对缩进提出了以下建议：将起始大括号“{”放在行尾，将结束大括号“}”放在行的开头，同时缩进开始代码块的行。在同一代码块内保持缩进一致，例如两个或四个空格。比如，在第 100 页中，我们定义了复杂函数 `Eratosthenes`，其中包含 `if` 语句和 `for` 循环。每一个额外的嵌套级别缩进四个空格，因此很清楚主体从哪里开始和结束，以及每个流控制语句的范围。将结束大括号放在代码行的末尾，对 R 而言还有其他一些好处。例如，当 `if` 语句已经结束而 `else` 语句尚未出现时，`if` 代码行末尾的结束大括号可以避免语法错误。

（3）使用内容丰富且格式一致的变量名称。编写长程序时，很难记住每个变量是做什么的。数学中常用单个字母（可能有不同的字体）、重音符号、上标或下标表示变量，但这在编程中行不通，编程中通常使用单一且没有任何修饰的字体。因此，使用较长的名称来命名变得尤为重要，如用 `wheelRadius` 代替 r_1。对于包含两个或多个单词的名称，其风格也必须一致。我们喜欢骆驼命名法（camel case），如 `wheelRadius`；但其他人主张使用分隔符，如 `wheel_radius`。很遗憾，R 函数的名称在这一点上是不一致的，所以我们不能给出统一的函数命名规则建议，但是你应该保证在你的程序中只用一种命名方法。

练习

1. 计算 10!、50!、100! 和 1000!。

2. （a）使用 `fix()` 和 `factorial()` 创建一个计算二项式系数 $\binom{n}{m}$ 的函数。

（b）计算 $\binom{4}{2}$、$\binom{50}{20}$ 和 $\binom{5000}{2000}$ 的值。

（c）`sum()` 函数可以用来总结其参数的所有元素，而 `log()` 和 `exp()` 函数可用来计算参数中所有元素的自然对数和指数。使用这些函数编写一个更好的函数来计算二项式系数。

（d）使用改进后的函数计算 $\binom{4}{2}$、$\binom{50}{20}$ 和 $\binom{5000}{2000}$ 的值。

3. 4.2.1 节练习 2 中曾经编写了一个名为 `compound.interest()` 的函数。利率通常指的是名义年利率，即每月复利。名义年利率除以 12 即可得月利率。广义而言，如果一年中有 m 个利息转换期，名义年利率除以 m 即可得到适当转换期的实际利率（例如，如果利率的复合是按日计，就将名义年利率除以 365）。

修改 `compound.interest()` 函数，使名义年利率 j 和每年转换期的数目 m 成为参数的一部分。在函数体中指定实际利率 $i.r$ 为 j/m。（你可以从参数列表中删除 $i.r$。）

4. 用改进的 `compound.interest()` 函数计算从 1000 美元本金开始，年利率为 12%，利率的复合按日计，计算其资金累积额。对比分析，如果利率的复合按月或年计，所得资金累积额与按日计的不同。

5. 假设吴女士想办理房屋抵押贷款，她想知道定期还款额是多少。如果 P 是贷款金额，$i.r$ 是实际利率，n 是抵押期限，则定期还款额 R 是

$$R=\frac{Pi.r}{1-(1+i.r)^{-n}}$$

（a）根据上述公式，构造一个名为 `mortgage.payment()` 的函数。

（b）利率为 1%，利息转换期为 300 个，贷款金额为 10 万美元，计算吴女士每月的还款额。

6. 用 `annuity()` 函数计算 10 年后的资金累积额，设置定期还款额为 400 美元，设置利率为 0.01 至 0.20 之间，且间隔为 0.01 的变量。

4.5 通用编程指南

编写解决某一问题的计算机程序，通常可以简化为以下步骤：

（1）了解问题所在。

（2）提出一个解决问题的总体思路。

（3）将你的总体想法转化为一个详细的实施方案。

（4）检查它是否能正常运行，是否足够好。如果是，恭喜你完成该程序。如果不是，请返回到（2）。

例 4.16

我们想编写一个将整数向量按递增顺序排序的程序。

（1）了解问题所在。理解编程问题的一个好办法——做一个特定的案例，通常考虑一个简单的情况，注意不要使其过于琐碎。对于此排序问题，我们可以考虑对一个由元素 3、5、24、6、2、4、13、1 组成的向量进行排序。

我们编写一个名为 `sort()` 的函数，操作如下：

```
x <- c(3, 5, 24, ..., 1)
sort(x)
```

输出结果为升序：1、2、3、4、5、6、13、24。

（2）提出大致的思路。第一种思路是找出最小值并提取出来，然后重复这个过程提取剩余元素中的最小值。

另一个思路是从向量的开头开始，依次比较连续排列的两个值，直至向量的结尾。若两个值的顺序不对，则交换两个值的位置。

检查之后，你会发现第二种思路不起作用。例如，2、1、4、3、0 按此思路

运行后，将得到1、2、3、0、4。

在检查这两种思路时，你可能会注意到，最大的值总是落在新向量的末尾(你能对此进行证明吗?)。这意味着我们可以从向量的开头对向量排序，遍历所有相邻对后，对除最后一个值以外的所有值重复这个过程。

（3）详细的实施方案。实施阶段需要解决特定的编码问题。此排序问题需要解决的一个关键点是：如何交换 x[i]和 x[i+1]的值？

下面的代码是交换 x[3]与 x[4]的值的一种方法：

```
save <- x[3]
x[3] <- x[4]
x[4] <- save
```

需要注意的是，在x[3]的旧值保存之前，不要将x[4]的值赋给 x[3]；否则，无法将 x[3]的值赋给 x[4]。

接下来开始编写程序的代码：

```
Sort <- function(x) {
    # x 最初是输入向量，会被修改为输出向量
    # first 将与 last 进行比较
    for(last in length(x):2) {
        for(first in 1:(last -1)) {
            if(x[first] > x[first + 1]) { # 成对交换
                save <- x[first]
                x[first] <- x[first + 1]
                x[first + 1] <- save
            }
        }
    }
    return(x)
}
```

（4）检查。永远都先从简单的例子开始测试你的代码，以便发现那些明显的错误。

```
sort(c(2, 1))

## [1] 1 2

sort(c(2, 24, 3, 4, 5, 13, 6, 1))

## [1] 1 2 3 4 5 6 13 24
```

在其他数字向量上运行这些代码。当输入向量的长度为1时，输出值是多少？

```
sort(1)

## Error in if (x[first] > x[first + 1]){:missing value where
TRUE/FALSE need
```

此处存在的问题是，当 length(x) == 1 时，last 的取值为 1：2，而不是完全没有值。此问题不需要重新设计函数，可以通过在函数开始阶段将其作为特例来进行修复：

```
sort <- function(x) {
    # x 最初是输入向量，而且会被修改为输出向量
    if(length(x) < 2) return (x)
    # last 是最后一个被用于比较的对象
    for(last in length(x):2) {
        for(first in 1:(last - 1)) {
            if(x[first] > x[first + 1]) { # 成对交换
                save <- x[first]
                x[first] <- x[first + 1]
                x[first + 1] <- save
            }
        }
    }
    return(x)
}
```

测试新代码：

```
sort(1)

## [1] 1
```

成功！（至少结果与我们所希望的一样。我们遗漏了什么吗？）

程序的细节处理是一项艰巨的任务。细节处理的关键在于，把程序分解为可以解决的小块。其中一个策略就是所谓的“自顶向下设计”（top-down design）。自顶向下设计类似于在填写细节之前概述一篇文章。

（1）用 1～5 步写出整个程序。

（2）将每一步细化为几步。

（3）继续细化，直到你有了一个计划。

例 4.17

例如，在例 4.16 中描述的排序算法被称为“冒泡排序”（bubble sort）。当向量 x 很短时，冒泡排序很容易编程，而且效率很高；但是，当 x 较长时，可以用

更有效的方法，其中一种就是所谓的“归并排序”（merge sort）。

归并排序的总体思想是将向量分成两半，每一半排序，然后将这两部分合并。在合并过程中，我们只需要比较每一半的第一个元素，就可以确定哪个是总体上最小的值。将该值从其所在的那一半中移除，然后第二个值将成为这一半中最小的剩余值，我们可以继续将这两个部分放在一个排序向量中。

那么如何进行每一半的初始排序呢？每一半的初始排序可以使用冒泡排序，但是使用归并排序更简洁。这一想法称为“递归”（recursion）。我们将在下面写一个名为 `mergesort()` 的函数，`mergesort()` 函数可以调用它自己。由于变量的作用域，每次调用时函数都会创建所有局部变量的新副本，不同的调用不会相互干扰。

算法思路解析

在详细设计算法之前，通常需要考虑一些小的数值例子，以确保我们理解算法的基本思路。例如，假设 x 是[8,6,7,4]，我们想构造排序结果 r，归并排序将按以下方式进行:

（1）将 x 分为两部分：$y \leftarrow [8,6], z \leftarrow [7,4]$。

（2）y 和 z 分别排序：$y \leftarrow [6,8], z \leftarrow [4,7]$。

（3）合并 y 和 z。

　（a）比较 $y_1=6$ 和 $z_1=4$：$r_1 \leftarrow 4$，去除 z_1，现在 z 为[7]。

　（b）比较 $y_1=6$ 和 $z_1=7$：$r_2 \leftarrow 6$，去除 y_1，现在 y 为[8]。

　（c）比较 $y_1=8$ 和 $z_1=7$：$r_3 \leftarrow 7$，去除 z_1，现在 z 为空。

　（d）把剩余的 y 值添加到 r：$r_4 \leftarrow 8$。

（4）返回结果 r=[4,6,7,8]。

将算法思路编译为 R 代码

将编译过程看作是一个逐步完善代码直到代码生效的过程，对学习 R 编程大有裨益。

我们从一般语句开始，逐步扩展每一部分。使用双注释标记##来标记仍然需要扩展的描述性命令行。对这些注释进行编号，以便在正文中更方便地定位。（你可能认为完全没有必要这样做。）扩展以后，我们将适当的位置更改为常用的注释标记来保留描述。

我们从这一个目标开始，并将其作为第一个描述行：

```
## 1. 使用归并排序对向量进行排序。
```

我们将逐步扩展之前的步骤，同时在接下来的过程中添加细节。我们意识到，首先需要有一个函数对输入向量 x 进行处理，函数命名为 mergesort，这样才能扩展步骤 1。我们要对这个向量进行一下排序，并返回输出结果：

```
# 1. 使用归并排序对向量进行排序
mergesort <- function(x) {
    ## 2:  对 x 进行排序，并达到预期结果
    return(result)
}
```

现在扩展步骤 2，注意归并排序算法是如何进行的：

```
# 1. 使用归并排序对向量进行排序
mergesort <- function(x) {
    # 2: 对 x 进行排序，并达到预期结果
    ## 2.1: 把 x 分成两部分
    ## 2.2: 每一部分分别进行排序
    ## 2.3: 将两个已排序部分合并成一个排序结果
    return(result)
}
```

上述每个子步骤都需要扩展。首先扩展步骤 2.1：

```
# 2.1: 把 x 分成两部分
len <- length(x)
x1 <- x[1:(len %/% 2)]
x2 <- x[(len %/% 2 + 1):len]
```

"边缘"情况不可忽视。我们通常是对包含多个元素的向量进行排序，但是排序函数也应该能够处理单个元素的排序问题。上面的代码无法正确处理 len < 2 的情况。

我们需要对步骤 2.1 进行修正。修正方案很简单：如果 x 的长度为 0 或 1，函数应该只返回 x；否则，x 继续拆分并按上面的方式排序。这会影响步骤 2.1 之外的代码，因此需要更正策略。以下是新的策略，涵盖新的步骤 2.1：

```
# 1. 使用归并排序对向量进行排序
mergesort <- function(x) {
    # 检查不需要排序的向量
    len <- length(x)
    if(len < 2)  result <- x
    else {
        # 2: 对 x 进行排序，并达到预期结果
        # 2.1: 把 x 分成两部分
        y <- x[1:(len %/% 2)]
        z <- x[(len %/% 2 + 1):len]
```

```
        ## 2.2: 对 y 和 z 进行排序
        ## 2.3: 将两个已排序部分合并成一个排序结果
    }
    return(result)
}
```

虽然 mergesort()函数现在还没有编写出来，但是此函数可以很轻松地对步骤 2.2 进行扩展。我们现在不是在执行代码，而是在设计代码，所以假定我们的设计最终会成功，之后就可以利用我们的劳动成果了。那么，步骤 2.2 为

```
# 2.2: 对 y 和 z 排序
y <- mergesort(y)
z <- mergesort(z)
```

步骤 2.3 更复杂，所以要慢慢来。我们需要一个 result 向量，但是在编写代码之前，我们先描述一下这个过程的其余部分。我们在这里重写所有函数，包括步骤 2.2 和步骤 2.3 的扩展：

```
# 1. 使用归并排序对向量进行排序
mergesort <- function(x) {
    # 检查不需要排序的向量
    len <- length(x)
    if(len < 2) result <- x
    else {
        #2: 对 x 进行排序，并达到预期结果
        # 2.1: 把 x 分成两部分
        y <- x[1:(len %/% 2)]
        z <- x[(len %/% 2 + 1):len]
        #2.2: 对 y 和 z 进行排序
        y <- mergesort(y)
        z <- mergesort(z)
        # 2.3: 将两个已排序部分合并成一个结果
        result <- c()
        ## 2.3.1:     while(有些值在两部分中都有)
        ## 2.3.2:         把最小的第一个元素放在最后
        ## 2.3.3:         从 y 或 z 中删除它
        ## 2.3.4:     把剩下的变量放到结果的末尾
    }
    return(result)
}
```

现在，最后的扩展步骤就很容易进行了。步骤 2.3.2 和步骤 2.3.3 最后是交织在一起的，因为它们都取决于 y[1]和 z[1]中的最小值。

```
# 1.使用归并排序对向量进行排序
mergesort <- function(x){
    # 检查不需要排序的向量
    len <- length(x)
    if(len < 2) result <- x
    else {
        # 2:对x进行排序，并达到预期结果
        # 2.1:把x分成两部分
        y <- x[1:(len %/% 2)]
        z <- x[(len %/% 2 + 1):len]
        # 2.2:对y和z进行排序
        y <- mergesort(y)
        z <- mergesort(z)
        # 2.3:将两个已排序部分合并成一个排序结果
        result <- c()
        ## 2.3.1: while(有些值在两部分中都有)
        while(min(length(y), length(z)) > 0) {
            # 2.3.2:把最小的第一个元素放在最后
            # 2.3.3:从y或z中剔除它
            if(y[1] < z[1]) {
               result <- c(result, y[1])
               y <- y [-1]
            } else {
               result <- c(result, z[1])
               z <- z[-1]
            }
        }
        # 2.3.4:把剩下的变量放到结果的末尾
        if(length(y)> 0)
           result <- c(result, y)
        else
           result <- c(result, z)
    }
    return(result)
}
```

练习

1. 修改本节中所述的归并排序函数，设置一个逻辑参数(命名为decreasing)，当参数的值为TRUE时，运算结果按降序排列。

2. 方程组

$$f(x, y)=0$$
$$g(x, y)=0$$

可以用牛顿法进行数值求解。假设初始猜测值为 x_0 和 y_0，然后执行以下迭代（$n=1,2,\cdots$）：

$$x_n = x_{n-1} - (g_{y,n-1}f_{n-1} - f_{y,n-1}g_{n-1}) / d_{n-1}$$
$$y_n = y_{n-1} - (f_{x,n-1}g_{n-1} - g_{x,n-1}f_{n-1}) / d_{n-1}$$

其中

$$f_{x,n-1} = \frac{\partial f}{\partial x}(x_{n-1}, y_{n-1})$$
$$f_{y,n-1} = \frac{\partial f}{\partial y}(x_{n-1}, y_{n-1})$$
$$g_{x,n-1} = \frac{\partial g}{\partial x}(x_{n-1}, y_{n-1})$$
$$g_{y,n-1} = \frac{\partial g}{\partial y}(x_{n-1}, y_{n-1})$$
$$f_{n-1} = f(x_{n-1}, y_{n-1})$$
$$g_{n-1} = g(x_{n-1}, y_{n-1})$$

且

$$d_{n-1} = f_{x,n-1}g_{y,n-1} - f_{y,n-1}g_{x,n-1}$$

当函数值足够接近于 0 时，迭代就会终止。

（a）编写执行此迭代的函数。

（b）用此函数计算方程组

$$x + y = 0$$
$$x^2 + 2y^2 - 2 = 0$$

用解析法求方程组的两个解，并检验你的数值结果。

4.6 调试与维护

计算机中的错误统称为漏洞（bugs）。从程序中消除这些错误称为调试（debugging）。调试是很难的，我们的目标之一是写一个没有漏洞的程序，但我们有时也会犯错。

以下五个步骤可以帮助我们找到并修复程序中的漏洞。

（1）发现漏洞。

（2）重现漏洞。

（3）找出漏洞产生的原因

（4）修复漏洞并测试。

（5）查找类似的错误。

现在对每一步进行详述。

4.6.1 发现漏洞

很明显，如果程序不工作，那就是出漏洞了。然而，有些情况下，程序似乎正常运行，但输出结果不正确，或者程序只对某些输入工作，对其他输入不工作。导致这种错误的漏洞较难识别。

有几种策略能更容易发现漏洞。首先，遵循本书之前的部分，将程序分解为若干个简单的、自包含的函数，记录它们的输入输出。对于程序的每一个函数，测试输入是否符合你原来的假设，这时可以直观地看出函数输出是否符合预想。

有时，一个函数可以写出两个版本：一个在实际使用中运算很慢，但是能确保它是正确的；另一个运算比较快，但是很难保证它的正确性。两个版本的函数需要测试在所有情况下输出结果是否一致。

当仅在特定的情况发生错误时，根据以往经验，这些情况被称为“边界情况”（edge cases），此时的输入介于合法和非法情况之间。测试这些值，例如，用一个长度为 0 的向量进行测试，或者用很大的值、很小的值进行测试。

4.6.2 重现错误

在修复问题之前，你需要知道哪里出了问题。如果知道如何触发的这个错误，修复就容易多了。看起来难以预测的漏洞是极难修复的，幸好大多数情况下，计算机的运算过程是可以预测的：如果你给计算机相同的输入，计算机也会给出相同的输出。问题在于找出哪些是必要的输入值。

例如，变量名称拼写错误是编程中常见的错误，正常情况下变量名称拼写错误后系统会提示错误。但有时候，你可能恰巧选择了一个实际存在的变量，就可能得到错误答案，这个错误答案看起来是随机的，因为它取决于某个无关变量的值。

查找这类问题的关键在于努力使错误重现。简单地说，开启一个新的 R 会话，看看能否重复出错误。错误一旦重现，你就能捕获它。

有些程序是用来做随机模拟的。对于这种情况，你可以在一开始设定随机数种子（见 5.2 节），从而让随机模拟中的错误重现。

4.6.3 找出漏洞产生的原因

当你确定漏洞的存在后，下一步就要确定其原因。如果程序因错误而停止，读取错误提示，并尽量去理解它们。R 中有数千种不同的错误提示，限于篇幅此处没有全部列出，但是常见错误提示如图 4.3 所示。如果你遇到的错误提示没有在图中列出，那就试着猜一下提示语的意思，也可以在网上搜索或者向别人求助。

```
sqrt(var)
## Error in sqrt(var): non-numeric argument to mathematical function
```

var 是函数，不是 sqrt 能够处理的数值向量。

```
mean("x")
## Warning in mean.default("x"): argument is not numeric or logical:
returning NA
## [1] NA
```

这是一个警告，你不能计算字符变量的平均值。你可能应该写 mean(x)。

```
mean(X)
## Error in mean(X): object 'X' not found
```

没有名为 X 的变量。名称拼写错误？请注意 x 和 X 是不同的名字。

```
library(mass)
## Error in library(mass): there is no package called 'mass'
```

此处可能是拼写错误（这个程序包的名字可能是 MASS），或者是你忘了要安装的程序包的名字。

```
If (x == NA) print("NA")
## Error in if (x == NA) print("NA"): missing value where TRUE/FALSE
needed
```

x == NA 给出 NA，但是 if 语句需要 TRUE 或 FLASE。使用 is.na(x)来测试 NA。

```
If (1:10 > 5) print("bigger")
## Warning in if (1:10 > 5) print("bigger"): the condition has length >
1 and only the first element will be used
```

这是一个警告，if 语句仅需要单值测试，但是 1:10 > 5 给出了 10 个值。

图 4.3　一些常见的错误和警告信息以及它们产生的原因

R 中可以用 traceback()函数获得关于错误提示的信息。当发生错误时，R 会保存当前活动函数堆栈（stack）的信息，而 traceback()则会输出此信息列表。

例 4.18

本例定义一个计算变异系数的函数，变异系数等于变量的标准偏差除以变量的平均值。然而，函数测试过程中出现一个错误：

```
cv <- function(x) {
    sd(x / mean(x))
}
xl <- rnorm(10)
cv(x1)

## Error in is.data.frame(x): object 'x1' not found
```

错误提示提到函数 is.date.frame()，但我们并未用到这个函数，为了找到它的来源，我们调用 traceback() 函数:

```
traceback()
## 4: cv(x1)
## 3: sd(x/mean(x))
## 2: var(if (is.vector(x)) x else as.double(x), na.rm = na.rm)
## 1: is.data.frame(x)
```

此处显示 cv() 函数调用了 sd() 函数，sd() 函数调用了 var() 函数，cv() 函数最终调用 is.data.frame()。但要注意，x1 只在最初的 cv() 函数调用中出现了一次，所以我们需要格外仔细地对其进行检查。如果我们足够细心，就会发现原始变量被命名为 xl（注意 x 后面是英文字母“l”而不是数字“1”），这就是错误产生的原因。

traceback() 函数显示错在什么地方，但是没有显示错误的原因。而且，许多错误不会触发任何错误提示，你只会看到你的程序输出了错误的答案。

那么，怎样才能知道究竟哪里出现了问题呢？

如果事先有适当的计划，这一步就会更容易一些，4.6.1 节中给出的建议在这里也有帮助。如果你为变量选择了有含义的名称，那么一旦变量不符合此含义，你就会知道这个变量有问题。你可以通过输出变量的值来检查变量。例如：

```
cat("In myfunction, x=", x, "\n")
```

这将输出 x 的值，而且表明这个信息来自何处。末尾的"\n"告诉 R 在输出后换行。相比 cat()，你可能更想用 print() 函数。它可设置输出格式。但要记住，print() 一次只能输出一个对象，你可以按如下方式使用：

```
cat("In myfunction, x=\n")
print(x)
```

检查函数变量值的更灵活的方法是使用 RStudio 调试工具，这将在第 4.6.6 节中讨论。

另一种查明较小函数错误的重要方法是手动模拟。分析每一步 R 会怎样响应，按照函数的进程写出所有变量。手动模拟和上述方法相结合可以用来识别 R 的错误。如果你模拟的输出结果与 R 实际运算的结果不同，那么你就可能找到了错误的原因。R 和你预期的不一样，可能是因为你还不太了解 R，但也可能是 R 中确实存在漏洞。

4.6.4 修复错误并测试

一旦确定了程序中的错误，你需要对错误进行改正，尽量用不会引起其他问题的方式来改正。之后测试你做的修改！你应该做各种不同的测试，包括你所知道的产生错误的那种情况，以及边缘情况和任何你能想到的情况。

4.6.5 查找类似的错误

通常，当你发现并修复了一个漏洞时，你就能意识到犯了哪种错误。这对查找其他程序中类似的错误是很有帮助的，因为如果你犯了一次错误，那么你可能已经犯了不止一次。

4.6.6 在 RStudio 中调试

在调试时，RStudio 环境为理解错误的原因提供了一些非常有用的支持。例如，如果我们在 RStudio 编辑器中输入例 4.18 并执行，就可以通过单击鼠标生成一个回溯（图 4.4）。虽然回溯条目的顺序和编号是不同的，但是信息是相同的，足以发现错误。如果没有，你可以查看显示器右上角的环境（“Environment”）窗格，它显示 x1 确实存在。

图 4.4 在 RStudio 中追踪例 4.18 的错误信息

如果以上还不足以说明什么地方出了问题，你可以在 cv() 函数中设置断点（breakpoint），检查变量的状态。单击代码编辑器第 4 行行号的左侧之后，一个小的红色“停止标志”（stop sign）就会出现。为了激活断点，单击代码编辑器右上角的“Source”运行整个文件，由于有断点，执行会在第 4 行停止。环境窗格将显示函数中局部变量的值。在本例中，R 告诉你 x 的值为 x1（图 4.5），这时你应该能注意到代码的拼写存在错误。

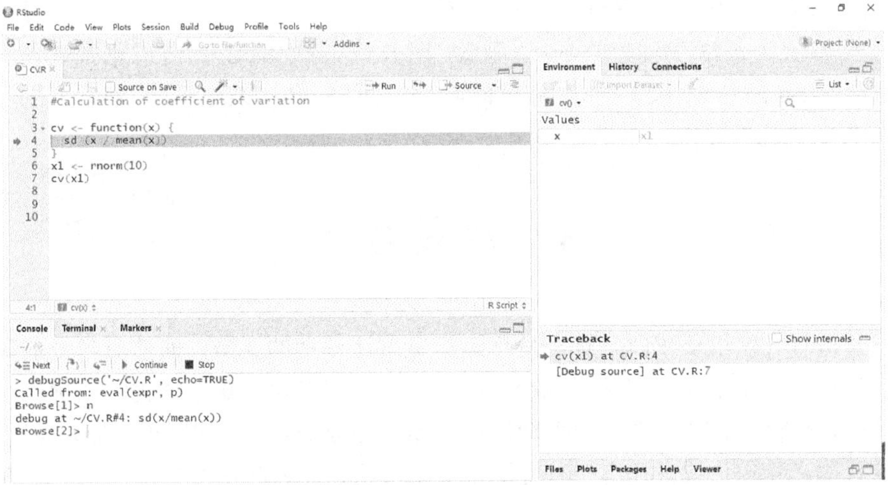

图 4.5 在 RStudio 中展示例 4.18 第 4 行的断点

在更复杂的调试情况下，你可以使用当前出现在控制台窗格顶部的控件。你可以单击“Next”来执行一行代码，或者使用其他控件进入函数内部，运行完当前的函数，恢复正常运行，或者停止调试。努力尝试吧！

4.6.7 browser()、debug() 和 debugonce() 函数

如果你不使用 RStudio，那么调试工具仍然可用，只是不太方便。R 允许你调用 browser() 函数，替代在代码编辑器中设置断点。这将暂停函数的执行，并允许你检查（或更改）局部变量，或在函数的计算环境中执行任何其他 R 命令。

你还可以执行调试器命令。

（1）n-“next”，执行下一行代码，单步执行函数。

（2）s-“step into”，函数调用。

（3）f-“finish”，结束当前函数。

（4）c-“continue”，让函数继续运行。

（5）Q-“quit”，退出调试器。

另一种进入浏览器的方法是调用 debug() 函数。当输入 debug(f) 标记 f()

函数以进行调试时，浏览器会被调用，输入 undebug(f) 可关闭调试。或者调用 debugonce() 标记目标函数，并在第一次调用 debugonce() 后关闭调试。

练习

1. 参阅例 4.17 中创建的 mergesort() 函数。用 RStudio 中的 debug() 函数或调试工具，运行 mergesort(c(3,5,4,2)) 并在完成其他计算之前检查参数 x 的值，然后在排序之前检查 y 和 z 的值。

2. 参阅例 4.18 中创建的 cv() 函数。用 RStudio 中的 debug() 函数或调试工具，运行 cv(c(-3,10,-7)) 并解释为什么返回 NaN。修改函数，使它产生一个更有意义的返回值。

4.7 高效编程

当运行计算机代码时，你会发现运行速度比预期的要慢，即使对当今的高速计算机而言也是如此。但是，总会有办法能使程序变快，这个过程称为优化。在本节中，我们将给出一些 R 中手动优化（hand optimization）的例子，即重写代码，以使代码运行得更快。还有一种方法是自动优化，此方法在 R 中不可用，但在其他一些编程平台可用。此外，还有硬件优化，你可以通过更换计算机来更快地运行程序。

优化总是需要权衡。手动优化可能很费时，而且由于优化后的代码可能更难理解，各种错误也可能随之产生。代码在优化之前，应保证正确，因为优化后的代码可能更难调试。你应该事先判断这种优化是否值得去做。

4.7.1 学习使用工具

为了编写高效的代码，你需要了解正在使用的平台。例如，R 被设计出来用于处理向量，对整个向量进行运算通常比一次运行一个元素要快得多。

例如，计算两个向量之和：

```
X <- rnorm(100000)                  # Xi~N(0, 1) i=1, ... , 100000
Y <- rnorm(100000)                  # Yi~N(0, 1) i=1, ... , 100000
Z <- c()
for (i in 1:100000) {
    Z <- c(Z, X[i] + Y[i])          # 此运算花费了大概 25s
}
```

然而，此运算在 R 中是非常低效的。首先，它反复对向量 Z 进行赋值，共 100000

次，每次增加一个元素。既然我们事先知道 z 的长度，就可以对其进行一次赋值，改变向量元素：

```
Z <- rep(NA, 100000)
for (i in 1:100000) {
    Z[i] <- X[i] + Y[i]    # 此运算花费了大概 0.15s
}
```

只要避免反复赋值，运算速度就提升了约 170 倍。

在 R 中此计算更常用的方法是完全向量化：

```
Z <- X + Y                          # 此运算花费了大概 0.001s
```

完全向量化的运算比上一种运算快 150 倍，比第一种运算快 25000 倍。如果原始代码花费一年的时间运行，那么优化的代码将在 20min 以内完成，这就是不可行的解决方案和可行的解决方案之间的区别。

然而，本例中原始代码花费 25s，优化后的代码仅需 1ms，虽然节省的 25s 并不长，但是这种差别着实让人吃惊。本例中，优化的代码比原始代码更加简洁明了，所以我们认为优化是值得的。但是如果优化代码花费大量的时间，而且优化后的代码晦涩难懂，那么我们可判定优化是不值得的。

4.7.2 使用高效率的算法

例 4.19

思考电子表格中记录分数的问题。某班级有一些课堂考试，共有 n 条成绩记录，每个记录中有一个学生的名字及其成绩。你有该班级学生名单的电子表格，并希望把每个学生的考试成绩输入到电子表格里。

一种很慢的算法

（1）找到电子表格中记录的第一个学生的名字。

（2）从 n 条成绩记录中随机选择一条。

（3）如果步骤（1）和步骤（2）中的学生名字相同，则记录该生成绩，然后转至电子表格中记录的第二个学生。

（4）如果步骤（1）和步骤（2）中的学生名字不同，则把步骤（2）中选择的那条成绩记录放回，然后随机选择另一条成绩记录。

（5）重复以上步骤，直到所有的考试成绩都能与学生名字匹配并记录下来。

这个算法有多糟糕？此问题可通过从算法开始直到成功匹配到第一个学生的成绩记录所花费的预期时间来回答。

因为有 n 条成绩记录，那么正确匹配的概率是 $1/n$，在成功匹配到第一个学生的成绩记录之前，随机抽取的成绩记录数量是参数为 $1/n$ 的几何随机变量，这个随机变量的期望值已知为 n。对第二个学生而言，此期望值是 $n-1$，因为少了一条成绩记录。总而言之，记录所有学生考试成绩的预期时间等于 $\sum_{i=1}^{n} i = n(n-1)/2$ 乘以一次随机选择成绩记录并核对名字是否匹配所花费的时间。

一种稍快的算法

（1）选取第一条成绩记录。

（2）比对电子表格中所有学生的名字，直到找到与成绩记录相匹配的学生名字，并记录分数。

（3）重复上述步骤，直至电子表格中所有学生的成绩都被记录下来。

对于每一条成绩记录，这个算法平均需要比对一半学生的名字，所以花费的总时间是 $n^2/2$ 乘以比对一个学生名字所花费的时间，再加上 n 乘以选取一条成绩记录所花费的时间。尽管该过程共需 $n^2/2+n=n(n+2)/2$ 步，但每一步都比上一种方法的步骤快，所以总体而言这种算法比上一种方法可能更快。

一种更快的算法

（1）首先，将电子表格中学生的名字按字母顺序排序。

（2）选取第一条成绩记录。

（3）按照字母顺序，在电子表格中寻找与成绩记录相匹配的学生名字。

（4）重复上述步骤，直到电子表格中所有学生的成绩都被记录下来。

这种方法比前两种方法快得多，因为用二分法搜索排过序的表格可以更快：先检查表格中间位置的学生名字，然后检查当前成绩记录中的名字是在哪一半，依此类推。每条测试记录需要 $\log_2 n$ 次比对，才能找到相匹配的名字，所以整个过程需要 $n\log_2 n$ 次这类操作。对大中型班级而言，这种方法比上述方法的 $n^2/2$ 次操作要快得多。对由 100 个学生组成的班级而言，这种方法与上述方法的差异等同于 5000 次操作和少于 700 次操作的差异。

我们还可以更进一步改进算法，在录入成绩之前先对成绩记录进行排序，使成绩记录的顺序与班级名单顺序相同，那么成绩录入只需要 n 步即可完成。不过，成绩记录排序可能比电子表格中的班级名单排序慢得多，因为它是手动排序，而不是计算机排序，很可能比上述算法要慢。但是另一方面，我们将成绩记录按学生名字字母顺序进行了排序，那么之后的其他操作（例如，查找特定学生的成绩记录）将会更快。这时，我们就要判断手动排序额外投入的时间能否在以后的节省的时间里得到回报。

4.7.3 测试程序运行时间

优化是一项辛苦的工作，所以在不必要的情况下不要进行优化。在许多情况下，优化花费的时间可能超出你想要节省的时间。在开始优化之前，你应该将程序运行时间作为节省时间的上限。

在 R 中，`system.time()`函数可用来测试计算表达式的运行时间。例如：

```
X <- rnorm(100000)
Y <- rnorm(100000)
Z <- c()
system.time({
    for (i in 1:100000) {
        Z <- c(Z, X[i] + Y[i])
    }
})

##   user  system  elapsed
## 28.675   1.540   30.348

Z <- rep(NA, 100000)
system.time({
    for (i in 1:100000) {
        Z[i] <- X[i] + Y[i]
    }
})

##  user  system  elapsed
## 0.151   0.002    0.153

system.time(Z <- X + Y)

## user  system  elapsed
##    0       0        0
```

上面这个例子展示了如何获得 R 运行命令所花费的时间①。`user` 时间是专门用于这一特定任务的时间，`system` 时间是系统花在其他任务上的时间，而 `elapsed` 时间是我们在时钟上看到的时间。`microbenchmark` 程序包自动重复操作多次来对非常短的时间进行测量，例如：

① 这里的程序运行时间如果和之前运行相同程序的时间不一样是很正常的，因为计算机上的其他活动会影响每次程序运行所需的时间。

```
library(microbenchmark)
microbenchmark(Z <- X + Y)

## Unit: microseconds
##        expr    min      lq     mean   median      uq      max neval
## Z <- X + Y 98.627 115.762 310.9959 148.1575 178.802 3099.206   100
```

你还可以测试程序的哪些特定部分是优化的最佳目标。90/10 法则是一个著名的计算法则：90%的程序运行时间花费在其中 10%的代码上。我们将这运行速率缓慢的 10%的代码称为“瓶颈”（bottlenecks）。也就是说，如果你能够识别和优化瓶颈，你可以无须查看 90%的程序代码就可获得很大程度的加速。

许多软件平台都提供分析器（profilers）来帮助查找程序中的瓶颈。分析器种类繁多，但一般来说，分析器在程序运行时对其进行监视，并报告运行时间都花费在了哪些地方。在 R 中，分析器由 `Rprof()` 函数控制，但这个函数的详细内容超出了本书的范围。

4.7.4 尝试不同的工具

无论我们有多么喜欢 R，也必须承认 R 不是唯一的计算平台，也并非完成所有任务的最佳工具。单从运行速度上看，C、C++或 Fortran 这样成熟的编译语言要好得多。R 本身是用 C 和 Fortran 编写的，这就是为什么其向量操作会如此迅速，因为大部分工作都是用编译好的代码完成的。

我们推荐的编程模式是在 R 中完成大部分工作，万一无法达到可接受的运行速度，就找出代码瓶颈并考虑将其转换为编译语言。R 有大量的支持链接其他编译语言的代码，不过这个级别的技术细节超出了本书范围。

4.7.5 精心优化

著名的计算机科学家 Donald Knuth 曾说过“在程序中过早优化是万恶之源（至少是大部分恶的根源）”。我们在前面已经强调过，优化是辛苦的，而且不总是明智的选择。我们用以下建议来结束这一章，以便编写高效的代码。

（1）首先保证程序是正确的。

（2）然后优化程序使之足够快。

（3）最后再次确保程序是正确的。

本 章 练 习

1. 如例 4.2 中所述，RANDU 算法生成可准确预测的三重值。为深入了解这点，请尝试以下操作。首先，使用 RANDU 生成 3000000 个值。将这些值进行修约，保留三位小数，并将它们放入一个 3 列矩阵中，把向量的第 1 个值放在第 1 列，第 2 个值放在第 2 列，第 3 个值放在第 3 列，之后依次循环重复，把向量中所有值放入该 3 列矩阵中。将 x 设为 0.1，并找到第 1 列等于 x 的矩阵行。然后将得到的矩阵行中的第 2 列对第 3 列进行绘图。分别对 $x=0.1,0.2,\cdots,0.9$ 进行以上操作，绘制出的 9 幅图具有令人惊奇的格局。

2. 编写一个函数来计算多项式：

$$P(x)=c_n x^{n-1}+c_{n-1}x^{n-2}+\cdots+c_2 x+c_1$$

函数应将 x 和多项式系数向量作为参数，并返回多项式的值。函数命名为 `directpoly()`。

3. 参阅前一个问题，对于 n 的中到大值，用 Horner 规则计算 x 处的多项式的值更有效率。

（a）令 $a_n \leftarrow c_n$；

（b）对于 $i=n-1,\cdots,1$，令 $a_i=a_{i+1}x+c_i$；

（c）返回 a_1 [$P(x)$的值]。

编写一个 R 函数，以 `x` 和多项式系数向量为参数，并返回在 `x` 处计算的多项式的值。调用结果函数 `hornerpoly()`。当 `x` 是向量时，确保函数返回适当的向量。

4. 对前两个练习中使用的算法进行时间比较。

（a）尝试运行以下代码：

```
system.time(directpoly(x = seq(-10, 10, length = 5000000),
                       c(1, -2, 2, 3, 4, 6, 7)))

system.time(horner(x = seq(-10, 10, length = 5000000),
                       c(1, -2, 2, 3, 4, 6, 7)))
```

（b）当多项式系数较小时，比较一下会发生什么情况？试试看：

$$P(x)=2x^2+17x-3$$

5. 以 2.9 作为起始值，计算牛顿法求以下函数零点（精度在 7 位以内）所需的时间。

（a）$(x-3)\mathrm{e}^{-x}$。

（b）$(x^2-6x+9)\mathrm{e}^{-x}$。

6. 改用二分法计算前面的问题，初始区间为[2.1,3.1]。

7. 比较长度为 10、1000、10000 和 100000 的向量的冒泡排序（参阅例 4.16）和归并排序（参阅例 4.17）的时间（你可能会用到 `rnorm()` 这个函数）。

8. 某个练习测试了栅格（grid）图形编辑能力（在第 3 章中有介绍）。使用绘制三角形所需的信息创建图形对象（grob），操作如下：

```
b1 <- sqrt(1/cos(36*pi/180)^2-1)/2
b2 <- sin(72*pi/180)/(2*(1+cos(72*pi/180))) - (1-sin(72*pi/180))/2
triangle <- polygonGrob(c(0,.5,1), c(b2,b2+b1,b2),
        name = "triangle", gp = gpar(fill = "yellow", col = 0))
grid.draw(triangle)  # 在该行代码被执行前，R 软件不绘制图形
```

接下来画三个旋转的三角形，创建一种星形形状：

```
for (i in 0:2) {
pushViewport(vp=viewport(angle=72*i))
grid.draw(triangle)
upViewport()
}
```

第5章 模　　拟

很多统计方法都是基于对随机变量预期值的估测，以及求解预期值分布的分位数[①]。例如：

（1）假设检验中，样本的 p 值是指当零假设为真时，观测值至少为样本极值的概率。当一个样本并非极值时，随机变量的期望值为 0，否则为 1。

（2）估计量的偏差（bias）是估计量的期望值减去其真值。

（3）置信区间是基于枢轴量分布的分位数来确定的，如 $(\bar{X}-\mu)/(s/\sqrt{n})$。

在一些简单的案例中，我们可以通过分析或者通过大量的样本近似值来估计这些统计量。然而，在其他情况下，我们需要借助计算机模拟的方法进行逼近。

本章将会为大家介绍蒙特卡罗模拟，首先介绍随机数（更确切地说，是伪随机数）生成的基本理念，然后介绍如何模拟几种常见概率分布中的随机变量。接下来，本章会向你展示一些令人惊奇的模拟案例——对一些自然过程建模并进行积分求值。本章最后的马尔可夫链及舍选抽样和重要性抽样的介绍，有助于读者理解先进的统计方法。

5.1　蒙特卡罗模拟

蒙特卡罗（Monte Carlo）方法是利用计算机模拟的方法逼近随机变量特征的常见方法之一。

使用蒙特卡罗方法逼近平均值 $\mu=E(X)$，生成 m 个关于随机变量 X 的独立同分布（independent and identically distributed, i.i.d.）副本，即 $X_1,\cdots,X_m$，并以样本均值 $\bar{X}=(1/m)\sum X_i$ 作为 $E(X)$的估计值。当 m 足够大时，$\bar{X}$ 就是一个良好的 $E(X)$近似值[②]。

此外，当 m 足够大时，样本均值 $\bar{X}$ 的分布可以近似为均值为 μ、方差为 σ^2/m 的正态分布[③]。这里 σ^2 是方差 $\mathrm{Var}(X)$，可用样本方差 $s^2=[1/(m-1)]\sum(X_i-\bar{X})^2$

---

① 如需查看各类随机变量及其属性，请参见本书附录。

② 请参考大数定律。

③ 请参考中心极限定理。

来近似表示。这样我们就可以构造 μ 的置信区间。例如，$\bar{X} \pm 1.96s/\sqrt{m}$ 即为 μ 的95%置信区间。

下文描述了在计算机上模拟随机变量生成的方法。我们先讲述确定性值的生成方法，然后再将这些确定性值当作是随机生成的。这个过程可以认为有两个参与人：隐于代码后的程序员明白算法是确定的、可预测的；但是用户不了解这些变量的生成机制，对用户而言，生成的数字看起来是随机的、不可预测的。在实际操作中，这两个参与人可能是同一个人。为了与不可预测的真实随机数区分开来，下文模拟生成的随机变量称为“伪随机数”（pseudorandom number）。

5.2 伪随机数的生成

我们首先来简单探讨一下伪随机数的生成机制，特别介绍一种容易理解的模拟——模拟在区间[0,1]上独立均匀分布的随机变量。

乘同余随机数生成器（multiplicative congruential random number generator）产生伪随机数序列，$u_0, u_1, u_2, \cdots$，类似于在区间[0,1]上独立均匀分布的随机变量。

令 m 为一较大的整数，b 为一个比 m 小的整数且近似于 m 的平方根。b 和 m 的不同值会产生不同的伪随机数生成器。这些参数值的选择有各种标准，因此为保证结果的合理性，对产生结果的生成器进行测试是很重要的一步。

首先，在 1 和 m 之间选择一个整数 x_0，x_0 为一个随机种子，接下来我们讨论 x_0 的选择策略。

一旦选择了种子，生成器将按以下方式运行：

$$x_1 = bx_0 \pmod{m}$$

$$u_1 = x_1 / m$$

u_1 是第一个伪随机数，在 0 和 1 之间取值，然后以相同的方式获得第二个伪随机数：

$$x_2 = bx_1 \pmod{m}$$

$$u_2 = x_2 / m$$

u_2 是另一个伪随机数。如果 m 和 b 的选择合理，并且没有向用户公开，那么只给定 u_1 是很难预测 u_2 的。换句话说，就大多数实际目的而言，u_2 大致独立于 u_1。该方法按照如下公式继续进行：

$$x_n = bx_{n-1} \pmod{m}$$

$$u_n = x_n / m$$

这种方法产生完全确定的数，但是对于一个不知道上面公式的人来说，这些数看起来是随机的、不可预测的（至少短期内是这样）。

例 5.1

设 $m=7$、$b=2$、$x_0=2$，可得

$$x_1=3\times 2 \pmod 7=6,\quad u_1=0.857$$
$$x_2=3\times 6 \pmod 7=4,\quad u_2=0.571$$
$$x_3=3\times 4 \pmod 7=5,\quad u_3=0.714$$
$$x_4=3\times 5 \pmod 7=1,\quad u_4=0.143$$
$$x_5=3\times 1 \pmod 7=3,\quad u_5=0.429$$
$$x_6=3\times 3 \pmod 7=2,\quad u_6=0.286$$

必须要清楚的是，迭代过程首先设置 $x_7=x_1$，并且对 x_i 执行循环，使之通过相同的整数序列，因此对应的 u_i 序列也是可循环的。观测者可能很难从 u_1 中推测出 u_2，但对所有的 $i>0$ 来说，$u_{i+6}=u_i$，所以长一些的 u_i 序列是很容易被预测出来的。为生成一个不可预测的序列，循环应设置为长周期循环，从而使观测者无法看出整个循环。由于循环周期不能大于 m，我们通常会把 m 设置得非常大。

为了确保循环周期是 m，在选择 b 和 m 时必须非常小心。例如，当 $b=171$ 和 $m=29241$ 时会发生什么？从 $x_0=3$ 开始：

$$x_1=171\times 3=513$$
$$x_2=171\times 513 \pmod{29241}=0$$

其余的 x_n 值为 0。为了避免这类问题，我们应该选择不会被 b 整除的 m 值，也就是优先考虑 m 的质数。下例能够更好地说明这个问题。

例 5.2

下面的 R 代码通过乘同余随机数生成器产生 50 个伪随机数：

$$x_n=171x_{n-1} \pmod{30269}$$
$$u_n=x_n/30269$$

起始种子 $x_0=27218$：

```
random.number <- numeric(50)     # 用于存储生成的伪随机数
random.seed <- 27218
for (j  in  1:50) {
    random.seed <- (171 * random.seed) %% 30269
    random.number [j] <- random.seed / 30269
}
```

代码运行结果存储在向量 random.number 中，如下所示。向量元素在 0 到 1 之间，$u_1,u_2,\cdots,u_{50}$ 是伪随机数。

```
random.number
```

```
## [1] 0.76385080 0.61848756 0.76137302 0.19478675 0.30853348 0.75922561
## [7] 0.82757937 0.51607255 0.24840596 0.47741914 0.63867323 0.21312234
## [13] 0.44391952 0.91023820 0.65073177 0.27513297 0.04773861 0.16330239
## [19] 0.92470845 0.12514454 0.39971588 0.35141564 0.09207440 0.74472232
## [25] 0.34751726 0.42545178 0.75225478 0.63556774 0.68208398 0.63636063
## [31] 0.81766824 0.82126929 0.43704780 0.73517460 0.71485678 0.24051009
## [37] 0.12722587 0.75562457 0.21180085 0.21794575 0.26872378 0.95176583
## [43] 0.75195745 0.58472364 0.98774324 0.90409330 0.59995375 0.59209092
## [49] 0.24754700 0.33053619
```

R 中内置的 `runif()` 函数就是用类似的策略（虽然使用的公式不同而且循环周期更长）来自动生成伪随机数的。

语法

```
runif(n, min = a, max = b)
```

执行该命令会在区间$[a,b]$上生成 n 个均匀分布的伪随机数。默认值是 $a=0$ 和 $b=1$。随机值的起始种子是由 R 系统内部选择的。

例 5.3

在区间[0,1]上生成 5 个、在区间[−3, −1]上生成 10 个均匀分布的伪随机数。

```
runif(5)

## [1] 0.9502223 0.3357378 0.1330718 0.4901114 0.0607455

runif(10, min = -3, max = -1)

## [1] -2.284105 -2.545768 -2.199852 -1.126908 -1.32746 -2.744848
## [7] -1.549739 -1.445740 -2.834744 -1.372574
```

如果你自己执行上述代码，所得的结果一般都会与上例所呈现的结果不同。原因在于起始种子与我们运行该代码时选择的起始种子不同。

起始种子 x_0 的选择策略有两种。如果目标是构造一个不可预测的序列，x_0 应该选用随机值。例如，计算机可能会把当前时间确定为最近的毫秒，然后根据最近一分钟开始直至当前时间的毫秒数来确定起始种子。为了避免可预测性，这种外部随机化应该只进行一次，然后再按上述公式进行更新。例如，如果在生成每一个 u_i 之前，如前所述用计算机时钟来生成起始种子，那么在一台运行速度较快的计算机上，每毫秒都会生成大量的等值长序列。

x_0 的第二个选择策略是使用固定的、非随机的值，例如 $x_0=1$。这使得 u_i 序列变得可预测和可重复。调试某些使用随机数的程序或者某些需要生成可重复性随机数的情况可使用这种策略。在 R 中可以通过 set.seed() 函数实现这一点。

例如：

```
set.seed(32789)        # 这确保你的运行结果将与本书结果相同
runif(5)

## [1] 0.3575211 0.3537589 0.2672321 0.9969302 0.1317401
```

练习

1. 使用以下方法生成 20 个伪随机数：

$$x_n = 172x_{n-1} \pmod{30307}$$

起始种子 $x_0 = 17218$。

2. 使用乘同余随机数生成器生成 20 个伪随机数，设 $b = 171$ 和 $m = 32767$，起始种子为 2018。

3. 使用 runif() 函数，设置 set.seed(32078)，分别生成符合以下要求的 10 个伪随机数。

（a）在区间(0,1)上均匀分布。

（b）在区间(3,7)上均匀分布。

（c）在区间(−2,2)上均匀分布。

4. 使用 runif() 函数生成 1000 个均匀分布伪随机变量的值，并将它们赋值给向量 U，并设置 set.seed(19908)。

（a）计算向量 U 中数据的平均值、方差和标准偏差。

（b）将（a）中计算结果与真实的平均值、方差和标准偏差进行比较。

（c）计算向量 U 中小于 0.6 的值所占的比例，并与均匀分布随机变量 U 小于 0.6 的概率进行对比。

（d）估计 1/(U+1)的期望值。

（e）绘制 U 和 1/(U+1) 的直方图。

5. 模拟区间[3.7,5.8]上 10000 个均匀分布随机变量的独立观测值。

（a）估计均匀分布随机变量的平均值、方差和标准偏差，并将估计值与真实值进行比较。

（b）估计该随机变量大于 4.0 的概率，并与真实值比较。

6. 用 runif() 函数模拟 10000 个在(0,1)上均匀分布的随机变量 U_1 的值，然后模拟另外 10000 个在(0,1)上均匀分布的随机变量 U_2 的值，并将这些向量分别赋值给 U1 和 U2。由于 U1 和 U2 近似独立，所以 U_1 和 U_2 可以看作是相互独立地在(0,1)均匀分布的随机变量。

（a）估计 $E[U_1+U_2]$，并与其真值以及 $E[U_1]$+$E[U_2]$的估计值进行比较。

（b）估计 $\mathrm{Var}(U_1+U_2)$ 和 $\mathrm{Var}(U_1)+\mathrm{Var}(U_2)$，二者是否相等？其真值是否相等？

（c）估计 $P(U_1+U_2 \leqslant 1.5)$。

（d）估计 $P(\sqrt{U_1}+\sqrt{U_2} \leqslant 1.5)$。

7. 假设U_1、U_2和U_3是在区间(0,1)上独立均匀分布的随机变量。通过模拟来估计以下各量。

（a）$E[U_1+U_2+U_3]$。

（b）$\mathrm{Var}(U_1+U_2+U_3)$ 和 $\mathrm{Var}(U_1)+\mathrm{Var}(U_2)+\mathrm{Var}(U_3)$。

（c）$E\left[\sqrt{U_1+U_2+U_3}\right]$。

（d）$P(\sqrt{U_1}+\sqrt{U_2}+\sqrt{U_3} \geqslant 0.8)$。

8. 使用 `round()` 函数和 `runif()` 函数生成 1000 个大小为 1 到 10 的伪随机整数，将其赋值给向量 `discreteunif`。使用 `table()` 函数检查每个值的观测频率是否接近预期值。如果不接近，应该如何修改程序？

9. `sample()` 函数可以从一个向量中获取简单的随机样本。例如，`sample(c(3, 5, 7), size = 2, replace = FALSE)` 将产生从集合$\{3,5,7\}$随机抽取的两个值（非放回式抽样，结果为两个不同的值）组成的向量。请用 `sample()` 函数生成从 1 到 100 的 50 个伪随机整数。

（a）非放回式抽样。

（b）放回式抽样。

10. 下面的代码模拟了两个均匀分布随机变量（U_1和U_2）的和（X）与差（Y），绘制了 Y 对 X 的散点图，并估计了 X 与 Y 之间的相关性。

```
U2 <- runif(1000)
U1 <- runif(1000)
X <- U1 + U2
Y <- U1 - U2
plot(Y ~ X)
cor(X,Y)              # 计算两次抽样的相关性
```

相关性是对两个随机变量之间线性关系的度量。相关性接近 0 表示没有相关性，而接近-1 或 1 表示存在线性关系。

执行上述代码并根据运行结果来回答以下问题。

（a）X 和 Y 是否是线性相关？

（b）X 和 Y 是否具有随机独立性？（要回答这个问题，请仔细查看散点图。）

（c）U_1 和 U_2 是否线性相关？（通过适当的运算来检验这点。）

（d）U_1 和 U_2 是否具有随机独立性？（绘制适当的图形来检验这点。）

5.3　其他随机变量的模拟

5.3.1　伯努利随机变量

伯努利试验只有两种可能结果。例如，一个灯泡只有亮或不亮两种情况。每一种结果（亮或不亮）都有相应的概率，而且这两种结果的概率之和一定是 1。

例 5.4

假设某学生要猜测一个具有五个选项的单选题答案，该生猜对的概率是 0.2，猜错的概率是 0.8。（猜测出的答案要么是正确的，要么就是错误的。）

假设考试共有 20 道上述单选题，我们可用模拟的方法预测该生的成绩。

每个单选题对应于一个独立的伯努利试验，猜对概率为 0.2。通过生成一个独立均匀分布的随机数来模拟学生对每道题的猜测结果，如果该数字小于 0.2，说明学生猜对了，否则学生就猜错了。

这是可行的，因为模拟的均匀分布随机变量小于 0.2 的概率就是 0.2；而模拟的均匀分布随机变量超过 0.2 的概率则是 0.8，与学生猜测错误的概率相同。因此，均匀分布随机数生成器模拟的正是学生本身。R 中可以通过以下代码实现该运算：

```
set.seed(23207)          # 用于得到与本书代码一致的结果
guesses <- runif(20)
correct.answers <- (guesses < 0.2)
correct.answers

##  [1] FALSE FALSE FALSE FALSE  TRUE  TRUE  TRUE FALSE TRUE TRUE FALSE
## [12] FALSE FALSE FALSE FALSE FALSE FALSE FALSE FALSE TRUE
```

向量 correct.answers 是包含了学生猜测结果的逻辑向量；TRUE 对应正确的猜测结果，FALSE 对应错误的猜测结果。正确的猜测结果的总数可以这样得到：

```
table(correct.answers)

## correct.answers
## FALSE  TRUE
##    14     6
```

模拟中的学生得分为 6/20。

在前面的示例中，我们可以用“1”和“0”对应于伯努利试验的两种可能结果。这样就定义了伯努利随机变量：随机变量值为 1 或 0，其概率分别为 p 和 $1-p$ 。

伯努利随机变量的期望值为 p ，理论方差为 $p(1-p)$ 。在上面的例子中，学生猜对结果的期望值为 20%，而模拟中的学生比较幸运，猜对了 30%的试题。

练习

1. 编写一个 R 函数，模拟学生对 n 道判断题的猜测结果。

（a）模拟一个学生做 10 道题，能猜对几道题。

（b）模拟一个学生做 1000 道题，能猜对几道题。

2. 假设某班 100 名学生要做 20 道判断题，每个学生都要猜测答案。

（a）通过模拟估计该考试的平均成绩以及成绩的标准偏差。

（b）估计至少猜对 30%试题的学生所占比例。

3. 编写一个 R 函数来模拟 500 个灯泡，每个灯泡能亮的概率为 0.99。用模拟估计随机变量 X（如果灯泡亮，则 X 等于 1；如果灯泡不亮，则 X 等于 0）的期望值和方差。其理论值又是多少？

4. 编写一个 R 函数，模拟 $n=25$ 和 $p=0.4$ 的二项分布随机变量［即 25 个独立的伯努利随机变量（p）的和］。通过生成 100 个这种二项分布随机变量的值，估计二项分布随机变量的均值和方差（分别与理论值 10 和 6 进行比较）。

5.3.2 二项分布随机变量

设 X 为 m 个独立的伯努利随机变量之和，每个伯努利随机变量的概率为 p ，则 X 被称为二项分布随机变量，代表了 m 次伯努利试验中的“成功”数。

二项分布随机变量可以从集合 $\{0,1,2,\cdots,m\}$ 中取值，二项分布随机变量 X 取这些值的概率由二项分布决定：

$$P(X=x)=\binom{m}{x}p^x(1-p)^{m-x},\quad x=0,1,2,\cdots,m$$

这些分布概率可以使用 dbinom() 函数计算得到。

语法

```
dbinom(x, size, prob)
```

其中，size 和 prob 分别为二项式参数 m 和 p，而 x 表示“成功”的数目。函数输出结果为 $P(X=x)$ 的值。

例 5.5

计算六次抛掷硬币中得到四次正面朝上结果的概率。

```
dbinom(x = 4, size = 6, prob = 0.5)
```

```
## [1] 0.234375
```

当 X 为 $m = 6$ 和 $p = 0.5$ 的二项分布随机变量时，$P(X = 4) = 0.234$。

$P(X \leqslant x)$ 的累积概率可用 pbinom() 函数计算，该函数与 dbinom() 函数具有相同的参数。例如，我们可以计算 $P(X \leqslant 4)$，其中 X 为六次抛掷硬币得到的正面朝上的次数，即

```
pbinom(4, 6, 0.5)

## [1] 0.890625
```

qbinom() 函数用于计算二项分布的分位数，X（定义见上文）分布的 89%分位数为

```
qbinom(0.89, 6, 0.5)

## [1] 4
```

二项分布随机变量的期望值（或平均值）和方差分别是 mp 和 $mp(1-p)$。

rbinom() 函数可用来生成二项分布伪随机数。

语法

```
rbinom(n, size, prob)
```

其中，size 和 prob 是二项式的参数，而 n 是生成的变量数目。

例 5.6

某机器生产的热水器浸水管产品中有 10%为残次品，假设每小时生产 15 根浸水管，管子的生产过程都是相互独立的，任一小时内出现 4 个以上的残次品即为生产失控。模拟 24h 中各小时时段内残次品的数量，并确定模拟过程中任意一个时段是否存在生产失控问题。

由于每小时生产 15 根浸水管，而每根浸水管有 0.1 的概率为残次品，并且管子为残次品的事件独立于其他管子状态的事件，因此一小时内生产的残次品数量为 $m = 15$ 和 $p = 0.1$ 的二项分布随机变量。我们首先生成 24 个二项分布随机数来模拟 24h 中每小时产生的残次品数量，然后再找出残次品数量超过 5 的所有时间段。该模拟可通过下列代码实现:

```
defectives <- rbinom(24, 15, 0.1)
defectives

## [1] 0 1 1 0 1 1 2 5 0 0 1 1 3 3 0 2 2 0 1 0 1 1 4 2

any(defectives > 5)
```

```
## [1] FALSE
```

练习

1. 假设某工厂产品线出现残次品的概率为0.15。假设该产品每小时的产量为25，模拟 24h 内各小时生产的残次品数量，检查残次品的数量是否超过 5。当 $p=0.2$ 和 $p=0.25$ 时，结果分别是什么？

2. 模拟参数为 20 和 0.3 的 10000 个二项分布伪随机数，将它们赋值给向量 binsim，设 X 为长度参数为 20 和概率参数为 0.3 的二项分布随机变量，通过模拟估计以下统计量。

（a）$P(X \leqslant 5)$。

（b）$P(X=5)$。

（c）$E[X]$。

（d）$\mathrm{Var}(X)$。

（e）X 的 95%分位数（可以使用 quantile() 函数）。

（f）X 的 99%分位数。

（g）X 的 99.9999%分位数。

将以上所得估计值与其真实值进行比较，准确估计极值需要什么？

3. 估计参数为 $n=18$ 和 $p=0.76$ 的二项分布随机变量的均值和方差，并与其理论值进行比较。

4. 下面的函数是用反演（inversion）法来模拟二项分布伪随机变量。

```
ranbin <- function(n, size, prob) {
    cumpois <- pbinom(0:(size - 1), size, prob)
    singlenumber <- function() {
        x <- runif(1)
        N <- sum(x > cumpois)
        N
    }
    replicate(n, singlenumber())
}
```

（a）仔细研究上述函数，并为其编写注释文本[①]。singlenumber() 函数运算的目的需要特别注意。

（b）使用 ranbin() 函数模拟长度分别为 1000、10000 和 100000 的服从二项

① replicate() 函数允许用户反复调用 singlenumber() 函数，将 n 个结果赋值给结果向量。可在 R 中输入 help(replicate) 以获取更多信息。

分布的向量，其长度参数为 10，概率参数为 0.4。使用 system.time() 函数比较 ranbin() 函数与 rbinom() 函数执行相同的模拟过程所花费的时间。

5. 下面的函数通过对独立的伯努利随机变量求和来模拟二项分布伪随机数。

```
ranbin2 <- function(n, size, prob) {
    singlenumber <- function(size, prob) {
        x <- runif(size)
        N <- sum(x < prob)
        N
    }
    replicate(n, singlenumber(size, prob))
}
```

（a）仔细研究这一函数，并为其编写注释文本。singlenumber() 函数运算的目的需要特别注意。

（b）使用 ranbin2() 函数模拟长度为 10000 的服从二项分布的向量，其长度参数分别为 10、100 和 1000，概率参数为 0.4。使用 system.time() 函数来比较 ranbin2() 函数与 rbinom() 函数和上述 ranbin() 函数执行相同的模拟过程所花费的时间。

6. 在前面的练习中，生成器每生成 1 个二项分布数，就需要先生成 size 个均匀分布伪随机数。下面的生成器与之前生成器的原理相同，但是每生成 1 个二项分布数，只需要先生成 1 个均匀分布伪随机数。

```
ranbin3 <- function(n, size, prob) {
    singlenumber <- function(size, prob) {
        k <- 0
        U <- runif(1)
        X <- numeric(size)
        while (k < size) {
            k <- k + 1
            if (U <= prob) {
                X[k] <- 1
                U <- U / prob
            } else {
                X[k] <- 0
                U <- (U - prob)/(1 - prob)
            }
        }
        return(sum(X))
    }
    replicate(n, singlenumber(size, prob))
}
```

（a）使用 ranbin3() 函数生成 100 个服从二项分布的伪随机数，参数为

（i）size=20，prob=0.4。

（ii）size=500，prob=0.7。

（b）$U < p$ 时，U / p 的条件分布是什么？

（c）$U > p$ 时，$(U-p)/(1-p)$ 的条件分布是什么？

（d）用上述问题的答案，为 ranbin3() 函数编写注释文本。

7. 根据中心极限定理（central limit theorem），如果 X 是参数为 m 和 p 的二项式随机变量，并且

$$Z = \frac{X - mp}{\sqrt{mp(1-p)}}$$

那么 Z 为近似标准正态分布，且 m 越大，Z 越接近标准正态分布。

以下代码多次模拟 m 从集合 $\{1,2,\cdots,100\}$ 中取值时所对应的 Z 值，并绘制其标准 QQ 图：

```
for (m in 1:100) {
    z <- (rbinom(2000, size = m, prob = 0.4) - m * 0.4) /
        sqrt(m * 0.4 * 0.6)
    qqnorm(z, ylim = c(-4, 4), main = paste("QQ-plot, m = ", m))
    qqline(z)
}
```

（a）执行代码，观察随着 m 的增加，Z 的分布情况发生了怎样的变化。

（b）修改代码，分别设置 p=0.3,0.2,0.1 和 0.05，执行代码后会产生一些相似的“影像”。为使 QQ 图显示对应的直线，m 的取值需要大到什么程度？对以上所有情况而言，$m = 100$ 都足够大吗？

5.3.3 泊松随机变量

泊松分布是参数为 n 和 p_n 的二项分布序列的极限，其中 n 趋于无穷大，p_n 趋于 0，期望值（或均值）np_n 收敛为常数 λ，方差 $np_n(1-p_n)$ 也收敛为常数 λ。因此，泊松随机变量的均值和方差都等于 λ，该常数有时也被称为“抵达率”（rate）。

产生泊松随机变量的方法有很多，泊松随机变量经常被用作计数数据（如某一地区某年发生地震的次数，或某个小时段内到达银行出纳员的人数）的粗略模型。极限源于将整个观测时间划分为 n 个独立的时间区段，每个区段的计数为 0 或 1，泊松随机变量是总计数。

泊松随机变量 X 的可能取值为非负数整数 $\{0,1,2,\cdots\}$，这些值的取值概率是

$$P(X = x) = \frac{e^{-x}\lambda^x}{x!}, \quad x = 0,1,2,\cdots$$

可以用 R 中的 dpois() 函数来估计泊松随机变量的取值概率。

语法

```
dpois(x, lambda)
```

其中，x 是泊松分布中各事件的发生次数，lambda 是泊松抵达率参数，dpois() 函数的输出结果是 $P(X=x)$ 的值。

例 5.7

根据泊松模型，当每分钟到达银行出纳员的人数为 0.5 时，下一分钟有 3 个出纳员到达该银行的概率为

```
dpois(x = 3, lambda = 0.5)

## [1] 0.01263606
```

可见，如果 X 是一个均值为 0.5 的泊松随机变量，则 $P(X=3)=0.0126$。

形如 $P(X\leqslant x)$ 的概率可以用 R 中的 ppois() 函数来计算，泊松分位数可以用 qpois() 函数来计算。

此外，我们还可以用 rpois() 函数来生成泊松随机数。

语法

```
rpois(n, lambda)
```

参数 n 是生成的泊松随机数的数目，lambda 是泊松抵达率参数。

例 5.8

假如某路口平均每年发生 3.7 次交通事故。利用泊松模型模拟 10 年间每年发生的交通事故数，代码如下：

```
rpois(10, 3.7)

## [1] 6 7 2 3 5 7 6 2 4 4
```

泊松过程

泊松过程（Poisson process）是某一时间段内发生事件的集合的简单模型。泊松过程可以理解为一条线或一个平面（如有必要，可以采用更高的维度）上的点的随机集合。

齐次泊松过程具有以下性质：

（1）集合中点的数目符合泊松分布，其抵达率与集合的大小成正比。

（2）相离集合中的点的数目相互独立。

需要注意的是，对于抵达率为λ的泊松过程，区间[0,T]上点的数目服从均值为λT的泊松分布，其模拟方法如下：

（1）生成泊松伪随机数N，其参数为λT。

（2）在区间[0,T]上，生成N个独立均匀分布的伪随机数。

例 5.9

在区间[0, 10]上模拟抵达率为1.5的齐次泊松过程的点：

```
N <- rpois(1, 1.5 * 10)
P <- runif(N, max = 10)
sort(P)

##  [1] 0.0321442 0.1173187 0.2542297 2.4376206 3.9358325 4.0503778
##  [7] 4.5093112 5.2883388 7.4392293 8.4700712 8.7615109 8.8157830
## [13] 9.3580064
```

练习

1. 平均每年发生2.8起事故，建立一个泊松模型模拟15内每年的事故数。

2. 平均每辆跑车有1.2处表面瑕疵，模拟20辆跑车中每辆车的表面瑕疵数。

3. 模拟10000个泊松伪随机数，求出平均值为7.2的泊松随机变量的平均值和方差，并与其理论值进行比较。

4. 模拟10000个平均值分别为5、10、15和20的泊松伪随机变量，将模拟结果分别赋值给P5、P10、P15和P20。

（a）估计$E\left(\sqrt{X}\right)$和$\mathrm{Var}\left(\sqrt{X}\right)$，其中$X$服从$\lambda$分别为5、10、15和20的泊松分布。

（b）X的方差随X平均值的增加而增加，当X是泊松随机变量时，X的平方根对其方差和平均值间的关系会产生什么影响？（统计学家经常对计数数据取平方根，用以“稳定方差”，你能理解这样做的意义吗？）

5. 通过模拟验证：抵达率为1.5的泊松过程，落在区间[4,5]内的点数服从泊松分布，平均值为1.5。首先，在区间[0,10]上多次模拟泊松过程；然后，统计每次模拟后落在区间[4,5]内的点数。绘制QQ图对这些点的计数值和模拟的泊松值进行比较。代码如下，请执行代码并查看生成的图形：

```
poissonproc <- function() {
    N <- rpois(1, 1.5 * 10)
    P <- runif(N, max = 10)
    return(sum( 4 <= P & P <= 5 ))
}
counts <- replicate(10000, poissonproc())
```

```
qqplot(counts, rpois(10000, 1.5))
abline(0, 1)                 # 图中数据点非常贴近这条直线
```

6. 根据中心极限定理，如果 X 是抵达率为 λ 的泊松随机变量，并且

$$Z=\frac{X-\lambda}{\sqrt{\lambda}}$$

那么 Z 近似服从标准正态分布，并且 λ 越大，Z 越接近标准正态分布。

以下代码多次模拟 λ 从集合 $\{1,3,\cdots,99\}$ 中取值所对应的 Z 值，并为每次模拟绘制一个标准 QQ 图。

```
for (m in seq(1, 120, 2)) {
    z <- (rpois(20000, lambda = m) - m) / sqrt(m)
    qqnorm(z, ylim = c(-4, 4), main = "QQ-plot")
    qqline(z)
      mtext(bquote(lambda == .(m)), 3)      # 这将创建一个由数学符号
                                            # 和数值组合而成的副标题
  }
```

（a）执行代码，观察随着 λ 的增加，Z 的分布发生了怎样的变化。

（b）λ 的值要大到什么程度，才能在 QQ 图中看到一条恰当的直线？

7. 在区间[0,2]上模拟 10000 次抵达率为 2.5 的泊松过程。

（a）每次模拟后，统计落在子区间[0,1]及[1,2]内的点数。

（b）（a）小题中统计的点数，是否服从抵达率为 2.5 的泊松分布？

（c）绘制适当的散点图，判断以下推断是否合理：落在区间[0,1]内的点数与落在区间[1,2]内的点数是相互独立的。（为了生成有效的散点图，绘制过程需要使用 `jitter()` 函数。）

8. 降雨次数可以近似看作泊松过程。例如，温尼伯国际机场 7、8 月份的降雨过程可以近似看作抵达率为 0.023mm/h 的泊松过程。使用该泊松过程模拟温尼伯国际机场 7、8 月份的降雨次数，并给出某地降雨次数用泊松过程模拟失败的情况（至少一种）。

9. 泊松过程的维数也可以大于 1，这类模拟在生态学等领域应用较为广泛，例如，对树苗位置的观测值与其“完全随机”之后的结果进行比较。

在齐次二维泊松过程中，区域内点的分布属于泊松分布，且抵达率与区域面积成正比，且不重叠区域的点数相互独立。采用以下代码在区域[0,10]×[0,10]中绘制齐次二维泊松过程的点，单位面积抵达率 $\lambda=2$。

```
lambda <- 2
regionlength <- 10
regionwidth <- 10
```

```
N <- rpois(1, lambda*regionlength*regionwidth)
U1 <- runif(N, min=0, max=regionwidth)
U2 <- runif(N, min=0, max=regionlength)
```

通常情况下，`plot()`函数可以用来显示点的空间位置。

```
plot(U1, U2)
```

修改上述代码，使之成为一个单位面积抵达率 $\lambda = 4$ 的泊松过程，对结果绘图并将其点数与 $\lambda = 2$ 时的点数进行对比。

10. 参照上一题，假设在 15m^2 区域内，树苗位置观测值的抵达率为 0.25m^{-2}。假设树苗位置遵循齐次二维泊松过程，模拟一次泊松过程并对所得点进行绘图。根据你对树苗位置的了解，找出泊松过程在模拟这种生态学现象时存在的问题（至少一个）。

5.3.4 指数随机变量

指数随机变量常被用作机械或电子元器件故障率的简单模型，或用于模拟服务人员完成客户服务所需的时间。指数分布的特点在于其恒定的“故障率”（failure rate），以 λ 表示。

如果

$$P(T \leqslant t) = 1 - e^{-\lambda t}, \quad \lambda > 0$$

对于任意非负数 t 都成立，那么 T 就服从指数分布。R 中的 `pexp()` 函数可用于估算此函数。

语法

```
pexp(q, rate)
```

函数输出结果为 $P(T \leqslant q)$ 的值，其中 T 是一个率参数为 `rate` 的指数随机变量。

例 5.10

假设银行出纳员的服务时间可模拟为服务速率为 3 次/min 的指数随机变量，那么客户在 1min 内得到服务的概率是:

```
pexp(1, rate = 3)

## [1] 0.9502129
```

因此，当 X 是率参数为 3 的指数随机变量时，$P(X \leqslant 1) = 0.95$。

对分布函数右半部分进行微分运算，得到其概率密度分布函数:

$$f(t) = \lambda e^{-\lambda t}$$

R 中可以用 `dexp()` 函数来计算 $f(t)$，`dexp()` 函数与 `pexp()` 函数有相同的

参数。qexp()函数可以用来计算指数分布的分位数。

指数随机变量的期望值为$1/\lambda$，方差为$1/\lambda^2$。

反演法是一种简单的模拟指数伪随机变量的方法。对某个指数随机变量而言，$F(x)=1-\mathrm{e}^{-\lambda x}$，那么$F^{-1}(x)=-\left[\log(1-U)\right]/\lambda$。因此，对于任何$x\in(0,1)$，都有

$$P(F(T)\leqslant x)=P(T\leqslant F^{-1}(x))=F(F^{-1}(x))=x$$

因此，$F(T)$是区间(0,1)上的均匀分布随机变量。既然我们已经知道如何生成均匀分布伪随机变量，那么就可以通过反函数$F^{-1}(x)$对$F(T)$进行逆运算得到指数随机变量。

也就是说，首先在区间[0,1]上生成一个均匀分布伪随机变量U，并且设

$$1-\mathrm{e}^{-\lambda T}=U$$

等式转换后，可得

$$T=-\frac{\log(1-U)}{\lambda}$$

T服从率参数为λ的指数分布。

R 中的 rexp()函数可用于生成n个指数随机变量。

语法

```
rexp(n, rate)
```

例 5.11

某银行一出纳员有 10 位客户等待服务。每个客户被服务的时间服从率参数为 3 的指数分布。我们可以模拟 10 位客户完成服务的时间（以 min 为单位）:

```
servicetimes <- rexp(10, rate = 3)
servicetimes

## [1] 0.25415279 0.79177402 0.24280817 0.07887371 0.10738250 0.16583246
## [7] 0.83294959 0.09676131 0.16938459 0.53317718
```

10 位客户完成服务的总时间约为 3min16s:

```
sum(servicetimes)

## [1] 3.273096
```

另一种模拟泊松过程的方法

可以证明，抵达率为λ的齐次泊松过程直线上的点，被均值为$1/\lambda$的独立指数随机变量所分割。这就引出了另一种简单的方法来模拟线性泊松过程。

例 5.12

从 0 开始，模拟 $\lambda=1.5$ 的泊松过程的前 25 个点：

```
X <- rexp(25, rate = 1.5)
cumsum(X)

## [1]  1.406436  1.608897  1.800167  3.044730  3.160853  3.640911
## [7]  4.827413  5.229759  6.542869  6.596817  7.305832  8.134470
## [13] 10.704220 11.412163 11.515945 11.642972 12.277173 12.505261
## [19] 15.205137 15.548352 16.727192 17.381278 17.678511 18.457350
## [25] 18.658113
```

练习

1. 模拟 50000 个率参数为 3 的指数随机数。

(a) 计算小于 1 的随机数所占比例，并与率参数为 3 的指数随机变量小于 1 的概率进行比较。

(b) 计算这些随机数的平均值，并与期望值进行比较。

(c) 计算此样本方差，并与其理论值进行比较。

2. 假设某种电池的寿命服从指数分布，其平均寿命为 55h。通过模拟来估计这种电池寿命的平均值和方差，并与其理论值进行比较。

3. 一个简单的电子设备由两个元件组成，它们的失效时间可以被视为独立的指数随机变量。第一个元件的平均失效时间为 3 个月，第二个元件的平均失效时间为 6 个月。任意一个元件失效都会导致电子设备失效。通过模拟来估计电子设备失效时间的平均值和方差。

4. 假设只有两个元件都失效时，电子设备才会失效，重新计算上一题。

5. 用本节所描述的方法模拟 10000 次抵达率为 2.5 的泊松过程。检验区间[0,2]上的点数是否近似服从平均值为 5 的泊松分布。

5.3.5 正态随机变量

若随机变量 X 服从期望值为 μ、方差为 σ^2 的正态分布，则其概率密度函数为

$$f(x)=\frac{1}{\sigma\sqrt{2\pi}}\mathrm{e}^{-\frac{(x-\mu)^2}{2\sigma^2}}$$

$\mu=0$、$\sigma=1$ 的正态分布是标准正态（standard normal）分布。

正态分布的概率密度函数值可通过 `dnorm()` 函数来估算，其分布函数值可以用 `pnorm()` 函数来估算，`qnorm()` 函数可以用来确定正态分布的分位数。例如，期望值为 2.7，标准偏差为 3.3 的正态分布，其 95%分位数为

```
qnorm(0.95, mean = 2.7, sd = 3.3)
```

```
## [1] 8.128017
```

R 中可用于生成正态伪随机变量的函数是 rnorm() 函数。

语法

```
rnorm(n, mean, sd)
```

该函数可生成 n 个平均值为 mean，标准偏差为 sd 的正态伪随机数。

例 5.13

我们可以用如下代码生成 10 个平均值为-3、标准偏差为 0.5 的正态伪随机数:

```
rnorm(10, -3, 0.5)

## [1] -3.520803 -3.130006 -2.682143 -2.330936 -3.158297 -3.293808
## [7] -3.171530 -2.815075 -2.783860 -2.899138
```

我们可以通过以下方法模拟服从特定条件分布的随机数：首先按照无条件分布进行随机数的模拟，然后再舍弃那些不符合条件的随机数。

例 5.14

模拟标准正态分布的随机变量 x，其条件事件为 $0<x<3$ 。我们首先模拟完整的正态分布，然后只保留 0 到 3 之间的值。

我们可以用以下代码大量模拟这种变量:

```
x <- rnorm(100000)                    # 模拟标准正态分布
x <- x[(0 < x) & (x < 3)]             # 舍弃(0,3)以外的所有 x 值
hist(x, probability = TRUE)           # 展示模拟值的直方图
```

图 5.1 展示了直方图如何在区间（0, 3）上标识非标准正态密度。

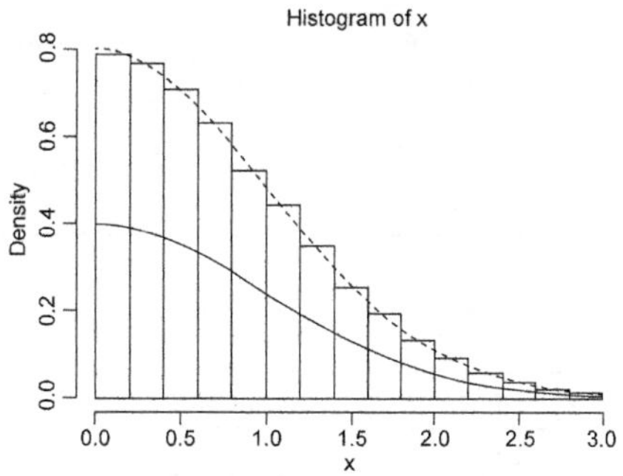

Density-密度；Histogram of x-x 的直方图

图 5.1 模拟值的直方图

图中包括标准正态密度（实线）和变尺度正态密度（虚线）

5.3.6 R 内置分布

R 中有许多标准分布，它们的一般命名规则：rXXXX 生成随机值，dXXXX 给出密度或概率函数，pXXXX 给出累积分布函数，qXXXX 给出分位数。表 5.1 列出了一些单变量连续分布，表 5.2 则列出了一些单变量离散分布信息。为简便起见，省略了密度和概率函数中的归一化常数。

表 5.1 R 软件内置连续分布

名称	rXXXX	参数	区间	平均值	核密度
Beta	rbeta	$\texttt{shape1}=\alpha$ $\texttt{shape2}=\beta$	$0<x<1$	$\frac{\alpha}{\alpha+\beta}$	$x^{\alpha-1}(1-x)^{\beta-1}$
Cauchy	rcauchy	$\texttt{location}=l$ $\texttt{scale}=s$	$-\infty<x<\infty$		$\frac{1}{(1+(x-l)/s)^2}$
Chi-square	rchisq	$\texttt{df}=v$	$x>0$	v	$x^{v/2-1}e^{-x/2}$
Exponential	rexp	$\texttt{rate}=\lambda$	$x>0$	$1/\lambda$	$\exp(-\lambda x)$
F	rf	$\texttt{df1}=v_1$ $\texttt{df2}=v_2$	$x>0$	$\frac{v_2}{v_2-2}$	$\frac{x^{v_1/2-1}}{(v_1x+v_2)^{(v_1+v_2)/2}}$
Gamma	rgamma	$\texttt{shape}=\alpha$ $\texttt{rate}=\beta$	$x>0$	$\frac{\alpha}{\beta}$	$x^{\alpha-1}e^{-\beta x}$
Logistic	rlogis	$\texttt{location}=m$ $\texttt{scale}=s$	$-\infty<x<\infty$	m	$\frac{\exp((x-m)/s)}{[1+\exp((x-m)/s]^2}$
Lognormal	rlognorm	$\texttt{meanlog}=\mu$ $\texttt{sdlog}=\sigma$	$x>0$	$e^{\mu+\sigma^2}/2$	$\frac{1}{x}\exp\left(-\frac{(\log x-\mu)^2}{2\sigma^2}\right)$
Normal	rnorm	$\texttt{mean}=\mu$ $\texttt{sd}=\sigma$	$-\infty<x<\infty$	μ	$\exp\left(-\frac{(x-\mu)^2}{2\sigma^2}\right)$
Student's *t*	rt	$\texttt{df}=v$	$-\infty<x<\infty$	0	$(1+x^2/v)^{-(n+1)/2}$
Uniform	runif	$\texttt{min}=a$ $\texttt{max}=b$	$a<x<b$	$\frac{a+b}{2}$	I
Weibull	rweibull	$\texttt{shape}=a$ $\texttt{scale}=b$	$x>0$	$b\Gamma(1+1/a)$	$x^{a-1}\exp\left[-\left(\frac{x}{b}\right)^a\right]$

表 5.2 R 软件内置离散分布

名称	rXXXX	参数	区间	平均值	核密度
Binomial	rbinom	$\texttt{size}=n$ $\texttt{prob}=p$	$x=0,\cdots,n$	np	$\binom{n}{x}p^x(1-p)^{n-x}$
Geometric	rgeom	$\texttt{prob}=p$	$x=0,1,\cdots$	$\frac{1-p}{p}$	$(1-p)^x$

续表

名称	rXXXX	参数	区间	平均值	核密度
Hypergeometric	rhyper	m, n, k	$x=\max(0,k-n),\cdots,$ $\min(m,k)$	$\frac{km}{m+n}$	$\binom{m}{x}\binom{n}{k-x}$
Negative binomial	rnbinom	size $=n$ prob $=p$	$x=0,1,\cdots$	$n\frac{1-p}{p}$	$\binom{x+n-1}{x}(1-p)^x$
Poisson	rpois	lambda $=\lambda$	$x=0,1,\cdots$	λ	$\frac{\lambda^x}{x!}$

练习

1. 模拟 100 个平均值为 51、标准偏差为 5.2 的正态随机数。估计模拟样本的平均值和标准偏差，并与理论值进行比较。

2. 模拟 1000 个标准正态随机变量 Z 的值，并使用模拟样本来估计以下概率。

（a） $P(Z>2.5)$ 。

（b） $P(0<Z<1.645)$ 。

（c） $P(1.2<Z<1.45)$ 。

（d） $P(-1.2<Z<1.3)$ 。

将所得结果与其理论值进行比较。

3. 当 $|X|>2$ 时，模拟平均值为 3、方差为 16 的正态随机变量 X 的条件分布。

4. 自由度为 1 的 χ^2 随机变量，与标准正态随机变量的平方分布相同。根据这点，模拟 100 个自由度为 1 的 χ^2 随机变量的值，估算平均值和方差，并分别与其理论值 1 和 2 进行比较。

5. 自由度为 n 的 χ^2 随机变量，与 n 个相互独立的标准正态随机变量的分布相同。根据这点，模拟一个自由度为 8 的 χ^2 随机变量，估算平均值和方差，并分别与其理论值 8 和 16 进行比较。

5.4 多元随机数的生成

统计学和概率应用中大多数有趣的问题并非仅涉及一个随机值，而是涉及多个与随机值相关的数值。R 中内置了一些多元分布，但许多情况下，用户仍需要通过自行模拟来生成多元随机数。模拟有很多种方法，本节我们只介绍其中一种方法：序列条件模拟法。

这种方法的思想是，即使 $X=(X_1,X_2,\cdots,X_p)$ 服从复杂的 p 维分布，但 X_1 服从一维的边缘分布。所以我们先模拟出 X_1，然后通过既定的 X_1 条件分布来模拟

X_2，进而通过既定的 X_1 和 X_2 条件分布来模拟 X_3，依此类推。如果边缘分布和条件分布难以计算，那么序列条件模拟法可能不可行，但是从大量的案例来看，情况并非如此。

例 5.15

金融工程有种常规模型，一只股票在 $t+1$ 交易日收盘时的价格 X_{t+1} 等于其前一天的收盘价 X_t 乘以某个数值，该数值的对数服从正态分布，并且每天的两个乘数都是相互独立的。

假设一只股票的起价是每股 100 美元，预计每天会有 1%的价格波动。在未来五天内，价格的联合分布将会是怎样的？五天内股价一直保持 100 美元以上的概率是多少？

我们的模拟可以从 $X_0=100$ 开始，然后乘以 $\exp(Z_t)$，其中 $Z_t\ (t=1,\cdots,5)$ 是平均值为 0、标准偏差为 $\log(1.01)$ 的独立正态随机变量。我们通过 replicate() 循环将上述模拟进行 1000 次，从而获得 1000 组模拟值。

```
X <- numeric(6)
X[1] <- 100
results <- replicate(1000, {
  for (t in 1:5)
    X[t + 1] <- X[t] * exp(rnorm(1, mean = 0, sd = log(1.01)))
  X
})
str(results)

## num [1:6, 1:1000] 100 101.1 100 98.1 98.1 ...
```

以上代码的运行结果为一个 6 行、1000 列的矩阵。那么，所得 1000 组模拟值中哪些组未来五天股价都是大于 100 美元呢？

```
table(apply(results, 2, function(x) all(x [2:6] > 100)))

##
## FALSE  TRUE
##   749   251
```

由此可见，五天内股价一直保持 100 美元以上的概率约为 1/4。

5.5 马尔可夫链模拟

马尔可夫链（Markov chain）是关于随机变量 $X_0, X_1\cdots$ 的序列，其中以所有先前值为条件而产生的 X_{t+1} 的分布只取决于 X_t。马尔可夫链通常用于具有短时记忆的建模系统中，例如股票市场，明天的股价仅取决于今天的股价；再如生态系统中，后代的基因组仅取决于父母的基因组，等等。当 X_t 是由有限个 $1,\cdots,n$ 所构成的离散型随机变量时，$n\times n$ 型矩阵 P 表示条件分布就很方便。对于给定的 $X_t=i$，由 P_{ij} 可以得到 $X_{t+1}=j$ 的条件概率。由于概率的和为 1，所以对于 $i=1,\cdots,n$，可以得到矩阵 P 的各行元素和 $\sum_{j=1}^{n}P_{ij}=1$。

上一节中，我们曾经提及序列条件模拟法，在 R 中使用该方法可以很容易地模拟马尔可夫链。X_{t+1} 的值可以通过下面的简单代码得到：

```
sample(1:n, size = 1, prob = P[X[t], ])
```

马尔可夫链的一个有趣的现象是，它们都存在一个“不变分布”（invariant distribution），即 $P(X_t=i)=\pi_i$。如果从不变分布中提取 X_t 并通过矩阵 P 不断迭代，则 X_{t+1} 的边缘分布也是不变分布。（某些情况下，矩阵 P 至少存在一个不变分布，即某些矩阵 P 可能存在多个不变分布。）更有趣的是，对于某些矩阵 P，如果从任意分布中提取 X_0，那么当 t 足够大时，X_t 的边缘分布近似于不变分布。马尔可夫链-蒙特卡罗（Markov chain Monte Carlo，MCMC）模拟就是利用这点从近似于 π_i 的分布中提取值（π_i 无法通过直接计算得到）。

例 5.16

设想一个由三个阶段组成的患病模型。阶段 1 是健康，阶段 2 是轻度患病，阶段 3 是严重患病。健康的人保持健康的概率为 0.99，转变为轻度患病的概率为 0.01。轻度患病的患者治愈并恢复健康的概率为 0.5，保持轻度患病的概率为 0.4，发展为严重患病的概率为 0.1。最后，严重患病的患者保持在病重状态下的概率为 0.75，而改善为轻度患病的概率为 0.25。

这个模型可以用一个具有三层结构的马尔可夫链来表示，其状态转移概率矩阵为

$$P=\begin{bmatrix}0.99 & 0.01 & 0.00\\ 0.50 & 0.40 & 0.10\\ 0.00 & 0.25 & 0.75\end{bmatrix}$$

我们可以对两个人的患病状态进行 10000 步模拟：初始状态时，一个是健康者，另一个严重患病。

```
P <- matrix(c(0.99, 0.01, 0,
              0.5,  0.4,  0.1,
              0,    0.25, 0.75), 3, 3, byrow = TRUE)
healthy <- numeric(10000)
healthy[1] <- 1
```

```
for(t in 1:9999)
  healthy[t + 1] <- sample(1:3, size = 1, prob = P[healthy[t], ])
table(healthy)

## healthy
##    1    2    3
## 9692  218   90

sick <- numeric(10000)
sick[1] <- 3
for(t in 1:9999)
  sick[t + 1] <- sample(1:3, size = 1, prob = P[sick[t], ])
table(sick)

## sick
##    1    2    3
## 9646  216  138
```

结果发现，10000 步模拟之后这两个人患病状态的概率分布非常相似。实际上，它们的分布接近于矩阵 P 的（唯一）不变分布，也可以用其他方法（参考第 6 章的练习 1）来近似（即通过元素 0.973, 0.020, 0.008 构造循环矩阵）。

例 5.17

路德维希·凡·贝多芬的乐曲《欢乐颂》(*Ode to Joy*) 可以用 “Lilypond” 格式表示，这是一种计算机上表示音乐乐谱的标准格式，如下所示：

```
\score{
 {
 \tempo 4 = 120
e'4 e'4 f'4 g'4  g'4 f'4 e'4 d'4  c'4 c'4 d'4 e'4  e'4. d'8 d'2
e'4 e'4 f'4 g'4  g'4 f'4 e'4 d'4  c'4 c'4 d'4 e'4  d'4. c'8 c'2
d'4 d'4 e'4 c'4  d'4 e'8 f'8 e'4  c'4 d'4 e'8 f'8  e'4 d'4 c'4 d'4 g2
e'4 e'4 f'4 g'4  g'4 f'4 e'4 d'4  c'4 c'4 d'4 e'4  d'4. c'8 c'2
 }
 \ layout{ }
 \ midi{ }
}
```

乐谱实际是从第四行开始，每个音符都以符号表示，符号包含两个部分：字母表示音高，数字表示音长。其他标点符号则用于修改音高或音长。该文件可以转换成标准音乐格式，也可以转换成大多数计算机都可播放的 “MIDI” 文件。http://lilybin.com 网站提供了计算机谱曲阶段所需要的在线工具。

我们可以借助 R 随机抽取相应的音符子集，来“创作”具有《欢乐颂》风格的音乐。首先，将前文的 Lilypond 乐谱保存为文件 `ode.ly`，并将乐谱中所有的符号赋值给字符型向量 `notes`：

```
notes <- scan("ode.ly", skip = 3, nlines = 4, what = character())
```

然后，从 `notes` 中随机取样，并输出取样结果：

```
random <- sample(notes, 63, replace = TRUE)

writeLilypond <- function(notes, filename = " ") {
  cat(c("\\score{\n {\n \\tempo 4 = 120",
        paste(" ", strwrap(paste(notes, collapse = " "))),
        " }\n \\layout{}\n \\mid{}\n}"),
      sep = "\n", file = filename)
}
writeLilypond(random, filename = "indep.txt")
```

以上代码得到的音乐听起来很悦耳，但还不太像贝多芬风格。我们可以借助与原作类似的转移概率进行马尔可夫链抽样，使所得抽样结果更接近原作。不过，原作特征还是保留得越多越好，例如样本在选择音符时，要以原作中前两个（而不是前一个）音符出现的频率为前提。也就是说，我们希望音符 Y_t 的分布同时依赖于 Y_{t-1} 和 Y_{t-2}。

事实证明，我们可以用一个马尔可夫链做到这一点。定义 $Z_t=(Y_{t-1},Y_t)$，Z_t 是一个马尔可夫链，可以很容易地从中提取 Y_t。我们还可以把它推广到 Y_t 依赖于前 n 个观测值的情况。

这种模拟在实际应用中存在着问题，如果 Y_t 有 m 种状态，那么 Z_t 就有 m^n 种状态。我们的样本乐谱中有 14 个不同的音符，如果我们想要匹配 5 个连续音符的分布，就需要对 Z_t 定义 $14^5=537824$ 种不同的可能性状态，从而导致 Z_t 的转移概率矩阵 P 过大而难以操控。但是，矩阵 P 将变得“稀疏”（sparse），因为大部分输入值为零。例如，我们的乐谱只有 61 次状态转移（音符转换），其中还伴随一些重复转换。在 R 中表示这个稀疏矩阵是件很容易的事，只是这里我们使用 `list()` 函数来代替 `matrix()` 函数：

```
countTransitions <- function(notes, n) {
    len <- length(notes)
    # 在起始和结束位置分别放置特殊标识
    notes <- c(rep("START", n), notes, "STOP")
    result <- list(n = n)
    # "数据 + STOP"循环，对乐谱符号进行计数
    for(i in 1:(len+1)) {
```

```
        index <- notes [ seq_len(n+1)+ i - 1 ]
        # 我们仅保留符合原作特征的结果，所以如果某种状态转移情况之前从来没有出现
        # 过，就将之赋值为NULL，采用 list()在此处插入一个空列表
        for (j in seq_len(n)) {
            if (is.null(result[[ index[1:j] ]]))
              result[[ index[1:j] ]] <- list()
        }
        prevcount <- result[[index]]
        if (is. null(prevcount))
          result[[ index ]] <- 1
        else
          result[[ index ]] <- result[[ index ]] + 1
      }
      result
}
```

结果返回记录 n 的列表，我们可以通过该列表和以下函数生成新的乐谱：

```
generateTransitions <- function(counts, len, filename = " ") {
     # 初始值设为 "START"
     n <- counts$n
     len <- len + n
     notes <- rep("START", len)
     i <- n
     while(i < len && notes[i] != "STOP" ) {
       i <- i + 1
       index <- notes[i - n:1]
       distn <- counts[[ index ]]
       notes[i] <- sample(names(distn), 1, prob = distn)
     }
     # 现在去除“START”和“STOP”，并返回函数运行结果
     notes[ !(notes %in% c("START", "STOP")) ]
}
```

这里我们给出的是最大长度，但是如果运算过程中碰到 STOP 标志，整个运算就会提前终止。调用以上三个函数，并设置 countTransitions()函数的参数 $n=2$，所得结果可用标准音乐符号表示，见图 5.2。

```
counts <- countTransitions(notes, 2)
writeLilypond(generateTransitions(counts, 100))
\score{
 {
  \tempo 4 = 120
```

```
    e'4  e'4 f'4 g'4 g'4 f'4 e'4 d'4 c'4 c'4 d'4 e'4 c'4 d'4 e'4
    e'4. d'8 d'2 e'4 e'4 f'4 g'4 g'4 f'4 e'4 d'4 c'4 c'4 d'4 e'4
    e'4. d'8 d'2 e'4 e'4 f'4 g'4 g'4 f'4 e'4 d'4 c'4 c'4 d'4 e'4
    d'4. c'8 c'2
    }
    \ layout{ }
    \ midi{ }
   }
```

图 5.2　贝多芬《欢乐颂》的随机变体

五线谱由 Lilypond 格式的乐谱通过 lilybin.com 网页在线生成

这听起来就像一位不熟练的音乐家在演奏《欢乐颂》。如果我们从更长的乐谱开始模拟，或者把两种曲调的音符转换混合起来，就可以得到更像原作的乐谱。

5.6　蒙特卡罗积分

假设 $g(x)$ 是区间 $[a,b]$ 上的可积函数，其积分为

$$\int_a^b g(x)\mathrm{d}x$$

积分区域的面积：$a<x<b$，y 介于 0 到 $g(x)$ 之间（其中负值代表负值域）。

蒙特卡罗积分采用模拟的方法得到积分的近似解。该方法的理论依据是大数定律（law of large numbers），即一个足够大的随机样本的平均值接近其抽样分布的期望值。如果将积分用抽样分布的期望值来表示，那么我们就能通过样本平均值对其进行逼近。

例如，令 $U_1,U_2,\cdots,U_n$ 为区间 $[a,b]$ 上的独立均匀随机变量，其在区间 $[a,b]$ 上的概率密度函数为 $f(u)=1/(b-a)$，那么

$$E\left[g(U_i)\right]=\int_a^b g(u)\frac{1}{b-a}\mathrm{d}u$$

通过 $b-a$ 乘以 $g(U_i)$ 的抽样平均值就可以逼近原积分 $\int_a^b g(x)\mathrm{d}x$。

例 5.18

以下方法用来对积分 $\int_0^1 x^4\mathrm{d}x$ 进行逼近：

```
u <- runif(100000)
mean(u^4)
## [1] 0.2005908
```

该积分的精确解为 0.2，可以很容易地通过以上方法计算出来。

例 5.19

以下方法用来逼近积分 $\int_2^5 \sin(x)\mathrm{d}x$：

```
u <- runif(100000, min = 2, max = 5)
mean(sin(u))*(5-2)

## [1]  -0.6851379
```

该积分的真实解可表示为-0.700。

多重积分

设 $V_1, V_2, \cdots, V_n$ 为区间[0,1]上的一组独立均匀分布随机变量的附加集，同时假设 $g(x,y)$ 是变量 x 和 y 的可积函数。由大数定律可知：

$$\lim_{n\to\infty}\sum_{i=1}^{n} g(U_i,V_i)/n = \int_0^1\int_0^1 g(x,y)\mathrm{d}x\mathrm{d}y$$

其概率为 1。

所以，我们可以通过生成两组独立均匀分布伪随机变量来逼近积分 $\int_0^1\int_0^1 g(x,y)\mathrm{d}x\mathrm{d}y$，计算每一组的 $g(U_i,V_i)$，并取平均值。

例 5.20

以下方法用来对积分 $\int_3^{10}\int_1^7 \sin(x-y)\mathrm{d}x\mathrm{d}y$ 进行逼近：

```
U <- runif(100000, min = 1, max = 7)
V <- runif(100000, min = 3, max = 10)
mean(sin(U - V))*42

## [1] 0.07989664
```

补偿因子 $42=(7-1)(10-3)$，是针对 U 和 V 的联合密度 $f(u,v)=1/42$ 而设置的。

需要注意的是，均匀密度绝不是蒙特卡罗积分中唯一可用的密度。如果 X 的密度为 $f(x)$，则 $E[g(X)/f(X)]=\int[g(x)/f(x)]f(x)\mathrm{d}x=\int g(x)\mathrm{d}x$，那么我们就可以用 $g(X)/f(X)$ 的抽样平均值来逼近 $\int g(x)\mathrm{d}x$。

例 5.21

若要逼近积分 $\int_1^{\infty}\exp(-x^2)\mathrm{d}x$，先将其写成 $\int_0^{\infty}\exp\left[-(x+1)^2\right]\mathrm{d}x$，然后用指数分布对 X 进行模拟:

```
X <- rexp(100000)
mean( exp( -(X + 1)^2 ) / dexp(X) )

## [1] 0.140112
```

该积分的真实解为 0.1394。

蒙特卡罗积分并不总是成功的，有时 $g(X)/f(X)$ 的变化很大，以至于样本的平均值不收敛。尽量选择合适的 $f(x)$，使 $g(X)/f(X)$ 比值大致恒定，并且避免 $g(x)/f(x)$ 任意大的情况发生。

练习

1. 用蒙特卡罗积分来估算以下积分，并将逼近得到的解与积分的精确解进行比较。

$$\int_0^1 x\mathrm{d}x,\ \int_1^3 x^2\mathrm{d}x,\ \int_0^{\pi}\sin(x)\mathrm{d}x,\ \int_0^{\pi}\mathrm{e}^x\mathrm{d}x,\ \int_0^{\infty}\mathrm{e}^{-x}\mathrm{d}x,$$

$$\int_0^{\infty}\mathrm{e}^{-x^3}\mathrm{d}x,\ \int_0^3\sin(\mathrm{e}^x)\mathrm{d}x,\int_0^1\frac{1}{\sqrt{2\pi}}\mathrm{e}^{-x^2/2}\mathrm{d}x,$$

$$\int_0^2\frac{1}{\sqrt{2\pi}}\mathrm{e}^{-x^2/2}\mathrm{d}x,\ \int_0^3\frac{1}{\sqrt{2\pi}}\mathrm{e}^{-x^2/2}\mathrm{d}x$$

2. 用蒙特卡罗积分来估计以下双重积分。

$$\int_0^1\int_0^1\cos(x-y)\mathrm{d}x\mathrm{d}y$$

$$\int_0^1\int_0^1\mathrm{e}^{-(y+x)^2}(x+y)^2\mathrm{d}x\mathrm{d}y$$

$$\int_0^3\int_0^1\cos(x-y)\mathrm{d}x\mathrm{d}y$$

$$\int_0^5\int_0^2\mathrm{e}^{-(y+x)^2}(x+y)^2\mathrm{d}x\mathrm{d}y$$

5.7 高级模拟方法

目前为止，我们介绍的模拟方法只适用于具有特定概率密度或分布特征的数据类型。通用模拟方法则可以从各种分布中提取伪随机样本。

例 5.22

设 X 为服从二项分布 (n,p) 的随机变量，其中 n 已知，p 值接近于 0.7。我们想要通过给定的 $X=x$，来估计 p。

p 的极大似然估计量为 $\hat{p}=x/n$，但这忽略了我们的先验知识，即 p 实际上接近 0.7。

如果我们将先验知识转化为密度，例如，$p\sim N(0.7,\sigma=0.1)$，对于给定的 $X=x$，可以通过贝叶斯（Bayes）定理计算出 p 的条件密度，即

$$f(p\,|\,X=x)\propto \exp\left(\frac{-(p-0.7)^2}{2(0.1)^2}\right)p^x(1-p)^{n-x}\text{，}\quad 0<p<1$$

很难计算出可以使其标准密度积分为 1 的常数，但是数值逼近法（如蒙特卡罗积分）则可能做到。

本节接下来会为大家介绍一些模拟方法，这些方法可从某个类似前面所述的密度函数中产生伪随机数。常用的模拟方法有两种：舍选抽样（rejection sampling）和重要性抽样（importance sampling）。

5.7.1 舍选抽样法

5.3.5 节提到过从条件分布中抽样，用到的就是舍选抽样法思想：从方便的条件分布中抽取样本，并选择一个子样本来实现目标分布。下面我们连续使用两个例子，向大家展示如何使用舍选抽样法从单变量密度函数或概率函数 $g(x)$中抽取随机样本。

第一个例子用来演示最简单的舍选抽样法。

例 5.23

用三角分布密度函数模拟伪随机变量：

$$g(x)=\begin{cases}1-|1-x|, & 0\leqslant x<2\\ 0, & \text{其他}\end{cases}$$

该密度函数如图 5.3 左图所示，如果我们能从三角分布密度函数以下的三角区域均匀地画点，x 坐标对应的就是密度函数 $g(x)$分布。右图表明，密度非零时的图形可以完全包含在一个高度为 1、宽度为 2 的矩形中。矩形中均匀分布的点有一个子集均匀分布在三角分布密度函数所围成的三角区域中。因此，我们可以通过以下策略模拟三角分布密度函数：

（1）在矩形中均匀地模拟一个点 (U_1,U_2)。

（2）如果点 (U_1,U_2) 位于三角区域，则接受 U_1 为伪随机变量；否则，拒绝接受该点并返回步骤（1）。

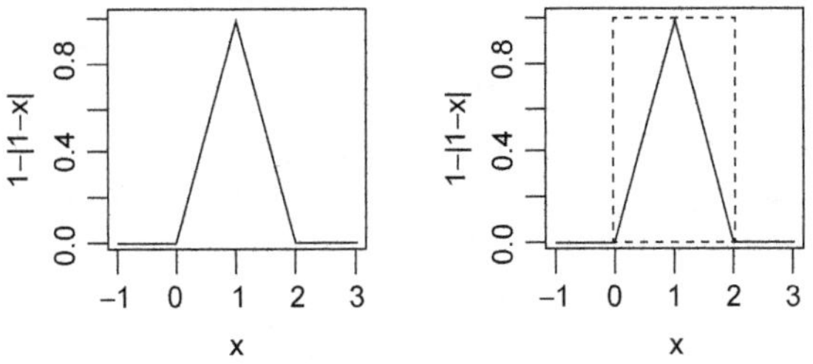

图 5.3 三角分布密度函数在区间(0,2)上的图形

右图虚线表示函数取非零值的矩形框

由于三角分布密度函数的面积占矩形面积的一半，我们期望每从矩形中均匀随机抽取两个点，就有一个点落在三角区域。

以上步骤可通过向量化的方式来实现，其 R 代码为

```
U1 <- runif(100000, max=2)
U2 <- runif(100000)
X <- U1[U2 < (1 - abs(1 - U1))]
```

向量 X 包含大约 50000 个来自三角分布的模拟值。

为了适应密度函数 $g(x)$在较大（乃至无限）范围内的数值都为非零的情况，并且提高计算效率，我们需要一种更为通用的舍选抽样方法。寻找一个常数 k 和一个已知密度函数 $f(x)$，并且对所有的 x 有 $kg(x) \leqslant f(x)$。

然后，在 $f(x)$ 函数曲线下绘制均匀分布的点，而 $g(x)$ 函数曲线下均匀分布的点就是最初这些点的一个子集（图 5.4），其伪代码如下：

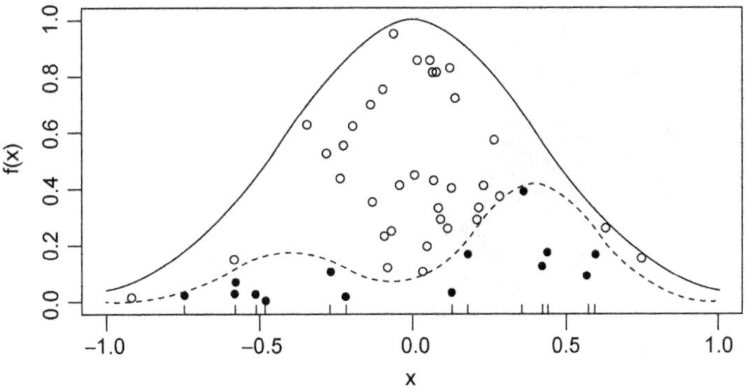

图 5.4 密度函数 $f(x)$（实线）和 $kg(x)$（虚线）

所有的点都均匀分布在 $f(x)$ 函数曲线下面；其中 $kg(x)$ 函数曲线上面的点（空心点）被舍弃，$kg(x)$ 函数曲线下面的点（实心点）则被接受。横坐标刻度表示伪代码中 x 的输出值

```
repeat {
    draw X ~ f(X) , U ~ unif(0,1)
    if  U * f(X) < k * g(X)
        break
}
output X
```

例 5.24

模拟密度函数 $g(x)=C\mathrm{e}^{-x1.5}$， $x\geqslant 0$，未知常数 C 是密度函数的归一化常数。即使 C 未知，但是由于 $0.5\mathrm{e}^{-x1.5}\leqslant \mathrm{e}^{-x}$，舍选抽样时可以设置 $k=0.5/C$：

```
kg <- function(x) 0.5*exp(-(x^1.5))
X <- rexp(100000)
U <- runif(100000)

X <- X [ U*dexp(X) <  kg(X) ]       # 只保留能满足 Uf(X)<kg(X)的X值
```

向量 X 由来自于既定密度函数的大量伪随机数组成，可以通过以下代码绘制其直方图：

```
hist(X, freq = FALSE, breaks = "Scott")
```

为了能够覆盖理论密度，我们采用相对频率绘制直方图。但问题是，使 $g(x)$ 成为密度函数的常数 C 是个未知数。我们可以用蒙特卡罗积分法逼近常数 C；或者更简单点，利用能缩放样本点的适当比例值 k。结果如图 5.5 所示。

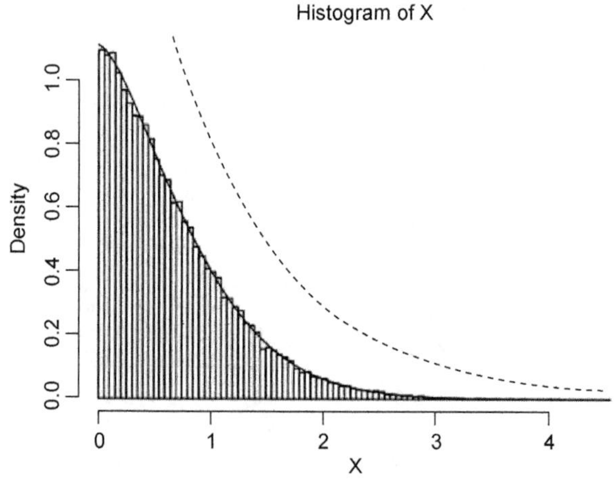

Density-密度；Histogram of X-X 的直方图

图 5.5　$g(x)=C\mathrm{e}^{-x1.5}$ 样本的直方图

实线表示近似密度函数 $g(x)$，虚线表示 $f(x)/k$

5.7.2 重要性抽样法

加权平均值是指每个观测值分别被指定特定权重后，计算得到的平均值。也就是说，与算术平均值 $\bar{x}=(1/n)\sum_{i=1}^{n}x_i$ 不同的地方在于，加权平均值引入了权重值 $w_1,\cdots,w_n$，其计算公式也相应改变为 $\bar{x}_w=\sum_{i=1}^{n}w_ix_i/\sum_{i=1}^{n}w_i$。通常情况下，样本平均值可以看作是各观测值权重完全相等的加权平均值。

重要性抽样法是一种随机生成样本和权重的方法，该方法中加权平均值近似于目标密度函数 $g(x)$ 的期望值。和舍选抽样法一样，我们从适当的密度函数 $f(x)$ 开始抽样。

（1）选择一个适当的密度函数 $f(x)$（我们很清楚地知道如何从中进行抽样）。

（2）从 $f(x)$ 中抽取 $(x_1,\cdots,x_n)$ 作为样本。

（3）计算权重 $w_i=g(x_i)/f(x_i)$。

接下来我们用权重为 w_i 的加权平均值 $h(x_i)$ 来逼近函数 $h(X)$ 的期望值，其中 $X\sim g(x)$。

要想理解重要性抽样法的工作原理，首先要注意 w_i 与舍选抽样器接受 x_i 作为 $g(x)$ 样本的概率是成比例关系的。对于给定的 x_i，加权平均公式中贡献率 $w_ih(x_i)/\sum_{i=1}^{n}w_i$ 正是舍选抽样中该点对样本平均值的贡献率期望值。如果舍选抽样法有效，那么重要性抽样法也同样有效。而且由于没有因样本被拒绝而造成的信息丢失，重要性抽样法的效果相对较好。此外，重要性抽样法无须像舍选抽样法一样寻找常数 k，其 $g(x_i)$ 和 $f(x_i)$ 也不需要归一化密度，因为除以权重之和，就相当于进行了归一化处理。

另外，与简单随机样本相比，加权样本处理起来难度更大，因此大多数情况下首选舍选抽样法。

我们继续通过上节的示例来说明以上问题，可以用 weighted.mean() 函数逼近上节密度函数 $g(x)$ 的均值和方差：

```
X <- rexp(100000)
W <- g(X)/dexp(X)
mean <- weighted.mean(X, W)
mean

## [1] 0.6579574

weighted.mean( (X - mean)^2, W )        # 方差为E[ (X - Xbar)^2 ]
```

```
## [1] 0.3036045
```

练习

1. 使用 runif()函数和舍选抽样法编写一个函数，使之在区间[−4,4]上生成标准正态伪随机数。你能修改函数，使其能在整个区间上生成标准正态伪随机数吗？

2. 以下函数可生成正态伪随机数：

```
rannorm <- function(n, mean = 0, sd = 1){
    singlenumber <- function() {
            repeat{
                U <- runif(1)
                U2 <- sign(runif(1, min = -1)) # 值为+1 或者-1
                Y <- rexp(1) * U2              # Y 是双指数型 r.v.
                if (U < dnrom(Y) / exp(-abs(Y))) break
            }
            return(Y)
    }
    replicate(n, singlenumber()) * sd + mean
}
```

（a）调用该函数生成一个向量，包含 10000 个均值为 8、标准偏差为 2 的正态伪随机数。

（b）绘制 QQ 图以检验所生成伪随机数的精确性。

（c）调用 curve()函数在区间[0,4]上绘制标准正态密度图。设置参数 add=TRUE，将指数密度叠加在同一区间上，以验证舍选抽样法使用得是否恰当。

3. 尝试用以下两种方法模拟由数值 0、1、2、3、4、5 构成的离散分布，各数值对应的概率分别为 0.2、0.3、0.1、0.15、0.05、0.2。

第一种方法是反演法：

```
probs <- c(0.2, 0.3, 0.1, 0.15, 0.05, 0.2)
randiscrete1 <- function(n, probs) {
    cumprobs <- cumsum(probs)
    singlenumber < - function() {
    x <- runif(1)
    N <- sum(x > cumprobs)
    N
    }
    replicate(n, singlenumber())
}
```

第二种方法是舍选抽样法：

```
randiscrete2 <- function(n, probs) {
    singlenumber <- function() {
        repeat{
            U <- runif(2, min = c(-0.5, 0), max = c(length(probs)-
                      0.5, max(probs)))
            if(U[2] < probs[round(U[1])+ 1]) break
        }
        return(round(U[1]))
    }
    replicate(n, singlenumber())
}
```

分别设 $n=100,1000,10000$，运行以上两个函数，并通过 `system.time()` 函数来确定哪个函数运算速度更快。

4. 对整数 $\{0,1,2,\cdots,99\}$ 重复上述练习，其中各数值的概率分布由下列代码生成：

```
set.seed(91626)
probs <- runif(100)
probs <- probs / sum(probs)
```

在什么情况下，舍选抽样法模拟离散分布的效果要优于反演法？

5. 编写一个 R 函数，使之采用重要性抽样法生成二项分布 (m,p) 伪随机数的加权样本，并比较加权平均值与理论均值的差异。

本 章 练 习

1. 编写一个 R 函数，用来模拟两个人（Ann 和 Bob）的乒乓球对决。（谁先获得 21 分，谁就赢得比赛。）

(a)首先假设 Ann 和 Bob 分别以 p_{Ann} 和 p_{Bob} 的概率依次击中球，对 p_{Ann} 和 p_{Bob} 取不同的值，计算 Ann 获胜的概率。

(b) 充分发挥想象力，增加更多的作用因子（如发球、击球或旋转球的能力），探讨 Ann 赢得比赛的概率。

2. 以下模型已用于传染病研究，即假定有 N 个人，其中一些是流感患者，所作假设如下：

（1）当一个患者遇到一个健康的人，后者被感染的概率是α;

（2）所有的相遇都发生在两个人之间；

（3）所有成对相遇的可能性都是相同的；

（4）每单位时间都会发生一次这样的相遇。

（引自 *Elementary Probability Theory with Stochastic Processes*, K. L. Chung, Springer, 1975）

（a）编写一个R函数，用以模拟模型中不同N值（如10000）和α值（如0.001至0.1之间）。假设最初有一个流感患者，监测流感传染的过程。

（b）假设最初只有一个人感染了流感，那么预期多久以后会有1000人被感染？

（c）追加一个新的假设，即单位时间内每位感染者的康复概率是0.01。监测该假设下的流感传染过程数次，并将其与（a）中原假设下的监测结果进行对比。

（d）假设两次相遇的时间间隔是平均值为5min的指数随机变量，重新监测流感传染过程。

（e）假设两次相遇的时间间隔是平均值为5min、标准偏差为1min的正态随机变量的绝对值，重新监测流感传染过程。

3. 模拟下述简单的汽车保险索赔模型。

（1）索赔按照泊松过程进行，抵达率为100/年。

（2）每一项索赔都服从大小随机的伽马分布，其形状参数和长度参数都为2。该伽马分布平均值为1，方差为1/2。索赔事件一旦发生，保险公司必须赔付。

（3）保险公司按每年105的费率赚取保险费，保险费按年平均分配（单位为年的时间段t，其保险费总额为$105t$）。

编写R代码来执行以下操作：

（a）模拟一年内发生的所有索赔的次数和金额。从零开始，描绘一张该保险公司全年不同时期资金总额的图表。资金总额应随着保险费的增加平稳增长，但在索赔事件发生时会有所下降。

（b）重复模拟1000次，并估计以下各量。

（i）该保险公司所拥有资金的预期最低总额。

（ii）该保险公司所拥有资金的预期最终总额。

4. 令$f(x)=(\sin x)^2, 0<x<2\pi$。

（a）绘制函数图。

（b）使用蒙特卡罗积分法求$0<x<2\pi$区间上$f(x)$曲线下的面积，并计算该面积的95%置信区间。

（c）利用三角学或微积分法求解同一区域下的面积，真实值是否被包含在上述置信区间内？

（d）编写一个名为 rsin2 的 R 函数，该函数可以从密度函数 $f(x)/k$ $(0<x<2\pi)$中生成随机值，其中 k 为上述区域面积。该函数还应设置单一的参数来指定需要多少个样本，例如，rsin2(10)表示从这个分布中返回由 10 个样本组成的向量。用舍选抽样法抽取各样本，并绘制基于 1000 个样本的直方图。

（e）使用上述函数抽取一个由 1000000 次随机抽样得到的样本，并计算其平均值的 95%置信区间。（从对称性来看，平均值的真实值一定是 π 。你的置信区间是否包含真实值？）

5. （a）修改例 5.17 中的函数，以获取一些英文文本，并计算每个“由 n 个字符构成的序列”在文本中出现的次数。

（b）寻找合适的文本源（例如莎士比亚的某部戏剧），并对其运行你的函数。

（c）采用上述所得计数来定义一个关于转移概率的马尔可夫链，并用相同的分布模拟一些伪随机文本。

6. 泊松聚块模型是齐次泊松过程的一个简单推广。该模型分两步构造了符合泊松分布的 N 个簇，每个簇又包含一定数目符合泊松分布的点。第一阶段，生成齐次泊松过程的 N 个点，即簇中心。第二阶段，根据二维正态分布生成第 i 簇的 $M(i)$ 个点，其均值在第 i 簇的中心位置，并在每个方向都有给定的标准偏差。类似的模型在很久以前就被提出，并用于星系团的研究[①]。

下面的代码模拟了在 1000 × 1000 区域内的泊松聚块模型，该模型是均值为 15 的泊松过程，因而具有 15 个簇，每个簇平均有 40 个点。簇半径大小服从标准偏差为 20 的正态分布。执行此代码，观察结果中生成点的格局。

```
N <- rpois(1, 15)              # N 个簇中心
U1 <- runif(N, min = 0, max = 1000)
U2 <- runif(N, min = 0, max = 1000)
#(U1, U2)是簇中心的坐标

M <- rpois(N,40)               # 每个簇中的点数
x <- vector("list", N)         # 创建一个含有 N 个空组分的列表
y <- vector("list", N)
for (i in 1: N) {
  x[[i]] <- rnorm(M[i], mean = U1[i], sd = 20)
  y[[i]] <- rnorm(M[i], mean = U2[i], sd = 20)
}
clusters <- data.frame(x = unlist(x), y = unlist(y))
plot(clusters)                 # 结果可视化
```

① Neyman J, Scott E L. 1952. A theory of the spatial distribution of galaxies. Astrophysical Journal, 116: 144-163.

请注意 `vector()` 函数在创建空 `list()` 对象时的用法。

（a）观察簇的预期数目增加到25时，将会发生什么。

（b）当改变定义簇的正态随机变数，即随机数的正态分布标准偏差为 $sd = 40, \cdots, sd = 5$ 时，数据点的格局会发生什么变化？

（c）试验一下椭圆簇，x 方向的标准偏差小于 y 方向的标准偏差。所产生的点格局是否符合你的预期？

（d）在上述代码中使用 `rexp()` 函数生成大小和形状随机的簇。

第 6 章　计算线性代数

线性代数可用来处理向量空间（vector space）及其线性运算（linear operation）。数学里通常把某个向量表示为数值型列向量（column vector），把线性运算表示为矩阵。把对某个向量的线性运算转化为列向量与某矩阵的乘法运算，那么对多个向量进行的线性运算就是矩阵乘法（matrix multiplication）运算。

线性代数重要的应用之一是求解线性方程组（systems of linear equations）。例如方程组：

$$3x_1 - 4x_2 = 6$$
$$x_1 + 2x_2 = -3$$

表示为

$$Ax=b$$

其中

$$A=\begin{bmatrix}3 & -4\\ 1 & 2\end{bmatrix},\ x=\begin{bmatrix}x_1\\ x_2\end{bmatrix},\ b=\begin{bmatrix}6\\ -3\end{bmatrix}$$

解得

$$x=A^{-1}b=\begin{bmatrix}0.2 & 0.4\\ -0.1 & 0.3\end{bmatrix}\begin{bmatrix}6\\ -3\end{bmatrix}=\begin{bmatrix}0\\ -1.5\end{bmatrix}$$

线性代数在线性回归、平滑和模拟等统计学中均有广泛应用。我们将在本书中提及一些应用，但它们大多数都超出了本书范畴。

从计算的角度来看，线性代数中的大多数问题可以归结为高效且准确求解线性方程组。为了评估结果的准确性，我们需要了解矩阵的特性，这种了解本身就很有意义。高效通常意味着所提出的问题与我们从严格的数学角度看到的问题是不同的。例如，我们通常不会用 $x = A^{-1}b$ 来解 $Ax=b$，因为从计算的角度来看，这样做既低效又不准确。

本章中，我们将介绍几种解决以上问题的方法，并用 R 代码加以说明。R 整合了 LAPACK①库中线性代数的运算程序。LAPACK 是一个已经过测试、值得信

---

① Anderson E, Bai Z, Bischof C, et al. 1999. LAPACK Users' Guide. Third Edition. SIAM. Available on-line at www.netlib.org/lapack/lug/.

赖的数据库，而 R 又是计算线性代数的优秀平台，二者结合可得到可靠结果。然而，与所有的数值计算一样，了解基本理论是获得可靠结果的重要前提。

6.1 R 中的向量和矩阵

R 中的数值“向量”和“矩阵”与数学中的向量和矩阵非常相似。（R 还允许其向量和矩阵中包含其他类型的数据，但这并不是本章所关注的内容。）R 通常不区分列向量和行向量，但当这种区分很重要时，R 允许矩阵为单列或单行向量。

R 中的数值矩阵输出为数字的矩形数组，但内部存储为具有维数属性的向量。对计算线性代数而言，内部存储形态通常可以忽略不计。

6.1.1 构建矩阵对象

矩阵可以用函数 matrix()、cbind() 或 rbind() 来构建。

语法

```
matrix(data, nrow, ncol)        # data 是一个包含 nrow*ncol 个元素的向量
cbind(d1, d2, ..., dm)          # d1, d2, ..., dm 是列向量
rbind(d1, d2, ..., dn)          # d1, d2, ..., dn 是行向量
```

例 6.1

希尔伯特矩阵（Hilbert matix）由于其构造简单而且具有令人惊讶的特质，因此在数值线性代数中得到了广泛的研究。

```
H3 <- matrix(c(1, 1/2, 1/3, 1/2, 1/3, 1/4, 1/3, 1/4, 1/5), nrow = 3)
H3

##           [,1]      [,2]      [,3]
## [1,] 1.0000000 0.5000000 0.3333333
## [2,] 0.5000000 0.3333333 0.2500000
## [3,] 0.3333333 0.2500000 0.2000000
```

H3 是 3×3 的希尔伯特矩阵，它将(i, j)记为$1/(i+j-1)$。需要注意的是，创建矩阵 H3 的命令行不需要参数 ncol，因为参数 data 被赋值为包含 9 个元素的向量，当行数设置为 3（nrow = 3）时，列数很明显是 3。

我们还可以通过“合并列”的方式来构造矩阵，如下所示：

```
1/cbind(seq(1, 3), seq(2, 4), seq(3, 5))
```

```
##              [,1]      [,2]      [,3]
## [1,] 1.0000000 0.5000000 0.3333333
## [2,] 0.5000000 0.3333333 0.2500000
## [3,] 0.3333333 0.2500000 0.2000000
```

本例中，由于对称性，rbind()函数得到与 H3 相同的结果。

需要注意的是，矩阵不一定是正方形的。

例 6.2

至于一些简单的非方阵的例子，请参考以下两段代码：

```
matrix(seq(1, 12), nrow = 3)

##      [,1] [,2] [,3] [,4]
## [1,]    1    4    7   10
## [2,]    2    5    8   11
## [3,]    3    6    9   12
```

和

```
x <- seq(1, 3)
x2 <- x^2
X <- cbind(x, x2)
X

##      x x2
## [1,] 1  1
## [2,] 2  4
## [3,] 3  9
```

上述矩阵 X 也可以用以下代码生成：

```
X < - matrix(c(1, 2 , 3, 4, 9), ncol = 2)
```

由于我们并没有输入矩阵列的名称，因此显示的 X 列名与之前的代码不同。

练习

1. 用 matrix()、seq()和 rep()等函数构建下面 5×5 的汉克尔矩阵：

$$A=\begin{bmatrix}1&2&3&4&5\\2&3&4&5&6\\3&4&5&6&7\\4&5&6&7&8\\5&6&7&8&9\end{bmatrix}$$

将代码转换为一个可用于构建与 A 模式相同的 $n\times n$ 矩阵的函数，用该函数计算 10×10 和 12×12 的汉克尔矩阵。

2. 用 rbind()函数将向量[0.1,0.5,0.0,0.4]、[0.2,0.3,0.5,0.0]、[0.3,0.0,0.5,0.2]和[0.2,0.3,0.2,0.3]堆叠成一个 4×4 的矩阵，结果记为 P。

3. 用 cbind()函数构建下列 7×3 的矩阵：

$$W=\begin{bmatrix}1 & 2 & 4\\1 & 3 & 7\\1 & 4 & 5\\1 & 5 & 6\\1 & 6 & 7\\1 & 7 & 5\\1 & 8 & 3\end{bmatrix}$$

6.1.2 访问矩阵元素：行名和列名

矩阵元素的索引与数据框索引相同：元素(i,j)位于第 i 行、第 j 列。例如，矩阵 X 中元素(3,2)是 9，我们可以通过以下方式获得这个元素：

```
X[3, 2]

## x2
##  9
```

R 语言中 X[i,]表示第 i 行，X[, j]表示第 j 列。例如：

```
X[3,]

## x  x2
## 3   9

X[, 2]

## [1] 1 4 9
```

执行以上代码得到的结果通常是一个没有维数信息的向量。如果希望结果保持为行向量或列向量，可以在矩阵行列索引时使用设置参数 drop = FALSE。

```
X[3, , drop = FALSE]

##       x  x2
## [1,] 3   9
```

```
X[, 2, drop = FALSE]

##      x2
## [1,]  1
## [2,]  4
## [3,]  9
```

如 X 所示，矩阵的行或列可以有单独的名称。例如：

```
colnames(X)

## [1] "x"  "x2"
```

本例中，矩阵的行没有名称：

```
rownames(X)

## NULL
```

我们可以通过以下方式为矩阵的行命名：

```
rownames(X) <- c("obs1", "obs2", "obs3")
X

##      x x2
## obs1 1  1
## obs2 2  4
## obs3 3  9
```

R 内部存储矩阵和数据框的方式大相径庭。矩阵存储为一个具有关联维度属性的单个向量，而数据框则以列表形式存储。因此，$提取命令对矩阵不起作用。例如：

```
X$x

## Error in X$x: $ operator is invalid for atomic vectors
```

然而，用行或列的名称来获得行或列的值是可行的，如下所示：

```
X[, "x"]

## obs1 obs2 obs3
##    1    2    3
```

练习

1. 构建下面所示的随机阵（stochastic matrix）。

	晴天	阴天
晴天	0.8	0.2
阴天	0.3	0.7

随机阵的所有项都是非负的，而且每行向量的元素之和为 1。也就是说，随机阵描述了 5.5 节中介绍的马尔可夫链状态转移概率。在这个练习中，我们可能会想到连续几天的天气情况：如果今天是晴天，则明天是晴天的概率为 0.8；如果今天是阴天，则明天是晴天的概率为 0.3。用 5.5 节的方法，根据这些转移概率来模拟一个月的天气①。

2. 构建 5 个人的身高（cm）和体重（kg）两组向量：

```
height <- c(172, 168, 167, 175, 180)
weight <- c(62, 64, 51, 71, 69)
```

将这些向量代入矩阵中，修改结果可得：

```
            height     weight
Neil           172         62
Cindy          168         64
Pardeep        167         51
Deepak         175         71
Hao            180         69
```

3. 上题中 Pardeep 的真实身高是 162cm；Hao 的真实身高是 181cm，真实体重是 68kg。依据这些信息校正矩阵。

6.1.3 矩阵性质

矩阵的维数由行数和列数所决定。例如：

```
dim(X)

## [1] 3 2
```

回想一下，2×2 矩阵 $\begin{bmatrix} a & b \\ c & d \end{bmatrix}$ 的行列式可以计算为 $ad-bc$。而对于较大的方形矩阵，行列式计算是非常复杂的，R 中可以用 `det()` 函数计算。如：

① 这里的转移矩阵实际上是基于 1960 年夏天温尼伯国际机场的天气数据。

```
det(H3)

## [1] 0.000462963
```

函数 diag() 可以用来得到矩阵的对角线元素。如:

```
diag(X)

## [1] 1 4

diag(H3)

## [1] 1.0000000  0.3333333  0.2000000
```

然后，我们可以用自己编写的函数来计算矩阵的迹（对角线元素之和），如:

```
trace <- function(data) sum(diag(data))
```

将此函数应用到例 6.1 和例 6.2 所构建的矩阵中，可以得

```
trace(X)

## [1] 5

trace(H3)

## [1] 1.533333
```

diag() 函数也可以用来将向量转换为一个方形对角矩阵，其对角线元素对应于向量的元素。例如:

```
diag(diag(H3))

##       [,1]      [,2] [,3]
## [1,]     1 0.0000000  0.0
## [2,]     0 0.3333333  0.0
## [3,]     0 0.0000000  0.2
```

t() 函数可以用来计算转置矩阵，即 X^{T} :

```
t(X)

##    obs1  obs2   obs3
## x     1     2      3
## x2    1     4      9
```

练习

1. 通过几个不同的矩阵和它们的转置矩阵，验证 $\det(A)=\det(A^{T})$ 。

2. 若 $A^{T}=-A$，则矩阵 A 称为斜对称矩阵（反对称矩阵）。构建一个 3×3 的斜对称矩阵，并且验证其行列式为 0。矩阵的迹是多少？

6.1.4 三角矩阵

函数 lower.tri()和 upper.tri()可以用来获得矩阵的下三角和上三角部分。函数的输出结果是元素为逻辑值（FALSE 和 TRUE）的矩阵，其中 TRUE 表示相应的上或下三角中包含的元素。例如：

```
lower.tri(H3)

##        [,1]  [,2]  [,3]
## [1,] FALSE FALSE FALSE
## [2,]  TRUE FALSE FALSE
## [3,]  TRUE  TRUE FALSE
```

通过以下方式，我们能得到形式与 H3 相接近的下三角矩阵：

```
Hnew <- H3
Hnew[upper.tri(H3, diag = TRUE)] <- 0  # diag = TRUE 会使所有的对
                                       # 角元素都被考虑进去
Hnew

##           [,1] [,2] [,3]
## [1,] 0.0000000 0.00    0
## [2,] 0.5000000 0.00    0
## [3,] 0.3333333 0.25    0
```

练习

1. 构建一个矩阵，使该矩阵的上三角部分与 H3（包括对角线）相同，但对角线以下的值为 0。

2. 检查下面代码的输出结果：

```
Hnew[lower.tri(H3)]
```

与你预期的结果有什么出入？

3. 对于本章 6.2 节中定义的矩阵 X，你认为 X[3, 2]与 X[3, 2, drop = FALSE]二者有什么不同？用 R 计算这些表达式的维数。

6.1.5　矩阵运算

矩阵与常数相乘等于矩阵的每个元素与常数相乘。例如，前一节的矩阵 X 中每个元素乘以 2，可得

```
Y <- 2 * X
Y

##      x  x2
## obs1 2   2
## obs2 4   8
## obs3 6  18
```

矩阵的加法运算过程与向量相似。例如：

```
Y + X

##      x  x2
## obs1 3   3
## obs2 6  12
## obs3 9  27
```

矩阵相加时，要确保矩阵的维数完全匹配。如果不匹配，则代码输出结果将会出现错误提示。如下所示：

```
t(Y)+ X

## Error in t(Y) + X: non-conformable arrays
```

出现错误提示的原因在于矩阵 X 的维数为 3×2，而 Y^{T} 的维数为 2×3。

命令 X * Y 执行元素的乘法运算。需要注意的是，这与我们将在 6.2 节中讨论的矩阵乘法的通式不同，例如：

```
X * Y

##       x   x2
## obs1  2    2
## obs2  8   32
## obs3 18  162
```

同样，为了使这种乘法运算命令能够被顺利执行，矩阵的维数必须相匹配。

6.2 矩阵乘法和逆矩阵

对于矩阵 A 和 B，其矩阵的乘积 AB 可看作是两种运算的组合：首先将矩阵 B 应用于运算结果，然后将矩阵 A 应用于运算结果。矩阵乘法具有很严格的定义，进行相乘的矩阵必须相容。也就是说，第一个矩阵的列数必须与第二个矩阵的行数相同。结果矩阵 AB 的行数与矩阵 A 相同，列数与矩阵 B 相同。

在 R 中，这种形式的矩阵乘法可用运算符`%*%`来计算，例如：

```
t(Y) %*% X

##      x    x2
## x   28    72
## x2  72   196
```

从上一节可知，矩阵`t(Y)`有 3 列且矩阵`X`有 3 行，因此可以用矩阵乘法计算 $Y^{T}X$ 。由于`t(Y)`有 2 行且`X`有 2 列，所以二者相乘的结果是一个 2×2 的矩阵。

如果矩阵`Y`转置失败，代码输出结果将会出现错误提示。如：

```
Y %*% X

## Error in Y %*% X: non-conformable arguments
```

`crossprod()`函数是计算 $Y^{T}X$ 更为有效的方法，如：

```
crossprod(Y, X)

##      x    x2
## x   28    72
## x2  72   196
```

需要注意的是，`crossprod()`函数的第一个参数已经自动转置（行列转换）。它比`t(Y) %*% X`计算效率更高，原因是后者在计算之前需要生成一个新的对象`t(Y)`，如果 Y 是一个很大的矩阵，生成`t(Y)`的过程会耗费大量内存和时间。而由于矩阵 Y^{T} 的元素(i, j)就是矩阵 Y 的元素(j, i)，所以`crossprod(Y, X)`函数能够直接使用矩阵 Y 中的元素。

练习

1. 对 6.1.1 节末尾定义的矩阵 X，计算 $1.5X$。
2. 用`crossprod()`函数计算 $X^{T}X$ 和 XX^{T}，注意结果的维数。

3. 思考下列代码，该代码对比了计算两个矩阵（A 和 B）和向量 v 的乘积所用的时间：

$$ABv$$

```
A <- matrix(rep(1, 1000000), nrow = 1000) # 所有元素都为 1 的矩阵
B <- A
V <- rep(1, 1000)                         # 所有元素都为 1 的向量
system.time(A %*% B %*% v)

##   user   system   elapsed
##  0.906    0.005     0.916

system.time((A %*% B) %*% v)

##   user   system   elapsed
##  0.969    0.005     0.984

system.time(A %*% (B %*% v))

##   user   system   elapsed
##  0.003    0.000     0.003
```

（a）ABv、$(AB)v$ 和 $A(Bv)$的计算结果是否存在数学差异？

（b）解释为什么第三次计算比其他计算所用的时间少。

（c）你能解释在运行下列计算时所观察到的计算机系统的行为吗？

```
A <- matrix(rep(1, 1000000), nrow = 1000) # 所有元素都为 1 的矩阵
B <- diag(1000)                           # 1000×1000 的单位矩阵
v <- rep(1, 1000)                         # 所有元素都为 1 的向量
system.time(A %*% B %*% v)
system.time((A %*% B) %*% v)
system.time(A %*% (B %*% v))
```

6.2.1　矩阵求逆

$n \times n$ 方阵 A 的逆矩阵记为 A^{-1}，它是矩阵方程 $AA^{-1} = I$ 的解，其中 I 是 $n \times n$ 的单位矩阵。我们可以把上述矩阵方程看作 n 个未知数的 n 个独立的线性方程组，其解是 A^{-1} 的列。例如：

$$A = \begin{bmatrix} 3 & -4 \\ 1 & 2 \end{bmatrix}$$

矩阵方程

$$\begin{bmatrix} 3 & -4 \\ 1 & 2 \end{bmatrix} \begin{bmatrix} b_{11} & b_{12} \\ b_{21} & b_{22} \end{bmatrix} = \begin{bmatrix} 1 & 0 \\ 0 & 1 \end{bmatrix}$$

等价于以下两个方程：

$$\begin{bmatrix} 3 & -4 \\ 1 & 2 \end{bmatrix} \begin{bmatrix} b_{11} \\ b_{21} \end{bmatrix} = \begin{bmatrix} 1 \\ 0 \end{bmatrix}$$

和

$$\begin{bmatrix} 3 & -4 \\ 1 & 2 \end{bmatrix} \begin{bmatrix} b_{12} \\ b_{22} \end{bmatrix} = \begin{bmatrix} 0 \\ 1 \end{bmatrix}$$

计算 A^{-1} 最常用的方法就是求解这两个方程。

然而，这有时并不是一个好方法！通常情况下，我们计算 A^{-1} 的目的在于得到方程组 $Ax=b$ 的解 $x = A^{-1}b$ 。从计算的角度来看，为了得到一个方程组的解而去求解 n 个线性方程组，是完全没有意义的。如果我们知道如何求解方程组，就应该直接求解方程组 $Ax=b$。此外，用 A^{-1} 求解方程组 $Ax=b$ 得到的解，其精确度可能比直接求解方程得到的解低，因为用 A^{-1} 求解方程组涉及太多运算，结果会因四舍五入产生更多的误差。

6.2.2 LU 分解

求解方程组 $Ax=b$ 的一般策略是将复杂问题分解为简单问题，这通常要将矩阵 A 改写为特殊的形式，其中一种形式称为 LU 分解。

在 LU 分解中，我们将矩阵 A 记为 L 和 U 两个矩阵的乘积，其中 L 是对角线为单位值的下三角矩阵，即

$$L = \begin{bmatrix} 1 & 0 & \cdots & 0 \\ l_{21} & 1 & \cdots & 0 \\ \vdots & \vdots & & \vdots \\ l_{n1} & l_{n2} & \cdots & 1 \end{bmatrix}$$

U 为上三角矩阵，即

$$U = \begin{bmatrix} u_{11} & u_{12} & \cdots & u_{1n} \\ 0 & u_{22} & \cdots & u_{2n} \\ \vdots & \vdots & & \vdots \\ 0 & 0 & \cdots & u_{nn} \end{bmatrix}$$

事实证明，A 的分解很容易分步获得。例如：

$$A = \begin{bmatrix} 2 & 4 & 3 \\ 6 & 16 & 10 \\ 4 & 12 & 9 \end{bmatrix}$$

计算按如下方式处理，将 A 的元素记作 a_{ij}，重复使用关系式：

$$a_{ij} = \sum_{k=1}^{3} l_{ik} u_{kj}$$

并利用矩阵 L 和 U 中部分元素为 0 和 1 的优势，可得

（1）$a_{11} = 2 = l_{11} \times u_{11} = 1 \times u_{11}$，可得 $u_{11} = 2$。

（2）$a_{21} = 6 = l_{21} \times u_{11} = l_{21} \times 2$，可得 $l_{21} = 3$。

（3）$a_{31} = 4 = l_{31} \times u_{11} = l_{31} \times 2$，可得 $l_{31} = 2$。

（4）$a_{12} = 4 = l_{11} \times u_{12}$，可得 $u_{12} = 4$。

（5）$a_{22} = 16 = l_{21} \times u_{12} + l_{22} \times u_{22} = 3 \times 4 + 1 \times u_{22}$，可得 $u_{22} = 4$。

（6）$a_{32} = 12 = l_{31} \times u_{12} + l_{32} \times u_{22} = 2 \times 4 + l_{32} \times 4$，可得 $l_{32} = 1$。

（7）$a_{13} = 3 = l_{11} \times u_{13} = 1 \times u_{13}$，可得 $u_{13} = 3$。

（8）$a_{23} = 10 = l_{21} \times u_{13} + l_{22} \times u_{23} = 3 \times 3 + 1 \times u_{23}$，可得 $u_{23} = 1$。

（9）$a_{33} = 9 = l_{31} \times u_{13} + l_{32} \times u_{23} + l_{33} \times u_{33} = 2 \times 3 + 1 \times 1 + 1 \times u_{33}$，可得 $u_{33} = 2$。

已知 L 和 U，求解方程组 $Ax=b$ 就很容易了。我们将方程组记为 $L(Ux)=b$，设 $y=Ux$，并首先求解 $Ly=b$ 得到 y。因为 L 是下三角矩阵，所以可以直接采用前向代入（forward substitution）法。继续上面的例子，$b = [-1,-2,-7]^{T}$，设 $y=[y_1, y_2, y_3]^{T}$，利用二者关系得

$$b_i = \sum_{j=1}^{3} l_{ij} y_j$$

后续计算如下：

（10）$b_1 = -1 = l_{11} \times y_1 = 1 \times y_1$，可得 $y_1 = -1$。

（11）$b_2 = -2 = l_{21} \times y_1 + l_{22} \times y_2 = 3 \times (-1) + 1 \times y_2$，可得 $y_2 = 1$。

（12）$b_3 = -7 = l_{31} \times y_1 + l_{32} \times y_2 + l_{33} \times y_3 = 2 \times (-1) + 1 \times 1 + 1 \times y_3$，可得 $y_3 = -6$。

最后我们来求解 $Ux=y$。这里 U 是上三角矩阵，意味着用回代（back substitution）法来求解其倒序元素很容易。

（13）$y_3 = -6 = u_{33} \times x_3 = 2 \times x_3$，可得 $x_3 = -3$。

（14）$y_2 = 1 = u_{22} \times x_2 + u_{23} \times x_3 = 4 \times x_2 + 1 \times (-3)$，可得 $x_2 = 1$。

（15）$y_1 = -1 = u_{11} \times x_1 + u_{12} \times x_2 + u_{13} \times x_3 = 2 \times x_1 + 4 \times 1 + 3 \times (-3)$，可得 $x_1 = 2$。

通过以上分布处理步骤，$Ax=b$ 的求解问题被简化为 15 个连续的线性方程求解问题，每个线性方程只有一个未知数，而且以上步骤在 R 中很容易实现自动化。实际上，R 中求解线性方程的默认方法就是基于以上技术，唯一的区别在于其在因式分解之前将列的次序进行了重新排列，使四舍五入的误差最小化。

6.2.3 R 中的逆矩阵

在 R 中，可用 solve()或 qr.solve()函数来求解逆矩阵及线性方程组。solve()函数法基于 LU 分解；qr.solve()函数法则基于 6.4.3 节中所述的 QR 分解。

例如，计算 6.1 节中介绍的 3×3 希尔伯特矩阵的逆矩阵。

```
H3inv <- solve(H3)
H3inv

##       [,1] [,2] [,3]
## [1,]     9  -36   30
## [2,]   -36  192 -180
## [3,]    30 -180  180
```

通过检验 H3inv 和 H3 的积是 3×3 的单位矩阵，可证明输出结果是 H3 的逆矩阵。

```
H3inv %*% H3

##                [,1]          [,2]          [,3]
## [1,]  1.000000e+00  0.000000e+00 -8.881784e-16
## [2,]  7.105427e-15  1.000000e+00  0.000000e+00
## [3,] -1.421085e-14 -7.105427e-15  1.000000e+00
```

尽管对角线的元素都为 1，但有 5 个偏离对角线的元素是非零的，用科学计数法表示这些元素，得出它们近似等于10^{-14}或更小，几乎都接近于数值 0。H3inv 并不是 H3 的精确逆，但近似度很高，几乎等同于精确逆。

练习

1. 对 6.1.1 节末尾定义的 X，求 $X^{\mathrm{T}}X$ 的逆矩阵，并用 crossprod()检验得到的结果。

2. 你能求出 XX^{T} 的逆矩阵吗？该矩阵求逆有哪些困难之处？

3. 通常情况下，$n\times n$ 希尔伯特矩阵的元素(i, j)的值为 $1/(i+j-1)$。

（a）编写一个函数，对于任何正整数 n，该函数的输出结果都为 $n\times n$ 希尔伯特矩阵。

（b）是否所有的希尔伯特矩阵都能求逆？

（c）用 solve()和 qr.solve()函数对希尔伯特矩阵($n\leqslant 10$)求逆，你遇到了什么问题?

6.2.4 线性方程组求解

`solve(A, b)`函数可以用来求解 $Ax=b$ 形式的方程组。

例如：已知 $H_3x=b$，其中 H_3 为 3×3 希尔伯特矩阵，$b=[1,2,3]^{\mathrm{T}}$，求 x。

```
b <- c(1, 2, 3)
x <- solve(H3, b)
x

## [1]   27 -192  210
```

也就是说，解向量为 $x=[27,-192,210]^{\mathrm{T}}$。

练习

已知 $[x_1,x_2,x_3,x_4,x_5,x_6]^{\mathrm{T}}=[10,11,12,13,14,15]^{\mathrm{T}}$。求五次多项式 $f(x)$的系数，其中 $[f(x_1),f(x_2),f(x_3),f(x_4),f(x_5),f(x_6)]^{\mathrm{T}}=[25,16,26,19,21,20]^{\mathrm{T}}$。提示：五次多项式 $f(x)=a_0+a_1x+a_2x^2+a_3x^3+a_4x^4+a_5x^5$ 可以看作行向量$[1,x,x^2,x^3,x^4,x^5]$和列向量 $[a_0,a_1,a_2,a_3,a_4,a_5]^{\mathrm{T}}$ 的乘积，计算出这个矩阵形式以得到 $[f(x_1),f(x_2),f(x_3),f(x_4),f(x_5),f(x_6)]^{\mathrm{T}}$。

6.3 特征值和特征向量

R 中 `eigen()`函数可以用来计算矩阵的特征值和特征向量。例如：

```
eigen(H3)

## $values
## [1] 1.40831893  0.12232707  0.00268734
##
## $vectors
##            [,1]       [,2]       [,3]
## [1,] 0.8270449  0.5474484  0.1276593
## [2,] 0.4598639 -0.5282902 -0.7137469
## [3,] 0.3232984 -0.6490067  0.6886715
```

为了进一步理解输出结果，我们用 x_1 表示`$vectors` 输出的第 1 列，即 $[0.827,0.459,0.323]^{\mathrm{T}}$，这是第 1 个特征向量，对应的特征值为 1.408，可得

$$H_3x_1 = 1.408x_1$$

用 x_2 和 x_3 表示`$vectors`的第 2 列和第 3 列，可得

$$H_3x_2 = 0.122x_2$$

$$H_3x_3 = 0.00268x_3$$

练习

1. 对于 6.1 节中定义的 X，计算矩阵 $H=X(X^{\mathrm{T}}X)^{-1}X^{\mathrm{T}}$。
2. 计算 H 的特征值和特征向量。
3. 计算矩阵 H 的迹，并与特征值之和进行对比。
4. 计算矩阵 H 的行列式，并与特征值的乘积进行对比。
5. 根据定义，证明矩阵 X 的列是矩阵 H 的特征向量。
6. 对于一个 6×6 的希尔伯特矩阵，计算它的特征值和特征向量，并对矩阵求逆。逆矩阵的特征值与原矩阵特征值是否存在某种关系？是否应该存在这种关系？

在 7×7 的希尔伯特矩阵中重复分析上述问题。

6.4 其他矩阵分解方法

6.4.1 矩阵的奇异值分解

方阵 A 的奇异值（singular value）可以分解为三个方阵 U、D 和 V。矩阵 D 是对角矩阵，三个矩阵之间的关系为

$$A = UDV^{\mathrm{T}}$$

矩阵 V 和 U 是“正交”矩阵，即 $U^{-1} = U^{\mathrm{T}}$，$V^{-1} = V^T$。

矩阵的奇异值分解常用于求线性方程组的精确解。

D 的元素被称为 A 的奇异值，且 $A^{\mathrm{T}}A = V^{-1}D^2V$。这是一个“相似变换”，从中可知 A 的奇异值的平方就是 $A^{\mathrm{T}}A$ 的特征值。

R 中 `svd()` 函数可以用来进行奇异值分解，例如，3×3 希尔伯特矩阵 H_3 的奇异值分解：

```
H3.svd <- svd(H3)
H3.svd

## $d
## [1] 1.40831893  0.12232707  0.00268734
##
## $u
```

```
##              [,1]         [,2]         [,3]
## [1,] -0.8270449   0.5474484   0.1276593
## [2,] -0.4598639  -0.5282902  -0.7137469
## [3,] -0.3232984  -0.6490067   0.6886715
##
## $v
##              [,1]         [,2]         [,3]
## [1,] -0.8270449   0.5474484   0.1276593
## [2,] -0.4598639  -0.5282902  -0.7137469
## [3,] -0.3232984  -0.6490067   0.6886715
```

接下来检验以上元素是否能以适当的方式重建矩阵 H_3：

```
H3.svd$u %*% diag(H3.svd$d) %*% t(H3.svd$v)

##             [,1]        [,2]        [,3]
## [1,] 1.0000000 0.5000000 0.3333333
## [2,] 0.5000000 0.3333333 0.2500000
## [3,] 0.3333333 0.2500000 0.2000000
```

基于矩阵 *U*、*V* 和 *D* 的性质，奇异值分解为我们提供了一种计算逆矩阵的简单方法。例如，$H_3^{-1}=VD^{-1}U^{\mathrm{T}}$，可以被重新计算为

```
H3.svd$v %*% diag(1/H3.svd$d)%*% t(H3.svd$u)

##       [,1]  [,2]  [,3]
## [1,]     9   -36    30
## [2,]   -36   192  -180
## [3,]    30  -180   180
```

6.4.2 正定矩阵的楚列斯基分解

如果 *A* 是一个正定矩阵，那么它具有一个平方根。实际上，能满足 $B^2=A$ 的矩阵 *B* 通常不止一个。楚列斯基（Choleski）分解的原理与之相似，但其核心是找到一个上三角矩阵 *U* 使得 $U^{\mathrm{T}}U=A$。函数 chol() 可用于此计算。

例如，对 3×3 希尔伯特矩阵进行楚列斯基分解。

```
H3.chol <- chol(H3)
H3.chol                    # 这就是矩阵 U，为上三角矩阵
```

```
##         [,1]        [,2]        [,3]
## [1,]       1   0.5000000   0.3333333
## [2,]       0   0.2886751   0.2886751
## [3,]       0   0.0000000   0.0745356

crossprod(H3.chol, H3.chol)          # t(U) %*% U 相乘重构H3

##             [,1]        [,2]        [,3]
## [1,] 1.0000000   0.5000000   0.3333333
## [2,] 0.5000000   0.3333333   0.2500000
## [3,] 0.3333333   0.2500000   0.2000000
```

对矩阵 $A=U^{\mathrm{T}}U$ 进行楚列斯基分解后，就可以用 $A^{-1}=U^{-1}U^{-\mathrm{T}}$ 求 A 的逆矩阵（其中，$U^{-\mathrm{T}}$ 是 U^{-1} 的转置矩阵的简写）。这种计算方法比运用高斯消元法直接计算 A^{-1} 更可靠。函数 chol2inv() 可以用来进行以上计算。例如，H3 的逆矩阵计算如下：

```
chol2inv(H3.chol)

##      [,1] [,2] [,3]
## [1,]    9  -36   30
## [2,] -36  192 -180
## [3,]  30 -180  180
```

楚列斯基分解可用来求解如下形式的线性方程组：

$$Ax=b$$

若 $A=U^{\mathrm{T}}U$，则 $Ux=U^{-\mathrm{T}}b$。因此，x 的解经过两步计算可得

（1）解 $U^{\mathrm{T}}y=b$，得到 y。其解应满足 $y=U^{-\mathrm{T}}b$。

（2）解 $Ux=y$。

第一个线性方程组是下三角矩阵，因而可用前向代入法求解，函数 forwardsolve() 可被用于这类计算。

第二个线性方程组是上三角矩阵，因而可以通过函数 backsolve() 利用回代法进行求解。

对于求解 $H_3x=b$，$b=[1,2,3]^{\mathrm{T}}$ 的问题，可以按以下方式进行：

```
b <- seq(1, 3)
y <- forwardsolve(t(H3.chol), b)
backsolve(H3.chol, y)            # x 的解

## [1] 27 -192  210
```

6.4.3　矩阵的 QR 分解

分解矩阵 A 的另一个方法是 QR 分解

$$A=QR$$

式中，Q 是一个正交矩阵，R 是一个上三角矩阵。即使 A 不是方阵，也可以应用 QR 分解。并且，QR 分解也可用于计算线性方程组的精确解。

例如，给定 $n \times n$ 的矩阵 A 和 n 维向量 b，求 $Ax=b$ 的解 x。首先进行 A 的 QR 分解：

$$QRx=b$$

等式两边乘以 Q^{T} 得

$$Rx = Q^{\mathrm{T}}b$$

由于 R 是一个上三角矩阵，所以这个方程组更容易求解。另外，$Q^{\mathrm{T}}b$ 是一个很容易计算的 n 维向量。

我们可以用 qr() 函数进行 QR 分解。例如：

```
H3.qr <- qr(H3)
H3.qr

## $qr
##              [,1]          [,2]          [,3]
## [1,]  -1.1666667   -0.6428571  -0.450000000
## [2,]   0.4285714   -0.1017143  -0.105337032
## [3,]   0.2857143    0.7292564   0.003901372
##
## $rank
## [1] 3
##
## $qraux
## [1] 1.857142857  1.684240553  0.003901372
##
## $pivot
## [1] 1 2 3
##
## attr(,"class")
## [1] "qr"
```

输出结果是一个 qr 类型的对象。

函数 qr.Q() 和 qr.R() 可应用于这类对象，以获得确切的 Q 矩阵和 R 矩阵。例如：

```
Q <- qr.Q(H3.qr)
Q

##              [,1]         [,2]         [,3]
## [1,] -0.8571429    0.5016049    0.1170411
## [2,] -0.4285714   -0.5684856   -0.7022469
## [3,] -0.2857143   -0.6520864    0.7022469

R <- qr.R(H3.qr)
R

##              [,1]         [,2]         [,3]
## [1,]  -1.166667   -0.6428571  -0.450000000
## [2,]   0.000000   -0.1017143  -0.105337032
## [3,]   0.000000    0.0000000   0.003901372
```

Q 乘以 R 可重新获得 H_3：

```
Q %*% R

##              [,1]         [,2]       [,3]
## [1,]  1.0000000    0.5000000    0.3333333
## [2,]  0.5000000    0.3333333    0.2500000
## [3,]  0.3333333    0.2500000    0.2000000
```

另外，H_3 的逆矩阵可以通过 $R^{-1}Q^{\mathrm{T}}$ 获得，由于 R 是上三角矩阵，理论上可以快速求得 H_3 的逆矩阵。下面我们用一种低效的计算方法求 R^{-1}，目的在于证明 QR 分解可以用来求得逆矩阵：

```
qr.solve(R) %*% t(Q)

##      [,1]  [,2]  [,3]
## [1,]    9   -36    30
## [2,]  -36   192  -180
## [3,]   30  -180   180
```

正交变换保留欧氏距离

对于 2×2 正交矩阵

$$Q = \frac{1}{\sqrt{2}}\begin{bmatrix} 1 & -1 \\ 1 & 1 \end{bmatrix}$$

以及向量 $x=[3,4]^{\mathrm{T}}$ 和 $y=[5,8]^{\mathrm{T}}$：

```
x <- c(3, 4)
y <- c(5, 8)
Q <- matrix(c(1, 1, -1, 1), nrow = 2)/sqrt(2)
```

x 和 y 的欧氏距离计算如下：

```
sqrt(t(x - y) %*% (x - y))

##          [,1]
## [1,] 4.472136
```

同理，Qx 和 Qy 的欧氏距离计算如下：

```
sqrt(t(Q %*% x - Q %*% y) %*% (Q %*% x - Q %*% y))

##          [,1]
## [1,] 4.472136
```

此结果并非偶然。一般来说，当 Q 为正交矩阵时，任意两个向量 x 和 y 之间的欧氏距离与 Qx 和 Qy 之间的欧氏距离是相等的。

求解超定系统

设

$$A=\begin{bmatrix}1 & 2\\1 & 5\\1 & 8\\1 & 9\\1 & 11\end{bmatrix}$$

$$y=[4,8,12,15,21]^{\mathrm{T}}$$

我们怎样才能找到一个 x 点（二维空间），使 y 和 Ax 之间的欧氏距离最小？

在解决此问题之前，可先通过尝试 x 的某些特定值来获得一些启发，例如 $x=[3,7]^{\mathrm{T}}$：

```
A <- matrix(c(rep(1, 5), 2, 5, 8, 9, 11), nrow = 5)
y <- c(4, 8, 12, 15, 21)
x <- c(3, 7)
sqrt(t(y - A %*% x)%*%(y - A %*% x))

##          [,1]
## [1,] 96.74709
```

由前文可知，对任意正交矩阵 Q 而言，y 和 Ax 之间的欧氏距离与 $Q^{\mathrm{T}}y$ 和 $Q^{\mathrm{T}}Ax$

之间的欧氏距离是相等的。如果Q是A的QR分解矩阵，那么

$$Q^{\mathrm{T}}Ax = Q^{\mathrm{T}}QRx = Rx$$

因此，只要求出使Rx和$Q^{\mathrm{T}}y$之间欧氏距离最小的向量x，就可以解决问题。这样就简化了最初的问题。

对A进行QR分解，并用Q^{T}对A和y进行预乘，可得

```
A.QR <- qr(A)
Q <- qr.Q(A.QR, complete = TRUE)
R <- qr.R(A.QR, complete = TRUE)
QTy <- t(Q) %*% y
QTy

##             [,1]
## [1,] -26.8328157
## [2,]  12.7279221
## [3,]  -2.3487875
## [4,]  -1.2429967
## [5,]   0.9685849

R

##           [,1]       [,2]
## [1,] -2.236068 -15.652476
## [2,]  0.000000   7.071068
## [3,]  0.000000   0.000000
## [4,]  0.000000   0.000000
## [5,]  0.000000   0.000000
```

需要注意的是，当计算任意二维向量x的Rx时会发生什么，如上面所提到的：

```
R %*% x

##            [,1]
## [1,] -116.27553
## [2,]   49.49747
## [3,]    0.00000
## [4,]    0.00000
## [5,]    0.00000
```

因为R的最后三行元素都为0，所以运算结果的最后三个元素通常为0；无论x是什么，结果都是这样。因此，即使x向量令Rx尽可能地接近$Q^{\mathrm{T}}y$，也会得出Rx的最后三个元素的值为0的结果。所以，我们只能通过选择x向量的元素，

来控制 Rx 的前两个元素。我们可以选择合适的向量 x，使 Rx 的前两个元素与 $Q^{\mathrm{T}}y$ 的前两个元素相等。这种选择能使 Rx 和 $Q^{\mathrm{T}}y$ 之间的欧氏距离最小，Ax 和 y 之间的欧氏距离也最小。

函数 qr.solve() 可直接进行以上运算：

```
x <- qr.solve(A, y)
x

## [1] -0.6  1.8
```

通过检验可以证明 Rx 的前两个元素与以上计算得出的 $Q^{\mathrm{T}}y$ 的前两个元素相等。

```
R %*% x

##              [,1]
## [1,] -26.83282
## [2,]  12.72792
## [3,]   0.00000
## [4,]   0.00000
## [5,]   0.00000
```

练习

1. 对 4×4 希尔伯特矩阵进行奇异值分解，并用该数值计算其逆矩阵。
2. 求出 4×4 希尔伯特矩阵的平方根。
3. 寻找二维点 x，使 $y=[7,3,5,4,8]^{\mathrm{T}}$ 和 Ax 之间的距离最小，已知

$$A=\begin{bmatrix}1 & 2\\1 & 3\\1 & 4\\1 & 5\\1 & 6\end{bmatrix}$$

4. 寻找三维点 x，使 $y=[7,3,5,4,8]^{\mathrm{T}}$ 和 Ax 之间的距离最小，已知

$$A=\begin{bmatrix}1 & 2 & 4\\1 & 3 & 3\\1 & 4 & 5\\1 & 5 & 3\\1 & 6 & 2\end{bmatrix}$$

6.5 其他矩阵运算

R 中的函数 outer()有时在统计计算中发挥很大的作用，因为它能够对两个向量中所有可能的元素对进行计算。

举一个简单的例子，按从 1 到 5 的顺序计算所有元素对之间的商：

```
x1 <- seq(1, 5)
outer(x1, x1, "/")    # 或者 outer(x1, x1, function(x, y) {x / y})

##      [,1] [,2]      [,3] [,4] [,5]
## [1,]    1  0.5 0.3333333 0.25  0.2
## [2,]    2  1.0 0.6666667 0.50  0.4
## [3,]    3  1.5 1.0000000 0.75  0.6
## [4,]    4  2.0 1.3333333 1.00  0.8
## [5,]    5  2.5 1.6666667 1.25  1.0
```

用减法运算符代替上面代码中的除法运算符，可得两向量中所有元素对之间的差值：

```
outer(x1, x1, "-")

##      [,1] [,2] [,3] [,4] [,5]
## [1,]    0   -1   -2   -3   -4
## [2,]    1    0   -1   -2   -3
## [3,]    2    1    0   -1   -2
## [4,]    3    2    1    0   -1
## [5,]    4    3    2    1    0
```

outer()函数的第三个参数，可以设置为关于两个向量的任意运算符（或运算函数）；第二个参数也无须与第一个参数相同，例如：

```
y <- seq(5, 10)
outer(x1, y, "+")

##      [,1] [,2] [,3] [,4] [,5] [,6]
## [1,]    6    7    8    9   10   11
## [2,]    7    8    9   10   11   12
## [3,]    8    9   10   11   12   13
## [4,]    9   10   11   12   13   14
## [5,]   10   11   12   13   14   15
```

6.5.1　克罗内克积

R 中的函数 kronecker()可以用于计算两个矩阵的克罗内克（Kronecker）积以及其他常见的外积，查看函数的 help()文件夹可以获得更多的信息。

6.5.2　apply()函数

统计应用中，有时需要将某一函数分别应用于矩阵的每一行或每一列。这时可以使用 for()循环，但是更多时候使用 apply()函数更有效率。

apply()函数包括三个参数：第一个参数指定要进行运算的矩阵，第二个参数指定该计算是应用于行(1)还是列(2)，第三个参数指定计算过程中所要应用的函数。

举一个简单的例子，计算 H_3 各行元素之和：

```
apply(H3, 1, sum)

## [1] 1.8333333 1.0833333 0.7833333
```

本 章 练 习

1. 设有如下的循环矩阵（circulant matrix）：

$$P = \begin{bmatrix} 0.1 & 0.2 & 0.3 & 0.4 \\ 0.4 & 0.1 & 0.2 & 0.3 \\ 0.3 & 0.4 & 0.1 & 0.2 \\ 0.2 & 0.3 & 0.4 & 0.1 \end{bmatrix}$$

（a）P 是一个随机矩阵，用 apply()函数证明其各行的元素相加之和是 1。

（b）已知 n=2,3,5,10，求 P^n，是否具有某种特征模式？

（c）求一个元素总和为 1，且满足 $xP=x$ 的非负行向量 x，你能看出 P^{10} 和 x 之间有什么关系吗？

（d）用 5.5 节的方法生成伪随机数列 $y_1,\cdots,y_{10000}$，其中 $y_1=1$，其余元素来自转移矩阵为 P 的马尔可夫链。

（e）用 table()函数确定 y 向量中 4 个可能值的相对频率分布。将此分布与之前计算的不变分布 x 进行对比。

2. 用以下矩阵重复习题 1 的问题。

$$P=\begin{bmatrix}0.1&0.2&0.3&0.4&0.0&0.0&0.0\\0.1&0.1&0.1&0.1&0.1&0.1&0.4\\0.2&0.2&0.2&0.2&0.2&0.0&0.0\\0.3&0.3&0.3&0.1&0.0&0.0&0.0\\0.3&0.3&0.3&0.1&0.0&0.0&0.0\\0.3&0.3&0.3&0.1&0.0&0.0&0.0\\0.3&0.3&0.3&0.1&0.0&0.0&0.0\end{bmatrix}$$

3. 保险公司有四种类型的保单，分别为A、B、C和D。

（1）该公司共有245921份保单。

（2）A、B、C和D类每份保单的年收入分别是10美元、30美元、50美元和100美元。

（3）所有保单的总年收入是7304620美元。

（4）不同类型的保单索赔事件的发生率不同，A、B、C和D类保单每年索赔事件数目的期望值分别是0.1、0.15、0.03和0.5。

（5）公司每年索赔事件总数的期望值是34390.48。

（6）不同类型保单的索赔额期望值大小不同。A、B、C和D类保单索赔额的期望值分别为50美元、180美元、1500美元和250美元。

（7）总索赔额的期望值为6864693美元，这是由一年内各类型保单索赔额的期望值乘以对应索赔次数的期望值，然后相加得到的。

通过R回答以下问题：

（a）求出各类型保单的总数。

（b）求出各类型保单的总收入和总索赔额的期望值。

（c）假设索赔产生于泊松过程，每个索赔额遵循形状参数为2且平均值如上所述的伽马分布，采用模拟的方法估计以下各量：

（i）总索赔额的变化。

（ii）这些保单总索赔额超出其年总收入的概率。

编写一个函数实现以上计算，首先对公司收入和索赔额做一次估测，然后对每种保单的收入和索赔额做一次估测。

4. `kappa()`函数可用于计算给定矩阵的条件数（condition number）（最大与最小非零特征值的比）。这为衡量某些数值计算方法应用于矩阵的效果提供了思路，条件数大表明数值性质较差，特别是条件数大的矩阵，其求逆运算精度会很差。分别计算3×3、5×5和7×7希尔伯特矩阵的条件数，并解释结果。

第 7 章　数 值 优 化

统计和应用数学的许多领域，经常遇到以下问题：给定一个函数 $f(\cdot)$，x 取何值，才能使 $f(x)$ 尽可能大或尽可能小？

例如，在金融模型中，$f(x)$ 代表一个证券投资组合的预期回报。x 是一个向量，包含每个投资项目的投资金额，x 可能存在某些约束条件（如投资金额必须为正数，总投资额必须固定，等等）。

在统计建模时，我们往往要为模型寻找一组参数，使模型期望预测误差降到最低。这里 x 相当于是参数，而 $f(\cdot)$ 相当于预测误差的度量。

知道如何做到极小化就足够了，如果想使 $f(x)$ 极大化，我们仅需要改变符号并极小化 $-f(x)$。我们将以上操作称为“数值优化”。导数和简单代数可以解决这类问题，但也并不是总能解决。由于函数 $f(\cdot)$ 和参数 x 具有各种可能性，数值优化涉及广泛的运算范畴。

7.1　黄金分割搜索法

黄金分割搜索（golden section search）法是寻找单因素函数最小值的一种简便方法，条件是函数在区间 $[a,b]$ 上有唯一最小值。

试想区间 $[0,5]$ 上的函数：

$$f(x) = |x - 3.5| + (x - 2)^2$$

此函数在 $x = 3.5$ 处不可微，所以寻找最小值时必须要谨慎。我们编写以下 R 函数用以计算 $f(x)$：

```
f <- function(x) {
    abs(x - 3.5) + (x - 2)^2
}
```

为检查此函数在给定区间内是否具有单个最小值，我们使用 `curve()` 函数来绘制函数曲线：

```
curve(f, from = 1, to = 5)
```

曲线如图 7.1 所示，我们可以看出最小值在 x= 2.5 附近。

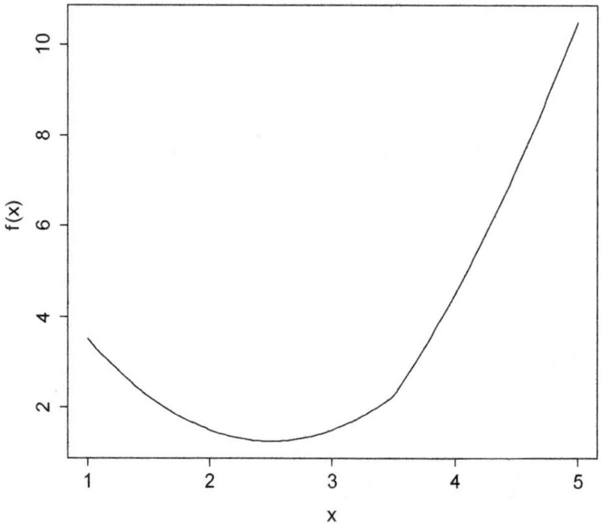

图 7.1　函数 $f(x)=|x-3.5|+(x-2)^2$

黄金分割搜索法是一种迭代法，概述如下：

（1）从区间[a,b]开始，该区间包含最小值。

（2）不断缩小区间，找到越来越小的包含最小值的区间[a',b']。

（3）$b'-a'$ 足够小时停止搜索，即当区间长度比预设限度更小时停止。

当搜索停止时，最终区间的中点是真正最小值的一个良好近似值，其最大误差为 $(b'-a')/2$。

步骤（2）从估算区间[a,b]内部两个点（$x_1<x_2$）的函数值开始（怎样选点将在下文讲述）。既然我们已经假定函数 $f(x)$ 存在唯一的最小值，那么如果 $f(x_1)>f(x_2)$，最小值一定在 x_1 的右边，即位于区间 $[a',b']=[x_1,b]$ 内。如果 $f(x_1)<f(x_2)$，最小值一定位于区间 $[a',b']=[a,x_2]$ 内（图 7.2）。[$f(x_1)=f(x_2)$ 会怎么样？我们会在以后讨论这点。] 计算 x_1、$f(x_1)$、x_2、$f(x_2)$ 的新值，重复此方法直到满足约束标准。

a 和 b 之间的选点利用了黄金分割比（golden ratio）$\phi=(\sqrt{5}+1)/2$ 的特性。黄金分割比（4.1 节斐波那契数部分曾讲到）有许多有趣的代数特性，下文中我们将利用其特性 $1/\phi=\phi-1$ 和 $1/\phi^2=1-1/\phi$。[有的人称 $\Phi=1/\phi$ 为“白银比例”（silver ratio），但本书公式中仍使用黄金分割比 ϕ。]

我们将选点定位为 $x_1=b-(b-a)/\phi$ 和 $x_2=a+(b-a)/\phi$，理由如下：一次迭代搜索后，我们可能会舍弃 a 并将之替换为 $a'=x_1$；接着 x_1 替换为

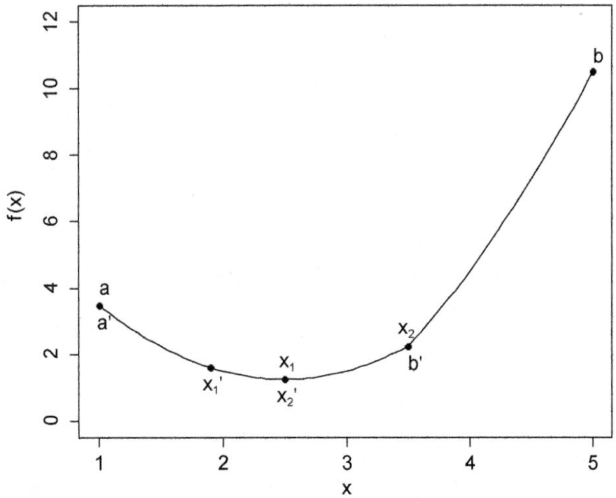

图 7.2 黄金分割搜索法的一次迭代

以函数 $f(x)=|x-3.5|+(x-2)^2$ 为例

$$\begin{aligned}x_1' &= b-(b-a')/\phi\\ &= b-(b-x_1)/\phi\\ &= b-(b-a)/\phi^2\\ &= a+(b-a)/\phi\\ &= x_2\end{aligned}$$

也就是说，我们可以重复使用已有的点，而不必再次通过计算来寻找点。我们不需要估算 $f(x_1')$ 的值，可以再次使用 $f(x_2)$ 进行迭代。类似地，如果更新至 $b'=x_2$，这时 $x_2'=x_1$，我们就可以重新使用该点。

我们把以上内容写进下面的 R 函数中：

```
golden <- function (f, a, b, tol = 0.0000001)
{
    ratio <- 2 / (sqrt(5) + 1)
    x1 <- b - ratio * (b - a)
    x2 <- a + ratio * (b - a)

    f1 <- f(x1)
    f2 <- f(x2)

    while(abs(b - a) > tol) {

        if (f2 > f1) {
            b <- x2
```

```
                x2 <- x1
                f2 <- f1
                x1 <- b - ratio * (b - a)
                f1 <- f(x1)
            } else {
                a <- x1
                x1 <- x2
                f1 <- f2
                x2 <-  a + ratio * (b - a)
                f2 <- f(x2)
            }
        }
        return((a + b) / 2)
}
```

通过测试可以看到，`golden()`至少在一个函数中起作用。

```
golden(f, 1, 5)

## [1] 2.5
```

练习

1. 利用黄金分割搜索法计算以下函数的最小值：

(a) $f(x)=|x-3.5|+|x-2|+|x-1|$。

(b) $f(x)=|x-3.2|+|x-3.5|+|x-2|+|x-1|$。

对于第二个函数，通过其函数曲线可知其最小值不是唯一的，函数`golden()`求得的最小值，取决于函数的初始区间。

2. 对于奇数个数据$x_1,x_2,x_3,\cdots,x_n$，函数

$$f(x)=\sum_{i=1}^{n}|x-x_i|$$

的最小值通过取这系列数据的中值求得［练习 1.(a) 是这方面的一个例子］。用以下数据集进行验证。

(a) 3,7,9,12,15。

(b) 3,7,9,12,15,18,21。

用文字描述一下当数据的数目为偶数时，会发生什么情况？

3. 编写一个 R 函数，使用黄金分割搜索法寻找某函数的最大值。

7.2 牛顿迭代法

如果待极小化的函数有两个连续的导数，并且我们知道如何计算它们，那么我们可以利用这些信息得到一个比黄金分割搜索法更快的算法。

我们在区间$[a,b]$上找到函数$f(x)$的最小值点x^*。只要最小值点不在a和b处，则x^*满足$f'(x^*)=0$。这是x^*为$f(x)$最小值点的必要条件，但不是充分条件，我们必须检验$f(x)$在x^*处是否取最小值。$f'(x^*)=0$的其他解是$f(x)$的最大值点或拐点。x^*为$f(x)$最小值点的一个充分条件是$f''(x^*)>0$。

现在，如果我们猜想x_0为最小值点，根据$f'(x)$的斜率为$f''(x)$，我们用泰勒级数近似法去逼近$f'(x)$：

$$f'(x) \approx f'(x_0) + (x - x_0) f''(x_0)$$

令式子右边为0，可以求出$f'(x)=0$的近似解。

我们使用牛顿迭代法（也称为牛顿-拉弗森法）去逼近$f'(x)=0$的解，来实现这个想法。迭代始于最初猜测的x_0，并且采用以下公式计算改进后的猜测值：

$$x_1 = x_0 - \frac{f'(x_0)}{f''(x_0)}$$

得到一个新的最小值点。然后用x_1替代x_0，得到新的值x_2，依此类推，迭代公式如下：

$$x_{n+1} = x_n - \frac{f'(x_n)}{f''(x_n)}$$

当$f'(x_n)$足够接近0时，迭代停止。我们设置一个限度ε，当$|f'(x_n)|<\varepsilon$时，迭代停止。

结果表明，牛顿迭代法可以保证收敛到局部最小值，条件是初始值x_0与最小值足够接近，且存在足够多的连续导数。与其他数值优化技术一样，在存在多个最小值的情况下，牛顿迭代法不一定能得到最好的结果。但是，当$f''(x)>0$恒成立时，$f(x)$只有一个最小值。

在实际应用中，牛顿迭代法的实现可能很棘手。我们可能遇到$f''(x_n)=0$的情况，此时函数局部看起来像一条直线，$f'(x^*)=0$没有泰勒级数近似法逼近的解。这时，一个简单的策略是在减小函数值的方向上移动一小步，只基于$f'(x_n)$计算。

有时x_n距离最小值太远，泰勒级数近似值可能并不准确，以致$f(x_{n+1})$实际上大于$f(x_n)$。当发生这种情况时，可以用$(x_{n+1}+x_n)/2$（或x_n和x_{n+1}之间的某些值）替换x_{n+1}，以期从更少的迭代中获得更好的结果。

最后，总是有这种可能性，即计算 $f'(x)$ 或 $f''(x)$ 的代码可能包含漏洞，这时通常需要仔细检查和修改代码，以确保不存在漏洞。

例 7.1

我们想要计算 $f(x)=\mathrm{e}^{-x}+x^4$ 的最小值，通过观察可以猜测，最小值大约在 0 的右侧，因为 e^{-x} 是递减函数，而且 x^4 在 0 处有最小值。我们先对函数作图，以获得最初的猜测值（图 7.3）：

```
f <- function(x) exp(-x) + x^4
curve(f, from = -1, to = 4)
```

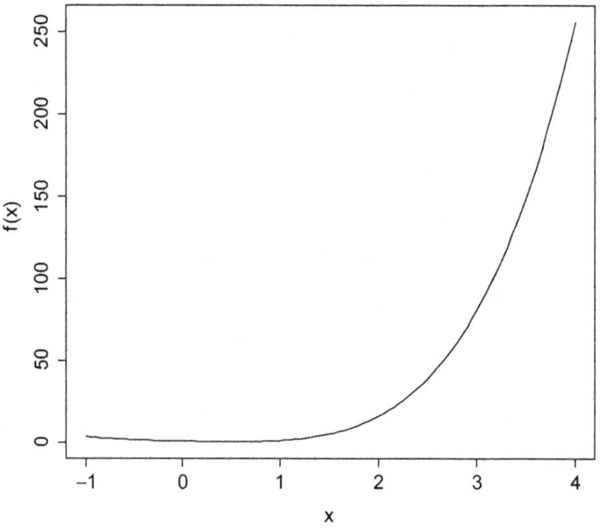

图 7.3 函数 $f(x)=\mathrm{e}^{-x}+x^4$

从图 7.3 中可以看出，最小值在 $x_0=0.5$ 附近，我们将之作为起始值。鉴于前文提到的各种问题，我们不使用牛顿迭代法求解，而是仅估选几个更新点，看看函数是否收敛：

```
f <- function(x) exp(-x) + x^4
fprime <- function(x) -exp(-x) + 4 * x^3
fprimeprime <- function(x) exp(-x) + 12 * x^2

x <- c(0.5, rep(NA, 6))
fval <- rep(NA, 7)
fprimeval <- rep(NA, 7)
fprimeprimeval <- rep(NA, 7)
for (i in 1:6) {
    fval[i] <- f(x[i])
```

```
    fprimeval[i] <- fprime(x[i])
    fprimeprimeval[i] <- fprimeprime(x[i])
    x[i + 1] <- x[i] - fprimeval[i] / fprimeprimeval[i]
}
data.frame(x, fval, fprimeval, fprimeprimeval)

##           x      fval     fprimeval  fprimeprimeval
## 1 0.5000000 0.6690307 -1.065307e-01        3.606531
## 2 0.5295383 0.6675070  5.076129e-03        3.953806
## 3 0.5282544 0.6675038  9.980020e-06        3.938266
## 4 0.5282519 0.6675038  3.881429e-11        3.938235
## 5 0.5282519 0.6675038  0.000000e+00        3.938235
## 6 0.5282519 0.6675038  0.000000e+00        3.938235
## 7 0.5282519        NA            NA              NA
```

可以看出，收敛速度非常快，到第四次更新时，导数值等于零。二阶导数为正值，证实了这是一个局部最小值。事实上，由于 $f''(x)=\mathrm{e}^{-x}+12x^2$，二阶导数恒为正值，所以我们可以肯定这是一个全局最小值。

7.3 Nelder-Mead 单纯形法

前面的小节中，我们讨论了两种单变量函数数值优化方法。然而，当一个函数具有多个变量时，优化会变得更难。一旦函数具有两个以上变量，就很难将其可视化。

Nelder-Mead 单纯形法（simplex algorithm）是一种对多元函数实行优化的方法。在 p 维空间中，点 $x_1,\cdots,x_{p+1}$ 按一定顺序进行排列，如果将这 p+1 个点看作 p-维实体（一个“单纯形”）的顶点，则这些点围成的是一个体积非零的立体图形。例如，在二维空间中，三个非共线点可连接围成一个三角形；在三维空间中，四个非共面点可连接围成一个四面体。

所有的点都按照 $f(x_i)$ 从小到大的顺序进行标注，即 $f(x_1)\leqslant f(x_2)\leqslant\cdots\leqslant f(x_{p+1})$。具体思路为：为使 $f(x)$ 极小化，可以先舍弃 x_{p+1} 并且用一个函数值更小的点来代替它。图 7.4 的二维图中有四种方案，前三种方案都涉及用 $x_{\text{mid}}=(x_1+\cdots+x_p)/p$ 计算 $x_1,\cdots,x_p$ 的中点。

（1）映射：通过 x_{mid} 将 x_{p+1} 映射到 z_1。

（2）映射和拓展：通过 x_{mid} 映射 x_{p+1}，将其距离加倍，得到 z_2。

（3）第一种收缩：将 x_{p+1} 向 x_{mid} 收缩一半，得到 z_3。

（4）第二种收缩：将所有点向 x_1 收缩一半，得到 $z_4,\cdots,z_{p+3}$。

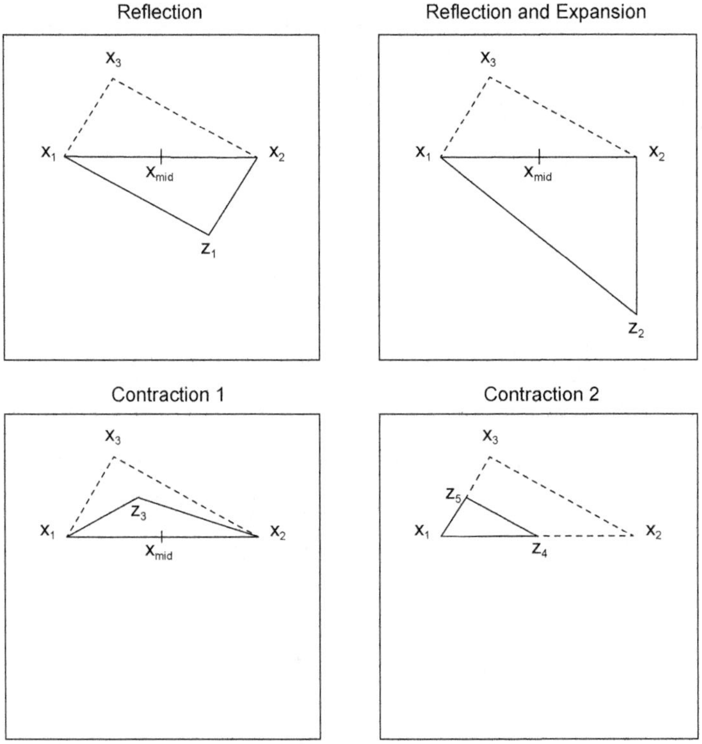

Reflection-映射；Reflection and Expansion-映射和拓展；

Contraction 1-第一种收缩；Contraction 2-第二种收缩

图 7.4　Nelder-Mead 单纯形法四种方案的二维展示

基于 $f(z_i)$ 的值依次考虑这些单纯形法的方案。当你阅读下面某个单纯形更新决策过程的伪码提纲时，参考图 7.5 所示的直线将会大有裨益：

```
Initialization:
    Place the initial points in a matrix x, so that point i is in x[i,]
    For i in 1:(p + 1) calculate f(x[i,])
    Relabel the points so that
      f(x[1,]) <= f(x[2,]) <= ... <= f(x[p+1,])
    Calculate the midpoint xmid = (x[1,] + x[2,] + ... + x[p,]) / p
Trials:
    Calculate z1 by reflection: z1 <- xmid - (x[p+1,] - xmid)
    If f(z1) < f(x[1,]) {                          # 区域A
        Calculate z2 by reflection and expansion:
          z2 <- xmid - 2 * (x[p + 1,] - xmid)
        If f(z2) < f(z1) return(z2)
```

```
    else return(z1)
} else {
    If f(z1) < f(x[p,] return(z1)        # 区域 B
    If f(z1) < f(x[p + 1,]){
        Swap z1 with x[p + 1,]           # 区域 C
    }
}

At this point we know f(z1)is in region D.

Try constraction 1, giving z3.
If f(z3) < f(x[p + 1,]) return(z3)          # 区域A、B 或C

At this point nothing has worked , so we use contraction 2 to move
  everything towards x[1,]
```

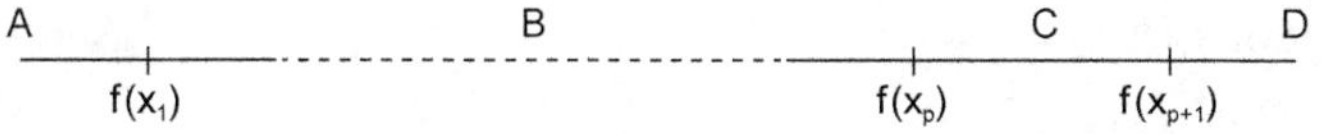

图 7.5　$f(z_1)$ 将会落在 Nelder-Mead 单纯形法中 A、B、C 或 D 区域

例 7.2

在这个例子中，我们尝试使用 Nelder-Mead 单纯形法使函数极小化：

```
f <- function(x, y) ((x - y)^2 + (x - 2)^2 + (y - 3)^4) / 10
```

首先，我们绘制函数等值线图，以获得近似的起始值。几次试验之后，我们使用以下代码获得图 7.6 所示的曲线：

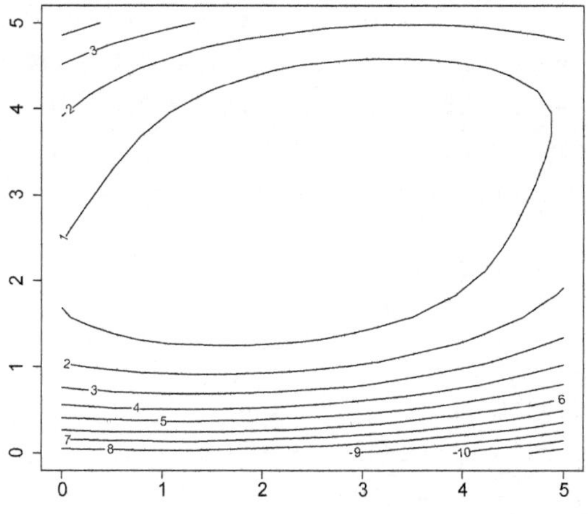

图 7.6　函数 $f(x,y)=\left[(x-y)^2+(x-2)^2+(y-3)^4\right]/10$ 的等值线图

```
x <- seq(0, 5, len = 20)
y <- seq(0, 5, len = 20)
z <- outer(x, y, f)
contour(x, y, z)
```

在R中，我们使用 neldermead(x, f) 执行 Nelder-Mead 单纯形更新算法，其中 x 是伪码中的矩阵，f 是伪码中的函数。neldermead(x, f) 的输出结果是矩阵 x 的更新副本。以下展示了九次 Nelder-Mead 单纯形更新的输出结果，图 7.7 显示这个例子的算法步骤：

```
x <- matrix(c(0, 0, 2, 0, 2, 0), 3, 2)
polygon(x)
for (i in 1:9) {
  cat(i,":")
  x <- neldermead(x, f)
  polygon(x)
  text(rbind(apply(x, 2, mean)), labels = i)
}
```

```
## 1 :Accepted reflection, f(z1) = 3.3
## 2 :Swap z1 and x3
## Accepted contraction 1, f(z3) = 3.25
## 3 :Accepted reflection and expansion, f(z2) = 0.31875
## 4 :Accepted reflection, f(z1) = 0.21875
## 5 :Accepted contraction 1, f(z3) = 0.21875
## 6 :Accepted contraction 1, f(z3) = 0.1
## 7 :Accepted contraction 1, f(z3) = 0.04963379
## 8 :Accepted contraction 1, f(z3) = 0.03874979
## 9 :Swap z1 and x3
## Accepted contraction 1, f(z3) = 0.02552485

x

##           [, 1]     [, 2]
## [1,]  2.609375  2.656250
## [2,]  1.937500  2.625000
## [3,]  2.410156  2.460938
```

经过这九步之后，我们知道 x 取值范围为 1.9～2.6，而 y 取值范围为 2.4～2.7。

50次更新后，二者取值范围变窄并接近最小值点$(x,y) = (2.25, 2.5)$。

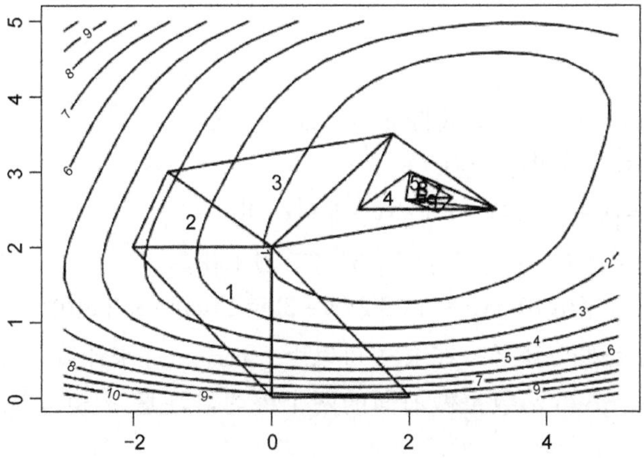

图 7.7 函数 $f(x,y)=\left[(x-y)^2+(x-2)^2+(y-3)^4\right]/10$ 的九次 Nelder-Mead 单纯形更新过程

7.4 内置函数

R 中有几种通用的优化函数。

对于一维优化，optimize()函数能够执行前文描述的黄金分割搜索法。R 中还有一些可以实现多维优化的函数。例如 optim()函数，optim()是包含多种优化方法的通用工具包，包括 Nelder-Mead 单纯形法和牛顿迭代法的变体，另外还有一些本书没有讨论的优化方法。

语法

```
optim(par, fn, ...)
```

其中，参数 par 给出了 optim()调用参数的起始值，除了告诉 optim()函数从哪里开始，这些起始值还表明第二参数 fn 被调用时将有多少参数会发生变化。fn 是一个 R 函数，用以估算目标函数的最小值。fn 的第一个参数应该是与 par 等长的向量。optim()反复调用 fn，不断改变其参数值，以计算最小值，fn 返回结果为一个标量。optim()函数在帮助页面上有许多可选参数。此外，...中的可选参数包括可以传递到 fn 的附加参数。

R 中还有其他用于一般函数优化的函数——nlm()和 nlminb()。在大多数情况下，首选 optim()函数，因为它更具灵活性。但也有实例中，其他函数表现得更好。constrOptim()函数就是专门为那些存在表示参数约束的线性不等式的情况而开发的优化函数。

练习

1. 使用 optimize()函数将下列函数极小化：

(a) $f(x)=|x-3.5|+|x-2|+|x-1|$。

(b) $f(x)=|x-3.2|+|x-3.5|+|x-2|+|x-1|$。

2. 使用 nlm()和 optim()将下列函数极小化：

$$f(a,b)=(a-1)+3.2/b+3\log(\Gamma(a))+3a\log(b)$$

注意，$\Gamma(a)$是伽马函数，在 R 中可以用 gamma(a)来计算。

3. 用 nlminb()函数重做前面的两个练习，注意 a 和 b 应当被约束为非负值。

7.5 线 性 规 划

我们通常需要极小化（或极大化）受约束的函数。当函数是线性的，并且约束条件可以表示为线性方程或线性不等式时，那么这个问题就是线性规划（linear programming）问题。

线性规划中极小化问题的所谓“标准形式”为

$$\min_{x_1,x_2,\cdots,x_k} C(x)=c_1x_1+\cdots+c_kx_k$$

服从约束条件

$$\begin{gathered}a_{11}x_1+\cdots+a_{1k}x_k\geqslant b_1\\ a_{21}x_1+\cdots+a_{2k}x_k\geqslant b_2\\ \vdots\\ a_{m1}x_1+\cdots+a_{mk}x_k\geqslant b_m\end{gathered}$$

以及非负性条件 $x_1\geqslant 0,\cdots,x_k\geqslant 0$。

其运算思想是在约束条件和非负性条件下，求出使目标函数 $C(x)$极小化的决策变量 $x_1,x_2,\cdots,x_n$ 的值。

例 7.3

一家公司开发了两种减少工厂二氧化硫和二氧化碳排放的工艺。第一种工艺以单位成本 5 美元的价格等量地去除两种气体。第二种工艺单位成本为 8 美元，可去除与第一种工艺等量的二氧化硫，而二氧化碳的去除量则是第一种工艺的两倍。

公司需要减排200万单位的二氧化硫和300万单位的二氧化碳，两种工艺怎样组合才能以最低成本满足这一要求？

设 x_1 为第一种工艺的使用量，x_2 为第二种工艺的使用量。为了方便起见，这些使用量以百万单位表示。那么成本（以百万美元计）可以表示为

$$C = 5x_1 + 8x_2$$

既然这两种工艺都以相同的速率减少二氧化硫的排放，那么二氧化硫的去除的单位数量应该是

$$x_1 + x_2$$

由于二氧化硫要求减排200万单位，我们设置以下约束条件：

$$x_1 + x_2 \geqslant 2$$

二氧化碳的减排要求是300万单位，第二种工艺的二氧化碳去除速率是第一种的两倍，因此我们有了第二个约束条件：

$$x_1 + 2x_2 \geqslant 3$$

最后，x_1 和 x_2 必须是非负数，因为两种工艺的使用量都不能是负数。因此，我们得到以下线性规划问题：

$$\min C = 5x_1 + 8x_2$$

服从下列约束条件

$$x_1 + x_2 \geqslant 2$$
$$x_1 + 2x_2 \geqslant 3$$

并且

$$x_1, x_2 \geqslant 0$$

以上各式的关系如图7.8所示。灰色阴影区域是“可行域”，为满足约束条件的所有 (x_1, x_2) 点的集合。白色区域是不满足约束条件的 (x_1, x_2) 点的集合。

函数 $C(x)$ 的梯度是(5,8)，该向量给出了函数增长最快的方向。此函数的水平集或等值线都与此向量垂直。其中一个水平集在图7.8中以虚线表示。极小化问题的解为第一等值线与可行域相交的地方，如果相交于一个点上，我们就得到唯一的最小值，本例这个交点就是点(1,1)。

可以证明，这类线性规划问题唯一可能的最小值解必须在约束边界的交点，如上面的例子所示。约束的交点称为“基本解”(basic solution)，如果这些交点位于可行域，则称为“基本可行解”(basic feasible solution)。如果基本可行解不止一个，那么它们其中一个为“最优解”(optimal solution)。在上面的例子中，点(1,1)是最优解。

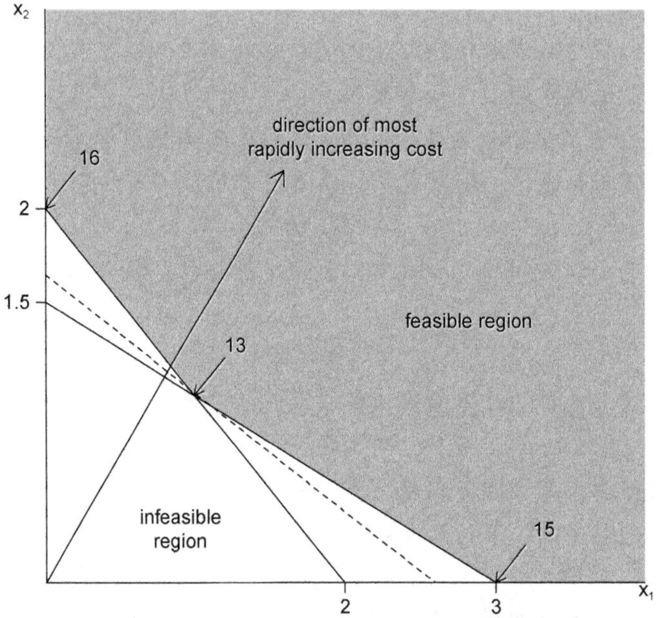

direction of most rapidly increasing cost-成本增长最快的方向；
feasible region-可行域；infeasible region-不可行域

图 7.8　污染气体排放线性规划实例图解

灰色区域对应于满足所有约束条件的 x_1 和 x_2 的值；虚线对应于满足最小成本（13）的 x_1 和 x_2 的值；需要注意的是，虚线正好与可行域相交于一点——问题的最优解(1, 1)

7.5.1　R 中求解线性规划问题

R 中不止有一个线性规划函数，但 lpSolve 程序包中的 lp() 函数可能是当前最稳定的版本。该方法基于“修正的单纯形法”（revised simplex method），对可行域的多个极值点进行智能测试，确定其是否为最优解。与往常一样，我们按以下方式加载该包：

```
library(lpSolve)
```

lp() 函数有很多参数，以下是解决前例极小化问题所需的参数。

（1）objective.in——目标函数系数的向量。

（2）const.mat——包含约束左侧的决策变量系数的矩阵，每一行对应一个约束条件。

（3）const.dir——表示约束不等式方向的字符向量，可能的输入是>=、==和<=。

（4）const.rhs——包含约束条件右侧给定常数的向量。

例 7.4

要解决例 7.3 中所列的极小化问题，请键入：

```
eg.lp <- lp(objective.in = c(5, 8), const.mat = matrix(c(1, 1, 1, 2),
        norw = 2), const.rhs = c(2, 3), const.dir = c(">=", ">="))
eg.lp

## Success: the objective function is 13

eg.lp$solution

## [1] 1 1
```

输出结果告诉我们函数最小值解在 $x_1=1$ 和 $x_2=1$ 处，且最小值为 13。

7.5.2 极大化和其他约束类型

通过设置参数 `direction = "max"`，`lp()`可以求解函数最大值问题，其参数 `const.dir` 适用于各种类型的不等式。

例 7.5

我们来求解以下问题：

$$\max C = 5x_1 + 8x_2$$

服从约束条件

$$x_1 + x_2 \leqslant 2$$
$$x_1 + 2x_2 = 3$$

并且

$$x_1, x_2 \geqslant 0$$

在 R 中，此问题可以这样编码：

```
eg.lp <- lp(objective.in = c(5, 8),
            const.mat = matrix(c(1, 1, 1, 2), nrow = 2),
            const.rhs = c(2, 3),
            const.dir = c("<=", "="), direction = "max")
eg.lp$solution

## [1] 1 1
```

函数的最大值点是(1,1)，最大值是 13。

7.5.3 特殊情况

多重最优

线性规划问题有时会出现多个解的情况。

例 7.6

对例 7.3 中的污染物排放问题稍作修改，修改后问题如下：

$$\min C = 4x_1 + 8x_2$$

服从约束条件

$$x_1 + x_2 \geqslant 2$$
$$x_1 + 2x_2 \geqslant 3$$

并且

$$x_1, x_2 \geqslant 0$$

这个问题在点(1,1)和(3,0)各有一个解，而且这两点之间线段上的所有点都是问题的解，如图 7.9 所示。

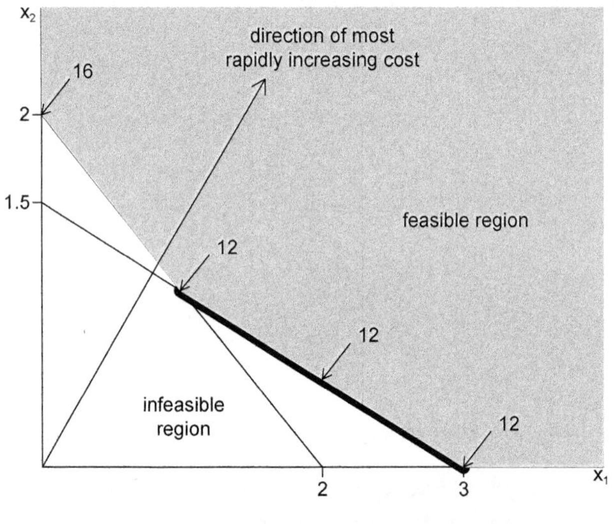

direction of most rapidly increasing cost-成本增长最快的方向；
feasible region-可行域；infeasible region-不可行域

图 7.9 例 7.6 中目标函数梯度和约束边界图

加粗线段上的点都是函数的最优解

`lp()`函数不会提醒用户函数存在多个最优解。实际上，例 7.6 污染物排放问题的函数输出结果为 x_1=3 和 x_2=0。

退化

对于具有 m 个决策变量的问题，当约束边界的个数大于 m 且相交于一点时，就会出现“退化”。这种情况并不多见，但它有可能给单纯形法的应用带来麻烦，因此这种情况应该得到重视。极少数情况下，退化会导致单纯形法无法收敛到最优解；然而，大多数情况下，退化带来的影响微乎其微。

例 7.7

下面的问题中有一个不处于最优的退化点，但 `lp()` 函数仍能很容易地找到最优解：

$$\min C = 3x_1 + x_2$$

服从约束条件

$$x_1 + x_2 \geqslant 2$$
$$x_1 + 2x_2 \geqslant 3$$
$$x_1 + 3x_2 \geqslant 4$$
$$4x_1 + x_2 \geqslant 4$$

并且

$$x_1, x_2 \geqslant 0$$

各约束条件如图 7.10 所示。

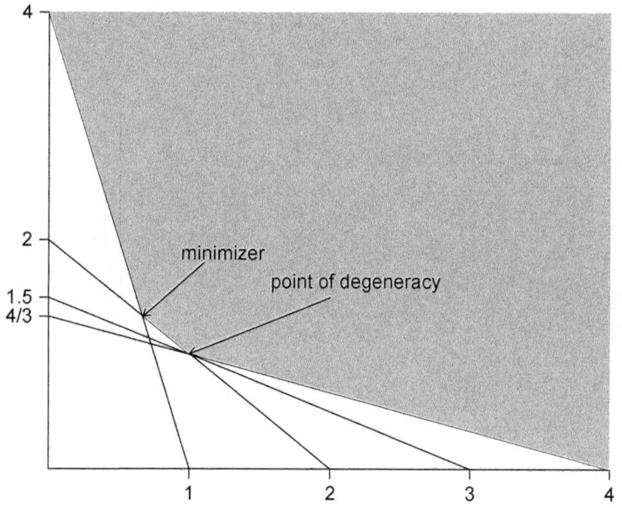

minimizer-最小值；point of degeneracy-退化点

图 7.10 四个约束边界图

其中一个冗余约束边界导致了退化；阴影区域表示可行域

这个问题可以很容易解决：

```
degen.lp <- lp(objective.in = c(3, 1),
          const.mat = matrix(c(1, 1, 1, 4, 1, 2, 3, 1), nrow = 4),
          const.rhs = c(2, 3, 4, 4), const.dir = rep(">=", 4))
degen.lp

## Success: the objective function is 3.333333

degen.lp$solution

## [1] 0.6666667 1.3333333
```

不可行性

不可行性是一种很常见的问题。当多个约束条件不能被同时满足时，就不存在可行域，也就不存在可行解。

例 7.8

很明显，下例中的约束条件不能被同时满足：

$$\min C = 5x_1 + 8x_2$$

服从约束条件

$$x_1 + x_2 \geqslant 2$$
$$x_1 + x_2 \leqslant 1$$

并且

$$x_1, x_2 \geqslant 0$$

以下是 `lp()` 函数的运行结果：

```
eg.lp < - lp(objective.in = c(5, 8),
          const.mat = matrix(c(1, 1, 1, 1), norw = 2),
          const.rhs = c(2, 1), const.dir = c(">=", "<="))
eg.lp

## Error: no feasible solution found
```

无界性

少数情况下，约束条件和目标函数会产生无界解。

例 7.9

求解过程中产生无界性（unboundedness）的一个常见例子：

$$\max C = 5x_1 + 8x_2$$

服从约束条件

$$x_1 + x_2 \geqslant 2$$
$$x_1 + 2x_2 \geqslant 3$$

并且

$$x_1, x_2 \geqslant 0$$

此例子的可行域与例 7.3 相同，如图 7.8 所示。但这次我们不再试图极小化目标函数，而是使目标函数极大化。也就是说，这次要沿着目标函数不断增加的方向求解。我们可以通过设置任意大的 x_1 和 x_2 值，来增大目标函数。

当调用 lp()解决该问题时，会得到以下结果:

```
eg.lp <- lp(objective.in = c(5, 8),
            const.mat = matrix(c(1, 1, 1, 2), norw = 2),
            const.rhs = c(2, 3), const.dir = c(">=", "<="),
            direction = "max")
eg.lp

## Error: status 3
```

当约束条件或目标函数没有被正确表达时，无界性最容易出现。

7.5.4 无约束变量

决策变量有时不受非负性约束，lp()函数并不能直接处理这种情况，但只需一个简单变换就可以绕过这个难题。

如果 x 的符号是无约束的，那么我们可以把 x 变换为 $x_1 - x_2$，其中 $x_1 \geqslant 0$，$x_2 \geqslant 0$。也就是说，线性规划问题中的任意无约束变量可变换为两个非负变量的差。

例 7.10

我们来求解以下问题:

$$\min C = x_1 + 10x_2$$

服从约束条件

$$x_1 + x_2 \geqslant 2$$
$$x_1 - x_2 \leqslant 3$$

并且

$$x_1 \geqslant 0$$

需要注意的是，x_2 的符号是无约束的，我们设 $x_2 = x_3 - x_4$，其中 x_3 和 x_4 都为非负数，把新变量带入原题中，得

$$\min C = x_1 + 10x_3 - 10x_4$$

服从约束条件

$$x_1 + x_3 - x_4 \geqslant 2$$
$$x_1 - x_3 + x_4 \leqslant 3$$

并且

$$x_1 \geqslant 0, x_3 \geqslant 0, x_4 \geqslant 0$$

此问题编写为 R 代码:

```
unres.lp <- lp(objective.in = c(1, 10, -10),
      const.mat = matrix(c(1, 1, 1, -1, -1, 1), norw = 2),
      const.rhs = c(2, 3), const.dir = c(">=", "<="))
unres.lp

## Success:the objective function is -2.5

unres.lp$solution

## [1] 2.5  0.0  0.5
```

解为 $x_1 = 2.5$，并且 $x_2 = x_3 - x_4 = -0.5$。

7.5.5 整数规划

决策变量往往被约束为整数。例如，我们可能会通过组合使用几种不同类型的卡车，使产品的运输成本极小化。卡车的数量不可能是小数，而只能以整数表示。

涉及整数型决策变量的规划问题称为“整数规划”（integer programming）。简单地将非整数解舍入到最邻近整数的做法并不科学，这种凑整方法得到的解，可能与最优解相去甚远。

`lp()` 函数采用“分支定界算法”（branch and bound algorithm）来处理整数型变量，其参数 `int.vec` 可用于指示哪些变量具有整数值。

例 7.11

求使 $C(x)$ 极小化的非负数 x_1、x_2、x_3 和 x_4:

$$C(x) = 2x_1 + 3x_2 + 4x_3 - x_4$$

服从约束条件

$$x_1 + 2x_2 \geqslant 9$$
$$3x_2 + x_3 \geqslant 9$$
$$x_2 + x_4 \leqslant 10$$

并且 x_2 和 x_4 只能取整数。

此问题在 R 中的求解过程如下:

```
integ.lp <- lp(objective.in = c(2, 3, 4, -1),
   const.mat = matrix(c(1, 0, 0, 2, 3, 1, 0, 1, 0, 0, 0, 1), nrow = 3),
```

```
    const.dir = c(">=", ">=", "<="), const.rhs = c(9, 9, 10),
    int.vec = c(2, 4))
integ.lp

## Success: the objective function is 8
integ.lp$solution

## [1] 1 4 0 6
```

可见，x_2和x_4为整数时的最优解是$x_1 = 1$、$x_2 = 4$、$x_3 = 0$、$x_4 = 6$。

如果R编码过程忽视“整数型变量”这一约束条件，则会导致以下问题：

```
wrong.lp <- lp(objective.in = c(2, 3, 4, -1),
    const.mat = matrix(c(1, 0, 0, 2, 3, 1, 0, 1, 0, 0, 0, 1), norw = 3),
    const.dir = c(">=", ">=", "<="), const.rhs = c(9, 9, 10))
wrong.lp

## Success: the objective function is 8

wrong.lp$solution

## [1] 0.0 4.5 0.0 5.5
```

这时，如果将小数解修约为邻近的整数会导致各种问题：如令$x_2 = 4$，将违反第一个约束条件（$x_1 + 2x_2 \geqslant 9$）；而令$x_2 = 5$，则导致目标函数的最小值大于8，与结果（`## Success: the objective function is 8`）相矛盾。

7.5.6 `lp()`的替代函数

`lp()`函数具备C语言代码的接口，`linprog`程序包中还有一个纯R语言编写的`solveLP()`函数。对于求解大型规划问题，`solveLP()`函数比`lp()`函数要慢得多，但它的输出结果更为详尽。此外，`boot`程序包中的`simplex()`函数也值得关注。

需要注意的是，当规划问题较大时，单纯形法可能收敛得不够快，最近人们发现了比单纯形法更好的求解策略，称为“内点法”（interior point methods）。内点法已在其他编程语言中实现，但尚未在R语言中实现。

7.5.7 二次规划

线性规划问题只是优化问题的一个特例，优化问题还包括求解非线性函数满足其约束条件的最小值问题。这类问题通常更难解决，并且超出了本书范畴。不过，如果目标函数为二次型，并且约束条件为线性，这种规划问题属于“二次规划”(quadratic programming),依然在本书讲解范畴。

具有 k 个约束条件的二次规划问题通式为

$$\min_{\beta}\frac{1}{2}\beta^{\mathrm{T}}D\beta-d^{\mathrm{T}}\beta$$

服从约束条件 $A^{\mathrm{T}}\beta\geqslant b$。式中,$\beta$ 是 p 个未知数构成的向量;D 是 $p\times p$正定矩阵;d 是长度为 p 的向量;A 是 $p\times k$ 矩阵;b 是长度为 k 的向量。

例 7.12

以下是 20 对 x 和 y 变量的观测结果,其散点图如图 7.11 所示:

```
x <- c(0.45, 0.08, -1.08, 0.92, 1.65, 0.53, 0.52, -2.15, -2.20,
       -0.32, -1.87, -0.16, -0.19, -0.98, -0.20, 0.67, 0.08, 0.38,
       0.76, -0.78)
y <- c(1.26, 0.58, -1.00, 1.07, 1.28, -0.33, 0.68, -2.22, -1.82,
       -1.17, -1.54, 0.35, -0.23, -1.53, 0.16, 0.91, 0.22, 0.44,
       0.98, -0.98)
```

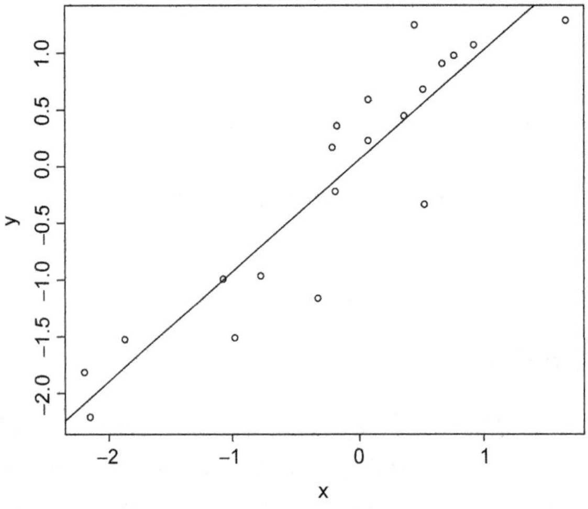

图 7.11 20 对观测值的散点图

贯穿图中的直线斜率为 1,截距为 0.05

我们需要找到一条贯穿这些数据点的“最佳拟合线”(best-fit),其通式为

$$y=\beta_0+\beta_1 x$$

式中,β_0是 y 轴截距,β_1是斜率。而且图 7.11 观测数据附加的背景信息表明,最佳拟合线的斜率 β_1 至少为 1。

我们需要的那条线,是能将各观测点与该线垂直距离平方的和降到最小的一条线:

$$\min_{\beta_0,\beta_1}\sum_{i=1}^{20}\left(y_i-\beta_0-\beta_1x_i\right)^2$$

斜率信息表明，该极小化问题服从约束条件 $\beta_1\geqslant 1$。

这其实是一个约束性最小二乘问题，等同于以下公式：

$$\min_{\beta}\beta^{\mathrm{T}}X^{\mathrm{T}}X\beta-2y^{\mathrm{T}}X\beta$$

服从约束条件

$$A\beta\geqslant b$$

式中，$A=[0,1]$；$\beta=[\beta_0,\beta_1]^{\mathrm{T}}$；$y$ 是由 20 个观测值构成的列向量；X 是一个两列矩阵，其第一列只包含数字 1，第二列包含 20 个 x 观测值：

$$X=\begin{bmatrix}1 & x_1\\ 1 & x_2\\ \vdots & \vdots\\ 1 & x_n\end{bmatrix}=\begin{bmatrix}1 & 0.45\\ 1 & 0.08\\ \vdots & \vdots\\ 1 & -0.78\end{bmatrix}$$

所以

$$X^{\mathrm{T}}X=\begin{bmatrix}n & \sum_{i=1}^{n}x_i\\ \sum_{i=1}^{n}x_i & \sum_{i=1}^{n}x_i^{2}\end{bmatrix}=\begin{bmatrix}20 & -3.89\\ -3.89 & 21.4\end{bmatrix}$$

以及

$$y^{\mathrm{T}}X=\begin{bmatrix}\sum_{i=1}^{n}y_i & \sum_{i=1}^{n}x_iy_i\end{bmatrix}=[-2.89\quad 20.7585]$$

这是一个 $D=X^{\mathrm{T}}X$ 和 $d=y^{\mathrm{T}}X$ 的二次规划问题。

线性规划方法也可用来处理二次规划问题。quadprog 程序包的 solve.QP() 函数可用于求解目标函数最小值，以下是 solve.QP() 函数所需参数：

（1）Dmat——一个包含目标函数中二次型矩阵（D）元素的矩阵。

（2）dvec——一个包含目标函数中决策变量系数的向量。

（3）Amat——一个包含约束条件中决策变量系数的矩阵，矩阵的每一行对应一个约束条件。

（4）bvec——一个包含约束条件右侧给定常数的向量。

（5）mvec——一个指示等式约束数目的数字，默认为 0；如果不为 0，则应在不等式约束之前列出等式约束。

solve.QP() 函数的输出结果是一个列表，其前两个元素分别为将目标函数极小化的解和目标函数的最小值。

例 7.13

对于例 7.12 的约束性最小二乘问题，我们首先需要设置矩阵 D 和 A，以及向量 b 和 d，其中 $D = X^{\mathrm{T}}X$， $d = X^{\mathrm{T}}y$ 。

```
library(quadprog)  # 加载 quadprog 程序包
```

```
X <- cbind(rep(1, 20), x)
XX <- t(X) %*% X
Xy <- t(X) %*% y
A <- matrix(c(0, 1), ncol = 1)
b <- 1

solve.QP(Dmat = XX, dvec = Xy, Amat = A, bvec = b)

## $solution
## [1] 0.05 1.00
##
## $value
## [1] -10.08095
##
## $unconstrained.solution
## [1] 0.04574141  0.97810494
##
## $iterations
## [1] 2 0
##
## $Lagrangian
## [1] 0.4521
##
## $iact
## [1] 1
```

从输出结果可以看出，符合我们要求的直线为

$$\hat{y} = 0.05 + x$$

输出结果的其余部分表示约束是有效的。如果无约束问题产生大于 1 的斜率，则约束无效，这时无约束问题的解与约束问题的解是相同的。

需要注意的是，上例中决策变量的符号受到约束。如有必要，调用 solve.QP() 函数时必须明确地设置非负约束条件。而且 solve.QP() 函数中所有的不等式约束形式都是>=。如果你的问题中包含一些<=形式的不等式约束，那么应该乘以-1 将它们转换成 solve.QP() 函数所要求的形式。

还应注意的是，其他计算机环境中有很多更有效的方法可求解约束性最小二乘问题。上例中的矩阵 D 是对角矩阵，这种特殊的结构可用以减少计算量。下面的示例涉及一个完整矩阵，并对决策变量的符号设置了约束。

例 7.14

二次规划可被应用于解决最佳证券投资组合的问题：投资者打算投资 n 只股票，每只股票的投资金额是多少，才能使利润最大化？这个问题可以简单归结为下式的极大化问题：

$$x^{\mathrm{T}}\beta-\frac{k}{2}\beta^{\mathrm{T}}D\beta$$

服从约束条件 $\sum_{i=1}^{n}\beta_i=1$ 且 $\beta_i\geqslant 0(i=1,\cdots,n)$。

向量 β 的第 i 个元素表示投资者把资金投资到第 i 只股票的份额。需要注意的是，β 的所有元素都必须是非负的，因为投资者不能将负额度的资金投向某只股票[①]。向量 x 包含每只股票的平均日收益率，一只股票的日收益值是该股票某日收盘价与第二日收盘价的差。因此，$x^{\mathrm{T}}\beta$ 代表投资者的平均日收益率。

大多数投资者不愿冒很大的风险，目标函数考虑到了这一事实。因子 k 量化了投资者的风险承受能力。如果投资者的目标纯粹是最大化平均日收益率，而并不考虑投资风险，那么 k=0。对于在乎风险的投资者，k 的值更大。D 矩阵量化了收益中的潜在变异性，被称为协方差矩阵。D 矩阵的对角线元素是各只股票日收益率的方差，非对角线元素(i, j)是第 i 只和第 j 只股票日收益率间的协方差，是两种日收益率之间关系的简单度量。

下面来看一个具体的例子，我们设想有三只股票，并设置 k=2，以及

$$D=\begin{bmatrix}0.010 & 0.002 & 0.002\\ 0.002 & 0.010 & 0.002\\ 0.002 & 0.002 & 0.010\end{bmatrix}$$

假设三只股票的平均日收益率分别为 0.002、0.005 和 0.01，那么 $x^{\mathrm{T}}=[0.002\ 0.005\ 0.01]$。$\beta_1+\beta_2+\beta_3=1$ 和 β 变量服从非负数约束的要求，可以表示为

$$\begin{bmatrix}1 & 1 & 1\\ 1 & 0 & 0\\ 0 & 1 & 0\\ 0 & 0 & 1\end{bmatrix}\begin{bmatrix}\beta_1\\ \beta_2\\ \beta_3\end{bmatrix}=\begin{bmatrix}1\\ \geqslant 0\\ \geqslant 0\\ \geqslant 0\end{bmatrix}$$

因此，得到

① 这种行为叫作“卖空”股票，本例不允许这种情况的发生。

$$A^{\mathrm{T}}=\begin{bmatrix}1 & 1 & 1\\ 1 & 0 & 0\\ 0 & 1 & 0\\ 0 & 0 & 1\end{bmatrix}$$

想要用 R 解决这个问题，我们首先必须明确：极大化等价于目标函数负值的极小化，约束条件不变。所以，我们可以调用 `solve.QP()` 函数来解决问题：

```
A <- cbind(rep(1, 3), diag(rep(1, 3)))
D <- matrix(c(0.01, 0.002, 0.002, 0.002, 0.01, 0.002, 0.002,
              0.002,0.01), nrow = 3)
x <- c(0.002, 0.005, 0.01)
b <- c(1, 0, 0, 0)

# meq 指定等式约束的数量，等式约束在不等式约束之前列出
solve.QP(2 * D, x, A, b, meq = 1)

## $solution
## [1] 0.1041667  0.2916667  0.6041667
##
## $value
## [1] -0.002020833
##
## $unconstrained.solution
## [1] -0.02678571  0.16071429  0.47321429
##
## $iterations
## [1] 2 0
##
## $Lagrangian
## [1] 0.003666667 0.000000000  0.000000000 0.000000000
##
## $iact
## [1] 1
```

最优的投资策略（对这个投资者而言）是将资金的 10.4%投入第一只股票，29.2%投入第二只股票，60.4%投入第三只股票。

证券投资组合的最优价值是 0.0020（见`$value`）。（输出结果中出现的是负号，因为我们的解题策略是极小化目标函数的负值。）

练习

1.（a）求使下面的函数达到最小值的非负数 x_1、x_2、x_3、x_4：

$$C(x)=x_1+3x_2+4x_3+x_4$$

服从约束条件

$$x_1-2x_2\geqslant 9$$
$$3x_2+x_3\geqslant 9$$
$$x_2+x_4\geqslant 10$$

（b）如果变量要求都为整数，结果会发生变化吗？请解释原因。

（c）如果目标函数变为

$$C(x)=x_1-3x_2+4x_3+x_4$$

结果又会是什么？

2. 求使下面的函数达到最小值的非负数 x_1、x_2、x_3、x_4：

$$\mathrm{C}(x)=x_1+3x_2+4x_3+x_4$$

服从约束条件

$$x_1-2x_2\leqslant 9$$
$$3x_2+x_3\leqslant 9$$
$$x_2+x_4\leqslant 10$$

本 章 练 习

1. 思考例 7.12 的数据，计算这些数据最佳拟合线的斜率和截距，截距至少与斜率一样大。

2. 令 k=1，重新计算本章证券投资组合问题，风险规避心理是怎样影响投资者行为的？

3. 通常情况下，投资者投资于特定股票的资金比例具有上限。重新计算本章证券投资组合问题，规定投资者投入到任何一只股票的资金都不得超过资金总额的 50%。

4. 邓肯甜甜圈公司（Duncan's Donuts Inc.，DDI）和约翰牛仔裤公司（John's Jeans Ltd.，JJL）是两只平均日收益率分别为 0.005 和 0.010 的股票。对于只投资这两只股票的风险偏好投资者（即风险承受常数 k=0），最优的投资组合是什么？（提示：这个问题不需要任何计算。）

5. 假设 DDI 和 JJL 日收益率是独立的，$\sigma_{\mathrm{DDL}}^2=0.01$ 且 $\sigma_{\mathrm{JJL}}^2=0.04$。那么风险

承受常数分别为k=1和k=2时，投资者的最优资金分配分别是什么？你可以借助矩阵：

$$D=\begin{bmatrix}0.01 & 0\\ 0 & 0.04\end{bmatrix}$$

6. 假定DDI和JJL日收益率之间的协方差是0.01，重复问题5。你可以借助矩阵：

$$D=\begin{bmatrix}0.01 & 0.01\\ 0.01 & 0.04\end{bmatrix}$$

附录　随机变量和分布类型概述

一个实验在进行过程中，可能会产生多个实验结果，每个结果都有一定的发生概率。

设想在 10 名病患身上测试某种癌症治疗方案，我们无法从一开始就精确预测 5 周以后白细胞数量增加的病患人数（N），所以 N 是随机变量。由于 N 只能从离散数据集 $\{0,1,2,\cdots,10\}$ 中取值，所以 N 是一个离散型（discrete）随机变量。时间 T（直到病患去世都可以进行测度）也是一个事先无法准确预测的变量，因此也是一个随机变量。由于 T 可以取连续的可能值，因此 T 是一个连续型（continuous）随机变量。

随机变量的特征取决于其服从的分布类型，分布类型决定了变量可能的取值概率。如果 X 表示相同条件下两次抛硬币后得到正面的次数，我们可以用

$$P(X \leqslant 1) = 0.75$$

来表示两次抛硬币后得到 0 次或 1 次正面的概率是 0.75。一般而言，函数

$$F(x) = P(X \leqslant x)$$

被称为随机变量 X 的分布函数(distribution function)。如果 $F(x)$ 可导，那么 X 的概率密度函数（probability density function）就被定义为

$$f(x) = F'(x)$$

这种情况对连续型随机变量而言很常见。需要注意的是，本例中

$$F(y) = \int_{-\infty}^{y} f(x)\mathrm{d}x$$

除此以外，还要注意 $f(x)$ 曲线所围成的下界面积为 1。

随机变量的期望值(expected value)也是一个很重要的概念。连续型随机变量可以用：

$$E[X] = \int_{-\infty}^{\infty} xf(x)\mathrm{d}x$$

来表示期望值。这其实是概率密度函数 $f(x)$ 的均值，常用符号 μ 表示。我们也可以用以下公式获得随机变量函数的各类数学期望：

$$E[g(X)] = \int_{-\infty}^{\infty} g(x)f(x)\mathrm{d}x$$

各类数学期望中，方差是一个重要的代表。随机变量的方差表示该随机变量的不可预测性，其计算公式为

$$\mathrm{Var}(X) = E[(X-\mu)^2] = \int_{-\infty}^{\infty} (x-\mu)^2 f(x)\mathrm{d}x$$

另外一个重要的概念是“分位数”（quantile）：$F(x)$ 取某个特定值时所对应的 x 的值。设反函数为 $F^{-1}(y)$，X 的 α 分位数为 $F^{-1}(\alpha)$。例如，0.95 分位数就是使 $F(x)=0.95$ 的 x 的值，也就是该分布的 95%分位数。常用的分位数为中位数 $\tilde{x}$［满足 $F(\tilde{x})=0.5$］和上、下四分位数［分别满足 $F(x)=0.75$ 和 $F(x)=0.25$］。当随机变量服从离散型分布时，$F(x)$ 会发生跳跃，$F^{-1}(\alpha)$ 可能并不存在。本例中，我们按照惯例选择满足 $F(x)\geqslant\alpha$ 的最小 x 值，因此分位数总是存在的。

附表 1 和附表 2 总结了一些常见单变量分布类型的特征，也可参考表 5.1 和表 5.2。

附表 1

分布类型	$f(x)$	$F(x)$	$E(x)$	$\mathrm{Var}(X)$
均匀分布 (a,b)	$1/(b-a), a<x<b$	x	$(a+b)/2$	$(b-a)^2/12$
指数分布 (λ)	$\lambda e^{-\lambda x},\quad x>0$	$1-e^{-\lambda x}$	$1/\lambda$	$1/\lambda^2$
正态分布 (μ,σ^2)	$\left[1/\left(\sigma\sqrt{2\pi}\right)\right]e^{-\frac{(x-\mu)^2}{2\sigma^2}}$	$\int_{-\infty}^{x}\left[1/\left(\sigma\sqrt{2\pi}\right)\right]e^{-\frac{(y-\mu)^2}{2\sigma^2}}\mathrm{d}y$	μ	σ^2

附表 2

分布类型	$P(X=x)$	$E[X]$	$\mathrm{Var}(X)$
二项分布 (n,p)	$\binom{n}{x}p^x(1-p)^{n-x}$	np	$np(1-p)$
泊松分布 (λ)	$\lambda^x e^{-\lambda}/x!$	λ	λ

最后，我们对二元分布进行简要回顾。假设 X 和 Y 是联合概率密度为 $f(x,y)$ 的连续型随机变量，其数学期望可用二重积分定义为

$$E[g(X,Y)]=\int_{-\infty}^{\infty}\int_{-\infty}^{\infty}g(x,y)f(x,y)\mathrm{d}x\mathrm{d}y$$

对于函数 $g(x,y)$，设 $g(X,Y)=I(X\leqslant u)I(Y\leqslant v)$，可得

$$E[I(X\leqslant u)I(Y\leqslant v)]=\int_{-\infty}^{u}\int_{-\infty}^{v}f(x,y)\mathrm{d}x\mathrm{d}y$$

这意味着，对于任意 u 和 v：

$$P(X\leqslant u,Y\leqslant v)=\int_{-\infty}^{u}\int_{-\infty}^{v}f(x,y)\mathrm{d}x\mathrm{d}y$$

式中，$I()$ 为指示函数，当其参数为真值时函数取值为 1，反之则取值为 0。

对 y 的所有取值进行积分运算可得 X 的边缘密度：

$$f_X(x)=\int_{-\infty}^{\infty}f(x,y)\mathrm{d}y$$

同样，对 x 的所有取值进行积分运算可得 Y 的边缘密度：

$$f_Y(y)=\int_{-\infty}^{\infty}f(x,y)\mathrm{d}x$$

如果 X 和 Y 满足下式，则二者是随机独立变量：

$$f(x,y)=f_X(x)/f_Y(y)$$

除此之外，独立变量 $P(X\leqslant u,Y\leqslant v)=P(X\leqslant u)P(Y\leqslant v)$，而且遵守“条件概率”的定义：

$$P(X\leqslant u\mid Y\leqslant v)=\frac{P(X\leqslant u,Y\leqslant v)}{P(Y\leqslant v)}=P(X\leqslant u)$$

等式左边的项表示 $Y\leqslant v$ 时 $X\leqslant u$ 的条件概率。直观上，上式表明 Y 值无法为我们预测 X 值提供更多有用的信息。

索　引